**Amazônia,
uma década
de esperança**

João Paulo Ribeiro Capobianco

Amazônia, uma década de esperança

Como o Brasil controlou
o desmatamento entre
2004 e 2014 e está
pondo tudo a perder

Estação Liberdade

© João Paulo Ribeiro Capobianco e Editora Estação Liberdade, 2021

PREPARAÇÃO Cacilda Guerra
REVISÃO Fábio Fujita
EDITORA ASSISTENTE Caroline Fernandes
SUPERVISÃO EDITORIAL Letícia Howes
CAPA Ciro Girard
IMAGENS DE CAPA João Paulo Ribeiro Capobianco
PROJETO GRÁFICO E COMPOSIÇÃO Gustavo Abumrad
DIAGRAMAÇÃO DO CADERNO DE IMAGENS Yves Ribeiro
EDIÇÃO DE ARTE Miguel Simon
EDITOR Angel Bojadsen

CIP-BRASIL. CATALOGAÇÃO NA PUBLICAÇÃO
SINDICATO NACIONAL DOS EDITORES DE LIVROS, RJ

C243a

Capobianco, João Paulo Ribeiro, 1957-
    Amazônia, uma década de esperança : como o Brasil controlou o desmatamento entre 2004 e 2014 e está pondo tudo a perder / João Paulo Ribeiro Capobianco ; [apresentação José Goldemberg] ; [prefácio Marina Silva]. – 1. ed. – São Paulo : Estação Liberdade, 2021.

    224 p. ; 23 cm.

    ISBN 978-65-86068-27-6

    1. Desmatamento – Amazônia. 2. Desmatamento – Aspectos ambientais – Amazônia. 3. Florestas – Conservação – Amazônia. 4. Políticas públicas – Amazônia. I. Goldemberg, José. II. Silva, Marina. III. Título.

21-72450   CDD: 333.7509811
                            CDU: 630*4(811)

Leandra Felix da Cruz Candido – Bibliotecária – CRB-7/6135

06/08/2021 10/08/2021

Todos os direitos reservados à Editora Estação Liberdade. Nenhuma parte da obra pode ser reproduzida, adaptada, multiplicada ou divulgada de nenhuma forma (em particular por meios de reprografia ou processos digitais) sem autorização expressa da editora, e em virtude da legislação em vigor.

Esta publicação segue as normas do Acordo Ortográfico da Língua Portuguesa, Decreto nº 6.583, de 29 de setembro de 2008.

EDITORA ESTAÇÃO LIBERDADE LTDA.
Rua Dona Elisa, 116 — Barra Funda — 01155-030
São Paulo – SP — Tel.: (11) 3660 3180
www.estacaoliberdade.com.br

Ao meu avô Custódio Ferreira Leite (*in memoriam*), defensor das matas do sul de Minas Gerais, que praticou os princípios do ambientalismo no início do século passado, quando esse termo ainda nem havia sido criado.

A meus queridos pais, Joana D'Arc (*in memoriam*) e Julio, pelo apoio e carinho de sempre.

E a Luciana, minhas filhas e filhos, meu neto e minhas netas, que me apoiam e me estimulam na busca de um mundo melhor.

"Na primeira fome que eu tive no mato, comi meu primeiro tracajá na água grande. Comi cru. Não tinha nada, só sal. Encontrei com ele na mata: ou eu, ou você, meu parceiro! Isso é o que eu chamo de meio ambiente."

Garimpeiro em Itaituba (PA)

Sumário

Lista de siglas 12

Apresentação 15

Prefácio 17

1 | Introdução 23

2 | A Floresta Amazônica: importância, ameaças e iniciativas para sua proteção 31
Considerações iniciais sobre a Floresta Amazônica e sua importância nos contextos nacional e internacional 31
Evolução da degradação da Floresta Amazônica no Brasil 38
A emergência das iniciativas de proteção da Floresta Amazônica no Brasil... 40

3 | Políticas governamentais e o desmatamento na Amazônia até o ano de 2003 47
Décadas de 1950 a 1990 48
As ações de controle do desmatamento na Amazônia no final da década de 1990 e início da década de 2000 54

4 | Políticas governamentais de controle do desmatamento na Amazônia no período de 2003 a 2010 59
A estratégia de "três frentes" planejada pelo MMA 60
Plano Amazônia Sustentável (PAS) 62
Plano BR-163 Sustentável 64
Plano de Ação para Prevenção e Controle do Desmatamento na Amazônia Legal (PPCDAm) 69

5 | Análise dos efeitos das ações de controle do desmatamento na Amazônia brasileira implementadas pelo governo federal no período de 2003 a 2010 85
Análise comparativa entre a evolução da área plantada de soja e do rebanho bovino, preço das *commodities* e desmatamento 85
Dinâmica espacial do desmatamento 90
Evolução do número de autuações por danos à flora emitidas pelo Ibama no período de 2000 a 2012 101
Evolução do crédito destinado à agricultura e à atividade pecuária na Amazônia Legal no período de 1999 a 2012 103
Evolução do crédito destinado à agricultura e à atividade pecuária na Amazônia Legal no período de 1999 a 2012 nos municípios prioritários para a implantação de medidas de controle do desmatamento 108

6 | Visão dos atores locais sobre as ações de controle do desmatamento na Amazônia na década de 2000 119
Caracterização do grupo de entrevistados 121
Análise dos resultados das entrevistas 123
    Sobre o Inpe 123
    Sobre o Ibama 125
    Sobre o ICMBio 128
    Sobre o SFB 129
    Sobre as ONGs 131
    Sobre as causas do aumento do desmatamento e dos picos de 1995 e 2004 133
    Por que se reduziu o desmatamento a partir de 2005 141
    Visão de futuro 148
    Grau de conhecimento e opinião sobre os ministros do Meio Ambiente da década de 2000 151

7 | Repercussão das ações de controle do desmatamento na Amazônia na década de 2000 nos veículos de comunicação com abrangência nacional e regional 157

8 | Como o governo federal reduziu gradativamente o protagonismo no controle do desmatamento e promoveu profundos retrocessos nas políticas socioambientais na Amazônia 167
Final do governo Lula e governo Dilma 167
Governo Temer 171
Governo Bolsonaro 173

9 | Conclusões 179

Referências bibliográficas 183

Apêndice A | Lista não exaustiva das principais iniciativas institucionais, jurídicas e operacionais adotadas pelo governo federal para implementar ações de governança na Amazônia, a maioria formuladas no âmbito do PPCDAm 193
    Gestão territorial e ordenamento fundiário (53 iniciativas em 134) 193
    Monitoramento, fiscalização e controle (55 iniciativas em 134) 197
    Organização institucional, planejamento, gestão de informações e integração entre órgãos de governo e sociedade (19 iniciativas em 134) 203
    Incentivo à conservação e ao uso sustentável (7 iniciativas em 134) 205
    Iniciativas adotadas pelo governo federal com repercussões no controle do desmatamento 206
        Gestão territorial e ordenamento fundiário (76 iniciativas em 98) 206
        Monitoramento, fiscalização e controle (2 iniciativas em 98) 210
        Organização institucional, planejamento, gestão de informações e integração entre órgãos de governo e sociedade (5 iniciativas em 98) 211
        Incentivo à conservação e ao uso sustentável (15 iniciativas em 98) 211

Apêndice B | Lista de municípios prioritários para ações de controle do desmatamento (Decreto nº 6.321/2007) 213

Apêndice C | Tabela de classificação dos municípios prioritários para controle do desmatamento por evolução do crédito, desmatamento e fiscalização do Ibama 215

Apêndice D | Relação dos entrevistados 217

Apêndice E | Questionário semiestruturado utilizado nas entrevistas de campo 221
    Questionário para entrevistas 221

Agradecimentos 223

Lista de siglas

Acrimat	Associação dos Criadores de Mato Grosso
Acrinorte	Associação dos Criadores do Norte de Mato Grosso
AFPL	Agência de Monitoramento de Informações Ltda.
Amot	Associação dos Mineradores de Ouro do Tapajós
ANA	Agência Nacional de Águas
APA	Área de Proteção Ambiental
Aproserra	Associação dos Moradores e Produtores Rurais de Cachoeira da Serra
Arie	Área de Relevante Interesse Ecológico
ATPFs	Autorização para Transporte de Produtos Florestais
BNDES	Banco Nacional de Desenvolvimento Econômico e Social
CAR	Cadastro Ambiental Rural
CCIR	Certificado de Cadastro de Imóvel Rural
Cipem	Centro das Indústrias Produtoras e Exportadoras de Madeira de Mato Grosso
Cites	Convenção sobre Comércio Internacional das Espécies da Flora e Fauna Selvagens em Perigo de Extinção
Deter	Sistema de Detecção do Desmatamento em Tempo Real
Embrapa	Empresa Brasileira de Pesquisa Agropecuária
Empaer	Empresa Mato-Grossense de Pesquisa, Assistência e Extensão Rural
Esec	Estação Ecológica
Famato	Federação da Agricultura e Pecuária do Estado de Mato Grosso
FCP	Fundação Cultural do Pará
Flona	Floresta Nacional
Funai	Fundação Nacional do Índio
Ibama	Instituto Brasileiro do Meio Ambiente e dos Recursos Naturais Renováveis
ICMBio	Instituto Chico Mendes de Conservação da Biodiversidade
ICV	Instituto Centro de Vida
IDS	Instituto Democracia e Sustentabilidade
IEA/USP	Instituto de Estudos Avançados da Universidade de São Paulo

Imazon	Instituto do Homem e Meio Ambiente da Amazônia
Incra	Instituto Nacional de Colonização e Reforma Agrária
Inpe	Instituto Nacional de Pesquisas Espaciais
IOV	Instituto Ouro Verde
Ipam	Instituto de Pesquisa Ambiental da Amazônia
ISA	Instituto Socioambiental
Mapa	Ministério da Agricultura, Pecuária e Abastecimento
MCidades	Ministério das Cidades
MCT	Ministério da Ciência e Tecnologia
MD	Ministério da Defesa
MDA	Ministério do Desenvolvimento Agrário
MDIC	Ministério do Desenvolvimento, Indústria e Comércio Exterior
MDS	Ministério do Desenvolvimento Social e Combate à Fome
MEC	Ministério da Educação
MEPF	Ministério Extraordinário de Política Fundiária
MF	Ministério da Fazenda
MI	Ministério da Integração Nacional
MinC	Ministério da Cultura
MJ	Ministério da Justiça
MMA	Ministério do Meio Ambiente
MME	Ministério de Minas e Energia
MPOG	Ministério do Planejamento, Orçamento e Gestão
MRE	Ministério das Relações Exteriores
MT	Ministério dos Transportes
MTE	Ministério do Trabalho e Emprego
Parna	Parque Nacional
PAS	Plano Amazônia Sustentável
PMV	Programa Municípios Verdes
PPA	Plano Plurianual
PPCDAm	Plano de Ação para Prevenção e Controle do Desmatamento na Amazônia Legal
Probem	Programa Brasileiro de Ecologia Molecular para o Uso Sustentável da Biodiversidade da Amazônia
Prodes	Programa de Monitoramento da Floresta Amazônica Brasileira por Satélite
RDS	Reserva de Desenvolvimento Sustentável
Rebio	Reserva Biológica

Resex	Reserva Extrativista
SAD	Sistema de Alerta de Desmatamento
Saden	Secretaria de Assessoramento da Defesa Nacional
Seeg	Sistema de Estimativas de Emissões de Gases de Efeito Estufa
Sema/MT	Secretaria de Estado de Meio Ambiente de Mato Grosso
SEPMV	Secretaria Extraordinária de Estado para a Coordenação do Programa Municípios Verdes
SFB	Serviço Florestal Brasileiro
Siganp	Sindicato dos Garimpeiros de Novo Progresso
Simaspa	Sindicato das Indústrias Madeireiras do Sudoeste do Pará
Sindusmad	Sindicato da Indústria Madeireira do Norte de Mato Grosso
Sipri	Sindicato dos Produtores Rurais de Itaituba
Sipam	Sistema de Proteção da Amazônia
Siprunp	Sindicato dos Produtores Rurais de Novo Progresso
Sivam	Sistema de Vigilância da Amazônia
SLAPR	Sistema de Licenciamento Ambiental em Propriedades Rurais
TNC	The Nature Conservancy
UFMT	Universidade Federal de Mato Grosso
WWF	Fundo Mundial para a Natureza

Apresentação

Este livro descreve como o Brasil reduziu o desmatamento na Amazônia entre 2004 e 2014. João Paulo Capobianco não é somente um acadêmico, mas também um ambientalista de larga experiência. Foi secretário de Biodiversidade e Florestas e secretário executivo do Ministério do Meio Ambiente, de 2003 a 2008. Em 2004, o desmatamento na Amazônia caiu de 27.772 quilômetros quadrados para 12.911 quilômetros quadrados, seguindo em queda até 2014, quando registrou 5.012 quilômetros quadrados.

O sucesso em reduzir de forma dramática o desmatamento da Amazônia nesse período não tem precedentes no Brasil, exceto num curto período de 1988 a 1991.

Grande parte desse sucesso se deve às políticas introduzidas por Marina Silva, como ministra do Meio Ambiente, e João Paulo Capobianco, por meio do PPCDAm (Plano de Ação para Prevenção e Controle do Desmatamento na Amazônia Legal).

João Paulo me procurou anos após ter deixado o ministério, manifestando o interesse em concluir, na USP, o doutorado que havia iniciado na Unicamp. E então sugeri que o tema de sua tese fosse uma análise do que ele havia feito para a redução do desmatamento da Amazônia.

Esta obra incorpora as análises conduzidas na preparação de sua tese e evidencia que as tradicionais ações policiais de "comando e controle" têm efeito limitado. Demonstra que o sucesso obtido "decorreu principalmente do aumento da percepção do risco de descumprimento da legislação ambiental por parte da população regional, em virtude da forte e permanente presença do governo federal na região, a partir da implantação de um conjunto amplo e consistente de políticas públicas e ações de campo".

Em outras palavras, a presença do poder público, conquistando o apoio das populações locais que deixaram de ver o desmatamento (principalmente o desmatamento ilegal) como solução para problemas econômicos.

O trabalho mostra também que fatores econômicos, tais como o aumento das exportações de soja e carne, têm uma influência limitada no aumento do desmatamento.

Este livro, de um especialista que — além de tratar o assunto com assertivo rigor acadêmico — foi um dos grandes responsáveis pela implantação das políticas que tiveram sucesso em reduzir o desmatamento na Amazônia, será utilíssimo para todos os que se preocupam com a região.

José Goldemberg
Professor e doutor em ciências físicas
pela Universidade de São Paulo

Prefácio
Luz para caminhar

Nos seringais e aldeias da Floresta Amazônica, depois do jantar e antes de dormir, a família se demora um pouco a conversar sob a luz fraca da lamparina. Em tempos de severa escassez, acende-se ao menos um facho de sernambi. O resíduo sujo do látex que escorreu no tronco da seringueira ou caiu no chão, colocado cuidadosamente nas rachaduras de um pedaço de taboca — a tocha rústica, quase pré-histórica, que alumia as casas mais pobres e os caminhos mais ermos. De todo modo, alguma luz há que se ter naquele momento íntimo em que os mais velhos contam histórias, antigas ou recentes, para firmar a memória e os valores que as novas gerações levarão adiante nos caminhos da vida. Compõe-se, assim, em incontáveis noites de prosa, o saber narrativo das populações tradicionais e dos povos originários que resistem e persistem em suas múltiplas formas de gerar e elaborar o conhecimento da vida e do mundo.

No momento escuro em que o Brasil vive, para encontrar novos caminhos será necessário lembrar o que passou e elaborar a experiência à luz da sabedoria das ciências e das consciências que se cruzam e se atravessam no terreno do fazer humano. É o que faz João Paulo Capobianco neste livro, utilizando os métodos e postulados da ciência moderna para evidenciar e analisar a significativa experiência de um importante período da vida brasileira. Os dias que traz à memória não estão muito distantes no tempo, mas foram ocultados pela desatenção e pelo esquecimento, induzidos pelos poderes e interesses políticos e econômicos que persistem em operar em desacordo com as reais e inadiáveis necessidades dos tempos presentes.

Durante dez anos, entre 2004 e 2014, no alvorecer deste século, o Brasil reduziu continuamente em mais de 80% os índices de desmatamento da Amazônia — principal fator de suas emissões de dióxido de carbono —, tornando-se uma referência mundial na proteção do meio ambiente e assumindo um papel de liderança na contenção do aquecimento global e na mitigação das mudanças climáticas. Essa é a história que Capobianco nos conta, com a propriedade de quem "estava lá" e a vivenciou pessoalmente: entre outras funções que exerceu naquele período, como secretário de Biodiversidade e Florestas, e como um dos principais responsáveis pela arquitetura técnica do PPCDAm. Mas essa vivência e sua presença proativa na história não bastam para compor este texto — e o leitor verá como Capobianco não descuida do rigor, da isenção e do necessário distanciamento de quem estuda e pesquisa a complexa teia dos fatos e acontecimentos.

Como também vivi essa história — na condição de ministra do Meio Ambiente, coordenando uma equipe da qual Capobianco era destacado integrante —, devo dar este testemunho: não espere o leitor encontrar, nestas centenas de páginas, a esvaziada fórmula de um discurso meramente político ou argumentação ideológica. O que vemos é o rigoroso esforço produtor das provas em um trabalho científico. O texto de Capobianco é simples, direto, lógico e consistentemente informativo. Não há "informações de bastidores" nem inconfidências, mas provas documentais, depoimentos e fatos públicos sobejamente registrados que embasam suas conclusões.

Capobianco organiza as informações de modo a esclarecer dúvidas e desfazer dubiedades. Fica visível o principal fator que tornou possível essa "década da esperança": a presença do Estado através de políticas públicas e ações coordenadas de seus órgãos e instituições, em parceria com diferentes setores e segmentos da sociedade, atendendo a uma vontade por ela manifestada. O desmatamento e os crimes ambientais não foram reduzidos por variações do mercado, campanhas de marketing ou acordos políticos, embora todos esses fatores tenham hora e lugar na formação da opinião pública e na adesão ou resistência de importantes setores da sociedade. Mas havia um plano, uma ação institucional transversal, contínua e consistente, uma "vontade política" traduzida em um conjunto de ações, em atendimento aos reclames das drásticas circunstâncias da época, face à curva ascendente de desmatamento de um dos biomas mais importantes do planeta.

Nada foi fácil, como bem sabemos nós, que estivemos no "olho do furacão". Quando as operações conjuntas do Ibama, do Ministério Público e da Polícia Federal, orientadas pelo Ministério do Meio Ambiente, prenderam centenas de pessoas e desarticularam empreendimentos criminosos em vários estados, incluindo autoridades e servidores públicos que se haviam desviado do cumprimento da lei em suas funções, não foi pequena a reação que enfrentamos. Quando instituímos mudanças na lógica e nos critérios para criação de unidades de preservação, que dali em diante não seriam apenas em áreas remotas, mas principalmente onde eram mais necessárias, na frente de exploração predatória, tivemos que suportar fortes resistências de importantes setores sociais, da maioria dos políticos, e de grande número de empresários.

Tinha sido abalado o sistema antigo, com raízes no período colonial, em que a devastação da natureza sustentava oligarquias incrustadas no aparelho político, em especulação financeira, concentração fundiária, ocupação ilegal de terras públicas, tráfico de riquezas minerais e vegetais, saque, trabalho análogo à escravidão e extermínio de populações e muitos outros esquemas que prosperaram durante séculos sob o manto do progresso e da civilização. Imagine-se a quantidade e a intensidade dos interesses contrariados.

Houve uma mudança na palavra e no paradigma, quando as populações sufocadas fizeram ouvir sua voz. Durante muito tempo, o desmatamento não era visto como um crime, mas como um movimento civilizatório, uma "benfeitoria", e derrubar a floresta significava remover o atraso para dar lugar ao "progresso". Perseguir, matar e expulsar indígenas e comunidades tradicionais significava abrir caminho para a "civilização". A realidade, no entanto, era um rastro de miséria e violência nas áreas devastadas, que se estendiam às periferias de cidades cada vez maiores e mais caóticas. As comunidades da floresta já conheciam essa realidade. E seus apelos foram ouvidos pelos cientistas, pelos ambientalistas e pela juventude urbana.

Uma nova lei era necessária e acabou se impondo, sob a forma de um compromisso: implementar políticas públicas socioambientais de forma republicana, transparente, participativa e continuada, mobilizando os recursos humanos e financeiros necessários e buscando novos recursos em parcerias nacionais e acordos diplomáticos internacionais; usar as leis ambientais já existentes e criar as que precisavam existir com o firme propósito de combinar a preservação com o desenvolvimento econômico sustentável, a redução das desigualdades sociais com o respeito e a proteção aos povos tradicionais.

Afinal de contas, o meio ambiente diz respeito a tudo ou quase tudo: é a própria base da economia, da cultura, da complexa teia de relações sociais. Como poderia, então, meia dúzia de órgãos públicos com orçamento irrisório controlar e conter a devastação promovida por tantos empreendimentos, apoiados por todas as outras instituições? Como poderia um ministério, em nome das parcelas mais despossuídas de bens e poderes, impedir o que todos os outros ministérios apoiavam e promoviam? A nova lei, num novo paradigma, teria que começar por uma mudança no funcionamento do Estado, a partir da qual cuidar do meio ambiente fosse responsabilidade de todos os setores de governo e agentes públicos, com participação da comunidade científica, da sociedade civil e dos diversos agentes econômicos. Ouso dizer que essa mudança de mentalidade, indutora de sinergia e coordenação, foi iniciada, dentro do aparelho de Estado, a partir de um edifício na Esplanada dos Ministérios, em Brasília, onde se acomodavam os dois menores e mais pobres, em termos orçamentários: Ministério do Meio Ambiente e Ministério da Cultura. Permitam-me, aqui, o prazer de lembrar os momentos tão propiciadores de inspiração para boas ideias e projetos, naqueles finais de tarde em que descia à entrada do prédio no mesmo elevador com Gilberto Gil e ficávamos conversando enquanto esperávamos, sabe-se deus até que horas da noite, o transporte para casa.

As diretrizes do Ministério do Meio Ambiente, que Capobianco relembra neste livro, estavam baseadas numa ideia de democracia: participação da sociedade na elaboração das políticas públicas e decisões do Estado, e coordenação entre os diversos órgãos e níveis institucionais. O controle e a normatização não se resumiam ao cumprimento da lei, mas visavam propiciar uma mudança na ideia de desenvolvimento, que integrasse economia e ecologia. Não tínhamos ilusões de que todos compreendessem a ideia — ainda nova entre nós — de sustentabilidade, mas acreditávamos no poder da parceria, da colaboração e dos compromissos assumidos através do debate suportado por fundamentos técnicos e políticos, feitos com respeito e transparência.

A história, ainda que cheia de possibilidades, como nos alerta Yuval N. Harari, é o registro do que conseguimos alcançar. Foram dez anos em que o mundo conheceu o potencial do Brasil para dar uma colaboração essencial na correção dos rumos de uma civilização que se aproximava rapidamente de um colapso. Dez anos em que o Brasil evoluiu na percepção que poderia ter de si mesmo, de sua imensa riqueza natural e cultural. Por isso, justifica-se plenamente a palavra "esperança" no título que Capobianco dá ao seu trabalho.

A esperança é fértil e resiliente, e segue vivendo nas condições mais difíceis. Capobianco, um biólogo apaixonado pelos mapas desenhados no curso rizomático da biologia, não se esquiva de mostrar o momento do retrocesso, que começou já no segundo mandato de Lula, foi aprofundado com Dilma, ampliado por Temer, e agora é exponencialmente realizado no destrutivo governo de Bolsonaro, com seu antiministro do Meio Ambiente, Ricardo Salles. Cada palavra da lei vem sendo apagada, os órgãos do Estado, enfraquecidos, as políticas públicas, desmontadas. Resultado: destruição da Amazônia, do Pantanal, do Brasil, agora posto na degradante condição de pária no mundo.

Estamos novamente na noite escura da apologia ao autoritarismo e da devastação. Minha esperança, entretanto, está viva e se renova ao ler o texto escrupulosamente detalhado de Capobianco. Era mesmo necessário, neste momento, que alguém acendesse uma vela, uma lamparina, ou ao menos um facho de sernambi na ponta úmida, flexível e resistente de uma taboca ainda verde, como um persistente alerta de que há alternativas à destruição. Alguém tinha que se dispor a contar a história, ilustrando-a com mapas, gráficos, números, textos legais ou científicos, entrevistas, pesquisas, registros da imprensa. Uma história que todo mundo precisa conhecer, especialmente os que podem contá-la ao público mais amplo, os que trabalham nos ambientes institucionais, acadêmicos, científicos, políticos, mas também os que estão nas comunidades e movimentos sociais, os que permanecem na luta — agora em condições ainda mais difíceis — pela proteção da Amazônia e de todo o ambiente.

Contando e recontando a história de uma política pública que a ciência e o bom senso, no mundo inteiro, reconhecem que deu certo, quem sabe possamos enfrentar e vencer a desesperança hoje dominante. Hannah Arendt nos fala das obras de arte que seriam capazes de fazer com que o "[...] curso da natureza, que requer que tudo queime até virar cinzas, fosse invertido de modo que até o pó pudesse irromper em chamas".[1] Podemos ir adiante, e das cinzas restaurar o verde da esperança.

O Brasil pode — e precisa, urgentemente — renovar seus compromissos com a democracia, o desenvolvimento sustentável, a saúde e a prosperidade de seu povo, e os laços de solidariedade humana diante das crises. Mais uma vez, a proteção da Amazônia e das comunidades que nela vivem poderá ser o *green card* de nosso país para ingressar no futuro. Para isso, devemos nos

---

1 | H. Arendt, *A condição humana*, Rio de Janeiro, Forense Universitária, 2007, p. 182.

inteirar e nos integrar aos desafios de hoje: democratizar a democracia em evidente estagnação, responder às consequências positivas e negativas da disrupção tecnológica, combater as desigualdades sociais e as mudanças climáticas criando bases sustentáveis para a economia global.

Ao fim da noite escura, com negacionismos e fundamentalismos democraticamente superados, vamos seguir adiante. Sabemos o que fazer e como fazer. Sabemos também o que devemos evitar e os erros que não devemos repetir. Com base nesse conhecimento, e no debate democrático, podemos gerar novos entendimentos, firmar novos consensos, elaborar um novo plano.

Marina Silva
Historiadora, professora, psicopedagoga,
ambientalista e política brasileira
filiada à Rede Sustentabilidade

1 | Introdução

O Brasil possui em seu território a maior floresta tropical do planeta, sendo a sua área cerca de quatro vezes superior à existente na República Democrática do Congo, segunda colocada no ranking mundial para esses tipos de florestas.[1] Além de sua grande dimensão, a alta concentração de carbono fixado por hectare faz com que a Amazônia possua o maior estoque de carbono em floresta tropical do mundo, tendo, portanto, papel-chave para o equilíbrio climático global.[2] A Amazônia possui, ainda, grande diversidade cultural e biológica.[3]

A despeito dessas características de elevada importância estratégica para o país, a Amazônia tem sido vítima de um acelerado processo de desmatamento predatório que já eliminou 806.849,50 quilômetros quadrados, correspondendo a 19,22%[4] de sua cobertura florestal original, sem que a substituição da floresta tenha gerado benefícios socioeconômicos perenes e de importância regional.[5]

Ao final da década de 1980 e início da seguinte, após as intensas repercussões negativas da divulgação de dados alarmantes do desmatamento da Amazônia ocorrido nas três décadas anteriores, o Brasil aprovou um conjunto

---

[1] Food and Agriculture Organization of the United Nations, *Global Forest Resources Assessment 2020 — Main Report*, Roma, 2020.
[2] S. S. Saatchi et al., Distribution of Aboveground Live Biomass in the Amazon Basin, *Global Change Biology*, Malden, v. 13, n. 4, p. 816-837, 2007.
[3] Brasil, Ministério do Meio Ambiente, *Avaliação e ações prioritárias para a conservação, utilização sustentável e repartição de benefícios da biodiversidade do bioma Amazônia*, Brasília, 2002.
[4] Instituto Nacional de Pesquisas Espaciais (Inpe), *Monitoramento do desmatamento da Floresta Amazônica brasileira por satélite: Prodes*, São José dos Campos, 2014-2021. Disponível em: http://www.obt.inpe.br/OBT/assuntos/programas/amazonia/prodes. Acesso em: 10 ago. 2021.
[5] O. T. de Almeida (Org.), *A evolução da fronteira amazônica: oportunidades para um desenvolvimento sustentável*, Belém, Imazon, 1996; B. K. Becker, "Reflexões sobre políticas de integração nacional e de desenvolvimento regional", in: M. D. Kingo (Org.), *Reflexões sobre políticas de integração nacional e de desenvolvimento regional*, Brasília, Ministério da Integração Nacional, 2000; L. E. Andersen et al., *The Dynamics of Deforestation and Economic Growth in the Brazilian Amazon*, Cambridge, Cambridge University Press, 2002; A. D. Nobre, *O futuro climático da Amazônia: relatório de avaliação científica*, Articulación Regional Amazónica (ARA), 2014.

expressivo de leis e aprimoramentos institucionais, incluindo o cancelamento dos incentivos fiscais para projetos de ocupação da região e a criação do Instituto Brasileiro do Meio Ambiente e dos Recursos Naturais Renováveis (Ibama), para o controle da degradação florestal. Os resultados dessas ações, no entanto, não foram capazes de reverter o quadro, que, ao contrário, se agravou. Na década de 1990, o desmatamento apresentou curva de crescimento ascendente que perdurou até 2004, quando foi registrada a segunda maior taxa da história, com a derrubada de 27.772 quilômetros quadrados de florestas[6], mesmo com a implementação de várias tentativas de contenção aplicadas durante o segundo mandato do presidente Fernando Henrique Cardoso.[7]

A partir de 2004, no início do primeiro mandato do presidente Luiz Inácio Lula da Silva, a Amazônia passou a receber um conjunto expressivo de iniciativas voltadas à redução do desmatamento, com a implantação de vários programas de alcance regional, severas medidas de fiscalização e controle e ações de ordenamento fundiário e territorial. Nos anos seguintes, o ritmo do desmatamento caiu de forma consistente e contínua, chegando em 2012 a 4.571 quilômetros quadrados desmatados, o menor índice até então registrado desde 1988, quando teve início o monitoramento da região pelo Instituto Nacional de Pesquisas Espaciais (Inpe), por meio do Programa de Monitoramento da Floresta Amazônica Brasileira por Satélite (Prodes).[8]

A redução do desmatamento na Amazônia nos últimos anos é, conforme comprovado por inúmeros estudos[9], um fato inconteste e se configura numa

---

[6] | Inpe, op. cit.
[7] | Brasil, Ministério do Meio Ambiente, *Causas e dinâmica do desmatamento na Amazônia*, Brasília, 2001.
[8] | O Programa de Monitoramento da Floresta Amazônica Brasileira por Satélite (Prodes), criado na década de 1980, mede o corte raso anual em polígonos com área superior a 6,25 hectares. Essas medições são realizadas em períodos em que há boas condições de observação na Amazônia, que, em geral, ocorrem de julho a setembro, quando 90% da região pode ser vista devido à redução da cobertura de nuvens. O período de análise vai do início do mês de agosto ao final do mês de julho do ano seguinte. Por ser mais detalhada que em outros sistemas e depender de condições climáticas adequadas à captura de imagens, essa análise é realizada apenas uma vez por ano. Sua primeira estimativa é divulgada até o mês de dezembro do ano em curso, e os dados consolidados são disponibilizados no final do primeiro semestre do ano seguinte.
[9] | J. Assunção, C. Gandour e R. Rocha, Crédito afeta desmatamento? Evidência de uma política de crédito rural na Amazônia, Núcleo de Avaliação de Políticas Climáticas, PUC-Rio, 2013; A. Azevedo et al., Produção de commodities no Brasil: desmatamento zero e ilegalidade zero, Ipam, 2015; F. S. S. Ferreira, *Políticas públicas de ordenamento territorial no Baixo*

conquista inédita da sociedade brasileira, obtida com 26 anos de atraso, se tomarmos a Constituição Federal de 1988 como um marco que estabeleceu o início do desenvolvimento de uma nova visão da sociedade brasileira sobre a importância da conservação ambiental e que definiu novas condições para o uso e a ocupação da região.

Devido à enorme repercussão nacional e internacional desse feito, inúmeras discussões sobre quais seriam os reais fatores responsáveis por esse resultado têm sido suscitadas a partir de dezenas de documentos, artigos científicos, dissertações e teses.

Grande parte desses estudos buscou, inicialmente, o uso de metodologias da área das ciências econômicas, em especial da econometria, para identificar as conexões entre mercado, preços de *commodities*, disponibilidade de recursos para investimentos e crédito, entre outros fatores, e justificar as razões para a variação nos índices de degradação florestal. Quando a pesquisa que deu origem à tese que gerou esta publicação teve início, parte significativa dos trabalhos consultados apresentava uma rejeição *a priori* ou uma relativização da possibilidade de a ação governamental ter desempenhado o papel principal no resultado obtido.

As chamadas ações de "comando e controle" que, de certa forma, consolidam a presença do Estado eram, via de regra, consideradas como acessórias e de impacto limitado, com base em análises de dados como a baixa efetividade da cobrança das multas aplicadas ou da efetiva penalização dos degradadores autuados.[10] Por outro lado, certas iniciativas empreendidas por governos estaduais, setor empresarial e organizações da sociedade tiveram

---

Amazonas (PA): uma análise a partir das políticas e programas dos governos federal e estadual na área de influência da rodovia BR-163 (Cuiabá-Santarém), Rio de Janeiro, 2010, dissertação (Mestrado em Ciências Sociais), Instituto de Ciências Humanas e Sociais, UFRRJ; Inpe, op. cit.; Brasil, Ministério do Meio Ambiente, *Plano de Ação para Prevenção e Controle do Desmatamento na Amazônia Legal (PPCDAm) — Documento de avaliação 2004-2007*, Brasília, 2008b; E. M. S. C. Neves (Coord.), *O processo de municipalização da estratégia de prevenção e combate ao desmatamento na Amazônia: estudos de casos sobre municípios integrantes da lista de municípios prioritários do Ministério do Meio Ambiente*, Revisão 1, Rio de Janeiro, 2015; F. A. Barbosa et al., *Cenários para a pecuária de corte amazônica*, Belo Horizonte, Ed. IGC/UFMG, 2015; Ipea, GIZ e Cepal, *Avaliação do Plano de Ação para Prevenção e Controle do Desmatamento na Amazônia Legal (PPCDAm) 2004-2010*, Brasília, 2011.

10 | B. Brito e P. Barreto, A eficácia da aplicação da Lei de Crimes Ambientais pelo Ibama para proteção de florestas no Pará, *Revista de Direito Ambiental*, São Paulo, n. 46, p. 35-45, 2006; J. Schmitt, *Crime sem castigo: a efetividade da fiscalização ambiental para o controle do*

seus resultados superdimensionados e apresentados de forma desconectada, como se tivessem surgido espontaneamente, desvinculadas das ações do governo federal.[11]

Explorando um caminho diferenciado, o presente trabalho visou testar a hipótese de que o histórico resultado obtido na redução do desmatamento decorreu, principalmente, do aumento da percepção do risco de descumprimento da legislação ambiental por parte da população regional, em virtude da forte e permanente presença do governo federal na região, a partir da implantação de um conjunto amplo e consistente de políticas públicas e ações de campo, em particular as desencadeadas por meio do Plano de Ação para Prevenção e Controle do Desmatamento na Amazônia Legal (PPCDAm), lançado no início de 2004.

O estudo desenvolvido, que agora chega a público por meio da presente publicação, está organizado em três blocos. O primeiro, que engloba os capítulos 2 e 3, é dedicado a apresentar os principais dados relativos à importância da Amazônia nos contextos nacional e internacional; a evolução do quadro de degradação do bioma ao longo das últimas décadas, desde que teve início o monitoramento do desflorestamento pelo Inpe, em 1988; e as principais políticas públicas concebidas e implementadas pelo governo federal na região da Amazônia Legal, a partir da década de 1950 até o final do governo FHC, em 2002.

O segundo bloco, composto pelos capítulos 4 e 5, reúne informações sobre as políticas públicas desenvolvidas e implementadas na região a partir do início do governo Lula, em 2003, até o seu final, em 2010. Nessa etapa do trabalho, buscou-se analisar as principais diferenças de enfoque e organização da atuação pública federal em relação aos governos anteriores, a partir de uma análise detalhada de sua concepção e da comparação do esforço empreendido, em especial por meio da implementação do PPCDAm. Para tanto, foi descrita a visão norteadora das ações, e reunidas e analisadas

---

desmatamento ilegal na Amazônia, Brasília, 2015, tese (Doutorado em Desenvolvimento Sustentável), Centro de Desenvolvimento Sustentável, UnB.

11 | D. Nepstad et al., Slowing Amazon Deforestation through Public Policy and Interventions in Beef and Soy Supply Chains, *Science*, Washington, v. 344, n. 6188, p. 1118-1123, 2014; K. S. A. Meijer, A Comparative Analysis of the Effectiveness of Four Supply Chain Initiatives to Reduce Deforestation, *Tropical Conservation Science*, Menlo Park, v. 8, n. 2, p. 564-578, 2015; Associação Brasileira das Indústrias de Óleos Vegetais, *Moratória da Soja — Relatório do 9º ano*, 2016.

515 medidas adotadas nos campos legal, institucional e operacional nas décadas de 1990 e 2000, voltadas diretamente ao combate ao desmatamento, bem como as que, mesmo não tendo sido concebidas originalmente para esse fim, contribuíram para tal. As iniciativas analisadas foram identificadas por meio de extenso e detalhado levantamento em fontes bibliográficas, acervos de instituições públicas e privadas e bancos de dados disponíveis. Mesmo adotando critérios que permitem assegurar que seu conjunto é significativo e representa adequadamente o universo das medidas implementadas nas duas décadas consideradas, adotou-se a denominação de "lista não exaustiva", visto não ser possível garantir que todas tenham sido devidamente identificadas.

Além dessa avaliação comparativa, foram analisados nessa etapa do trabalho os resultados obtidos pelas ações de controle do desmatamento adotadas no período de 2003 a 2010. Foram consideradas nessas análises: (i) as relações entre a evolução das taxas de desmatamento, a variação da área de soja plantada e do número de cabeças do rebanho bovino na região de estudo e as oscilações dos preços dessas *commodities*; (ii) a dinâmica espacial do desmatamento, tendo como base o recorte municipal; (iii) a evolução do número de autuações do Ibama relativas a danos à flora; e (iv) a relação entre a evolução das taxas de desmatamento e o crédito agropecuário disponibilizado para a Amazônia Legal e para os municípios prioritários para o controle do desmatamento. O objetivo da realização de tais análises foi verificar se teriam ocorrido, no período considerado, variações coincidentes entre a queda nas taxas de desmatamento e eventuais oscilações negativas nos preços e na produção das *commodities*, ou se teria ocorrido o desacoplamento entre esses indicadores, contrariando o verificado em períodos anteriores. Com relação às autuações do Ibama, o objetivo foi verificar se teria havido esforço adicional de fiscalização, em comparação com o passado.

No terceiro bloco, que inclui os capítulos 6 e 7, foram reunidos os resultados de pesquisa de campo realizada com informantes-chave da região, a fim de identificar a percepção deles sobre os impactos e os resultados das políticas públicas de controle do desmatamento implantadas na Amazônia e suas avaliações sobre os principais fatores que explicam a redução das taxas verificada no período estudado. Também integram esse bloco os dados de uma pesquisa detalhada de matérias e reportagens sobre o desmatamento na Amazônia, veiculadas na imprensa escrita, na televisão e no rádio, pelos principais veículos de comunicação nos âmbitos regional e nacional, com o objetivo de avaliar o enfoque adotado, bem como se teria ocorrido aumento do interesse e do esforço de cobertura jornalística no período.

No Capítulo 8, são apresentadas as principais causas da gradual retomada do desmatamento na Amazônia, verificada a partir de 2014. São elencadas as iniciativas de flexibilização de importantes instrumentos legais, os posicionamentos oficiais contraditórios e a redução das ações de fiscalização e ordenamento territorial, que começam a ocorrer no final do ano de 2008 e se intensificam em 2012. Fatos que explicam a inversão da tendência de queda das derrubadas e põem em risco as conquistas obtidas na década anterior. Essas iniciativas, decorrentes da evidente redução do protagonismo do governo federal e da desarticulação entre os ministérios, têm como resultado o aumento gradativo do desmatamento regional, que se agrava com a eleição de Jair Bolsonaro, primeiro presidente brasileiro desde a reabertura democrática a se posicionar oficialmente contra a proteção socioambiental da Amazônia.

Finalmente, no Capítulo 9, são apresentadas as principais conclusões da pesquisa. A partir do conjunto de dados reunidos, buscou-se demonstrar que ocorreu, a partir de 2004, um esforço significativo do governo federal em implementar uma agenda afirmativa de combate ao desmatamento, marcada por uma mudança de concepção do formato e estruturação das ações, principalmente no que diz respeito às responsabilidades dos diferentes ministérios e órgãos da administração federal, que passaram, de forma inédita, a atuar de forma integrada. A prioridade conferida à questão, associada à ação articulada do governo, se traduziu no crescimento significativo de medidas concretas e de forte impacto, propiciando, inclusive, avanços acelerados no aperfeiçoamento da legislação e dos arranjos institucionais.

As diferentes análises realizadas demonstram que, mesmo sem ter sido possível superar alguns problemas estruturais, como a baixa eficiência na efetiva punição de causadores de danos ambientais, as dificuldades para a implementação de uma agenda econômica positiva e a implantação das unidades de conservação, entre outros, a presença permanente do poder público e o conjunto expressivo de iniciativas de comando, controle e ordenamento territorial, associados ao combate intenso das ilegalidades promovidas pelo setor privado, tiveram forte impacto sobre os vetores responsáveis pelo desmatamento. Essas iniciativas tiveram expressiva repercussão nos meios de comunicação, que aumentaram a cobertura jornalística sobre o tema e impactaram fortemente a opinião pública e as lideranças locais.

Por último, merece destaque o fato de o autor ter atuado diretamente nas etapas de concepção, planejamento e implantação das medidas de combate ao desmatamento na Amazônia desenvolvidas pelo governo federal, ao exercer as funções de secretário de Biodiversidade e Florestas (de janeiro de 2003 a dezembro de 2006) e secretário executivo (de janeiro de 2007 a junho de 2008), junto ao Ministério do Meio Ambiente. Durante todo esse período, assumiu a responsabilidade de coordenar a secretaria executiva do PPCDAm, em apoio ao representante da Casa Civil da Presidência da República, participando ativamente de todos os debates com representantes dos governos federal, estaduais e municipais, academia, empresas, organizações não governamentais e movimentos sociais. Ocupou, ainda, ao longo desses anos, a presidência do Conselho de Gestão do Patrimônio Genético, da Comissão Brasileira de Florestas, do Instituto Chico Mendes de Conservação da Biodiversidade (ICMBio) e a vice-presidência do Conselho Nacional do Meio Ambiente.

A experiência acumulada nessas esferas de atuação junto ao governo federal foi importante para a concepção inicial do projeto de pesquisa, a identificação de fontes e referências, assim como o acesso a informações relevantes. Nesse contexto, ao optar por desenvolver a presente reflexão sobre a experiência de governança socioambiental implementada na Amazônia na década de 2000 por meio de um doutorado, o autor pretendeu recorrer ao rigor científico, sob a orientação de profissionais de reconhecida competência acadêmica, a fim de produzir uma avaliação metodologicamente adequada e, portanto, útil aos interessados no tema.

2 | A Floresta Amazônica: importância, ameaças e iniciativas para sua proteção

Considerações iniciais sobre a Floresta Amazônica e sua importância nos contextos nacional e internacional

O Brasil possui, atualmente, cerca de 4,9 milhões de quilômetros quadrados de florestas[1], ocupando o segundo lugar na lista dos países com maior área florestal densa do mundo, perdendo apenas para a Rússia, com 8,1 milhões de quilômetros quadrados, e seguido por Canadá (3,4 milhões), Estados Unidos (3,1 milhões) e China (2,1 milhões).[2] Esses cinco países detêm juntos 54% de toda a cobertura florestal existente hoje no planeta, e o Brasil abriga 12% do total mundial.

Em termos de florestas tropicais, o Brasil é o país com maior cobertura, possuindo uma área quase quatro vezes (3,9) superior à existente na República Democrática do Congo (1,2 milhão de quilômetros quadrados), segunda colocada no ranking mundial para esse tipo de floresta.[3]

A grande maioria das florestas brasileiras está concentrada na região amazônica, visto que a Mata Atlântica se encontra reduzida a cerca de 162,6 mil quilômetros quadrados, 12,4% de sua área original.[4,5]

Embora não haja consenso a respeito da dimensão da área abrangida pela bacia amazônica[6] ou da extensão da cobertura florestal nos países

---

[1] | Considerando áreas com mais de 0,5 hectare, com árvores de mais de 5 metros e um dossel de mais de 10% da área, excluídas as terras predominantemente destinadas à utilização agrícola ou urbana (Food and Agriculture Organization of the United Nations, *Global Forest Resources Assessment 2010 — Main Report*, Forestry Paper 163, Roma, 2010).
[2] | Idem, *Global Forest Resources Assessment 2020*, op. cit.
[3] | Ibidem.
[4] | Considerando-se a cobertura em estado primário ou secundário em estágio avançado de regeneração.
[5] | Fundação SOS Mata Atlântica e Instituto Nacional de Pesquisas Espaciais, *Atlas dos remanescentes florestais da Mata Atlântica período 2018-2019 — Relatório técnico*, São Paulo, 2020.
[6] | N. A. de Mello-Théry, *Território e gestão ambiental na Amazônia: terras públicas e os dilemas do Estado*, São Paulo, Annablume, Fapesp, 2011.

sul-americanos, estima-se que a área original da Floresta Amazônica era de 6,9 milhões de quilômetros quadrados na América do Sul, dos quais 60,1% estariam em território brasileiro[7], sendo o restante distribuído por sete países e a Guiana Francesa, conforme as figuras 1 e 2 e a Tabela 1.

Tabela 1 | Distribuição da Floresta Amazônica por país na América do Sul

País	Área de Floresta Amazônica no país (km^2)	Área do país coberta pela Floresta Amazônica (%)	Participação na área total da Floresta Amazônica (%)
Bolívia	479.264	43,6	6,9
Brasil	4.196.943*	49,28	60,1
Colômbia	483.164	42,3	6,9
Equador	116.284	46,7	1,7
Guiana	214.969	100	3,1
Guiana Francesa	86.504	100	1,2
Peru	782.820	60,9	11,2
Suriname	163.820	100	2,3
Venezuela	453.915	49,5	6,5
Total	6.977.683		

* Área do bioma Amazônia — IBGE (2004).

Fonte: Raisg (2012). Modificada pelo autor.

A dimensão do bioma Amazônia[8] e a sua grande heterogeneidade ambiental, com 25 diferentes fitofisionomias, incluindo quatro tipos de florestas — ombrófilas densa e aberta e estacionais decidual e semidecidual —, são fatores determinantes para a existência de uma expressiva diversidade

---

7 | Red Amazónica de Información Socioambiental Georreferenciada, *Amazonía bajo presión*, São Paulo, Instituto Socioambiental, 2012.
8 | Maior bioma brasileiro, ocupa cerca de 49% do território nacional. Abrange os estados do Acre, do Amapá, do Amazonas, do Pará, de Rondônia, de Roraima e parte dos estados do Maranhão, do Tocantins e do Mato Grosso. A vegetação predominante é a floresta ombrófila densa, que corresponde a 41,67% do bioma (Mapa de cobertura vegetal dos biomas brasileiros. Disponível em: https://www.mma.gov.br/estruturas/sbf_chm_rbbio/_arquivos/mapas_cobertura_vegetal.pdf. Acesso em: 15 jul. 2020).

Figura 1 | Mapa da distribuição da Floresta Amazônica na América do Sul e no Brasil

Fontes: IBGE (2004); Raisg (2012). Elaborada pelo autor.

biológica.⁹ Na Amazônia, há cerca de mil espécies de aves, das quais 283 possuem distribuição restrita ou são raras; 1,3 mil de peixes, quantidade superior à encontrada em qualquer outra bacia do mundo; 21 mil espécies de plantas superiores; e 311 de mamíferos, 62% das espécies que ocorrem no Brasil.¹⁰

Figura 2 | Mapa dos biomas terrestres do Brasil

Fonte: IBGE (2004). Adaptado pelo autor a partir do Mapa de Biomas e Sistema Costeiro-Marinho do Brasil, 1:250.000.

---

9 | J. P. R. Capobianco, "Biomas brasileiros", in: A. Camargo, J. P. R. Capobianco e J. A. P. Oliveira (Orgs.), *Meio ambiente Brasil: avanços e obstáculos pós-Rio-92*, São Paulo, Estação Liberdade, Instituto Socioambiental; Rio de Janeiro, Fundação Getúlio Vargas, 2002.
10 | Brasil, MMA, *Avaliação e ações prioritárias para a conservação, utilização sustentável e repartição de benefícios da biodiversidade do bioma Amazônia*, op. cit.

Há ainda registros de 550 espécies de répteis, 62% das quais são endêmicas, e 163 de anfíbios, 27% das seiscentas estimadas para o Brasil[11], e uma enorme diversidade de invertebrados. Cabe ressaltar, no entanto, que esses números representam um índice mínimo, uma vez que ainda se conhece muito pouco da diversidade biológica desse bioma, haja vista a grande lacuna de áreas com inventários florísticos e faunísticos já realizados na Amazônia.[12]

Além da riqueza natural, a Amazônia Legal[13] abriga uma diversidade cultural expressiva. São cerca de 180 povos indígenas[14], totalizando cerca de 433.363 indivíduos[15] de diferentes famílias linguísticas e de 640 territórios quilombolas titulados ou em processo de titulação.[16] Soma-se a esses grupos uma grande variedade de comunidades tradicionais, que incluem seringueiros, pescadores artesanais, castanheiros, ribeirinhos e babaçueiros, entre outros, cujas atividades econômicas possuem forte dependência dos recursos naturais, explorados com tecnologias de baixo impacto ambiental.[17] Como ressalta Neli Aparecida de Mello-Théry[18], "trata-se de um mosaico de ambientes e sociedades".

---

11 | C. F. B. Haddad, "Biodiversidade de anfíbios no estado de São Paulo", in: C. A. Jolly e C. E. de M. Bicudo (Orgs.), *Biodiversidade do estado de São Paulo: síntese do conhecimento ao final do século XX*, Vertebrados, v. 6, São Paulo, Fapesp, 1998, p. 15-26.
12 | J. P. R. Capobianco (Org.), *Biodiversidade na Amazônia brasileira*, São Paulo, Estação Liberdade, Instituto Socioambiental, 2001.
13 | Macrorregião criada pela Lei nº 1.806, de 6/1/1953, posteriormente alterada pela Lei nº 5.173/1966 e pela Lei Complementar nº 31/1977, com o intuito de melhor planejar o desenvolvimento social e econômico da Amazônia (Superintendência do Desenvolvimento da Amazônia, Legislação da Amazônia, [s.d.]). A atual área de abrangência da Amazônia Legal corresponde à totalidade dos estados do Acre, do Amapá, do Amazonas, do Mato Grosso, do Pará, de Rondônia, de Roraima e de Tocantins, e de parte do estado do Maranhão (a oeste do meridiano 44º), perfazendo uma superfície de 5.015.067,74 quilômetros quadrados, 58,9% do território brasileiro, distribuído por 772 municípios (Instituto Brasileiro de Geografia e Estatística, Amazônia Legal, [s.d.]. Disponível em: https://www.ibge.gov.br/geociencias/organizacao-do-territorio/estrutura-territorial/15819-amazonia-legal.html?=&t=o-que-e. Acesso em: 15 jul. 2020), com uma população de 24,3 milhões de habitantes em 2010 (idem, Censo demográfico 2010: resultados preliminares do universo, 2011).
14 | E. Heck et al., Amazônia indígena: conquistas e desafios, *Estudos Avançados*, São Paulo, v. 19, n. 53, 2005.
15 | IBGE, Censo demográfico 2010, op. cit.
16 | Comissão Pró-Índio de São Paulo, Observatório Terras Quilombolas [s.d.]. Disponível em: https://cpisp.org.br/direitosquilombolas/observatorio-terras-quilombolas/. Acesso em: 1 dez. 2020.
17 | M. G. M. Lima e E. M. B. Pereira, Populações tradicionais e conflitos territoriais na Amazônia, *Geografias*, Belo Horizonte, v. 3, n. 1, p. 107-119, 2007.
18 | Cf. Mello-Théry, op. cit., p. 110.

A Amazônia possui ainda grande importância para a estabilidade ambiental do planeta. Na Amazônia Legal, estão fixados cerca de 49 bilhões de toneladas de carbono.[19] Sua massa florestal libera algo em torno de 20 bilhões de toneladas de água diariamente para a atmosfera via evapotranspiração, e seus rios descarregam, através do rio Amazonas, cerca de 17 bilhões de toneladas de água por dia no oceano Atlântico[20], 20% de toda a água doce que é despejada nos oceanos pelos rios existentes no globo terrestre.[21] Parte significativa da água transferida para a atmosfera é responsável pela manutenção das chuvas no bioma, que apresenta precipitação anual superior a 2.000 milímetros em regiões próximas do equador, e superior a 3.000 milímetros na região da foz do rio Amazonas e no setor noroeste[22], e parte é deslocada para as regiões Centro-Oeste, Sudeste e Sul, por meio do fenômeno conhecido como rios voadores.[23] Dessa forma, a produção agropecuária, o abastecimento público e a produção de energia hidrelétrica das regiões brasileiras mais populosas, onde se concentra a maior atividade econômica, dependem diretamente das chuvas que têm origem na Amazônia. Em termos de recursos hídricos, a disponibilidade hídrica superficial da Região Hidrográfica Amazônica, porção da bacia do rio Amazonas em território brasileiro, é da ordem de 73.748 metros cúbicos por segundo, equivalente a 81% do total do país.[24]

A evolução recente dos debates em torno da questão das mudanças climáticas levou ao esclarecimento da forte ligação entre o desmatamento e o

---

19 | Saatchi et al., op. cit.; D. Nepstad et al., Interactions among Amazon Land Use, Forests and Climate: Prospects for a Near-Term Forest Tipping Point, *Philosophical Transactions of the Royal Society B: Biological Sciences*, Londres, v. 363, n. 1498, p. 1737-1746, 2008.
20 | Nobre, op. cit.
21 | Brasil, MMA, *Avaliação e ações prioritárias para a conservação, utilização sustentável e repartição de benefícios da biodiversidade do bioma Amazônia*, op. cit.
22 | L. Limberger e M. E. S. Silva, Precipitação na bacia amazônica e sua associação à variabilidade da temperatura da superfície dos oceanos Pacífico e Atlântico: uma revisão, *Geousp: Espaço e Tempo* (on-line), v. 20, n. 3, p. 657-675, 2016.
23 | L. R. T. da Silva et al., Rios voadores: como a dinâmica natural do fenômeno pode ser afetada pelo desequilíbrio ambiental na floresta amazônica, XVIII Simpósio Brasileiro de Geografia Física Aplicada, Fortaleza, UFCE, 2019.
24 | Brasil, Agência Nacional de Águas, Conjuntura dos Recursos Hídricos no Brasil, edição especial, Brasília, 2015. Disponível em: http://www2.ana.gov.br/Paginas/portais/bacias/amazonica.aspx. Acesso em: 15 jul. 2015.

aquecimento global.²⁵ Segundo dados do Sistema de Estimativas de Emissões de Gases de Efeito Estufa (Seeg), do Observatório do Clima, em 2003, a mudança de uso de terra e floresta, cujo principal vetor é o desmatamento, foi responsável por 69,1% das emissões totais de gases de efeito estufa (CO_2eq) no Brasil. Embora essa participação tenha diminuído com a redução do desmatamento na Amazônia verificada nos anos seguintes, em 2019 a mudança de uso de terra e floresta ainda representava 44,5% das emissões nacionais, isso sem considerar o aumento nos índices de derrubadas e incêndios observado no ano de 2020.²⁶

A Amazônia do século XXI é, entretanto, muito mais do que um ícone de representação simbólico-cultural em termos de seu valor como natureza e cultura e para o equilíbrio planetário. Ela é uma fronteira para a ciência e tecnologia, em uma era marcada pelo avanço das biotecnologias e da engenharia genética. Seu potencial nesse campo é enorme. O Relatório Nacional para a Convenção sobre Diversidade Biológica²⁷ afirma que a diversidade biológica tem importância decisiva no plano econômico — o setor da agroindústria, por exemplo, que se beneficia diretamente do patrimônio genético, responde por cerca de 40% do PIB nacional. O crescente mercado mundial de produtos biotecnológicos, por sua vez, movimentou entre US$ 470 bilhões e 780 bilhões por ano na década de 1990²⁸, e o seu crescimento depende de princípios ativos e códigos genéticos existentes na natureza. Nesse campo, a ironia da história une as duas pontas da linha do tempo: em um dos extremos, os laboratórios mais avançados que a ciência já desenvolveu, e, no outro, os conhecimentos das populações tradicionais, que permitem a aceleração da identificação dos princípios ativos existentes nos complexos ecossistemas tropicais.²⁹

---

25 | C. A. Nobre e A. D. Nobre, O balanço de carbono da Amazônia brasileira, *Estudos Avançados*, São Paulo, v. 16, n. 45, p. 81-90, 2002; J. P. Ometto et al. (Orgs.), "Amazon Forest Biomass Density Maps: Tackling the Uncertainty in Carbon Emission Estimates", in: *Uncertainties in Greenhouse Gas Inventories*, [s.l.], Springer International Publishing, 2015, p. 95-110.
26 | Sistema de Estimativas de Emissões de Gases de Efeito Estufa, Emissões totais de gases de efeito estufa no Brasil, Observatório do Clima, 2020. Disponível em: https://plataforma.seeg.eco.br/total_emission#. Acesso em: 15 dez. 2020.
27 | Brasil, Ministério do Meio Ambiente, *Primeiro Relatório Nacional para a Convenção sobre Diversidade Biológica*, Brasília, 1998.
28 | R. Arnt, O tesouro verde, *Exame*, São Paulo, n. 739, 2 maio 2001.
29 | Capobianco, *Biodiversidade na Amazônia brasileira*, op. cit.

Evolução da degradação da Floresta Amazônica no Brasil

A despeito da importância do patrimônio socioambiental da Amazônia, da contribuição para a estabilidade dos processos climáticos em níveis nacional, regional e mundial, e do enorme potencial de sua biodiversidade para o desenvolvimento econômico, o desmatamento já comprometeu parcela importante do bioma. O último dado oficial de incremento da taxa de desmatamento na Amazônia Legal, verificado no período de 1º de agosto de 2019 a 31 de julho de 2020, foi de 10.851 quilômetros quadrados[30], elevando o desmatamento total acumulado para 805.576,72 quilômetros quadrados.[31] Dessa forma, já foram convertidos para outros usos 19,19% da floresta original, área superior à soma dos territórios de Alemanha, Itália e Grécia, em apenas quatro décadas, já que o primeiro levantamento realizado com base em imagens Landsat, de 1976 a 1978, mostrava a perda de apenas 1,83% da cobertura florestal.[32]

Segundo dados da Organização das Nações Unidas para Alimentação e Agricultura (FAO)[33], o Brasil foi o que mais desmatou nas décadas de 1990 a 2020, comparado com os dez países com maior perda florestal no mundo. Mesmo com a redução do desmatamento ocorrido na Amazônia a partir de 2005, a contribuição brasileira para a degradação florestal do grupo aumentou de 36,4% entre 1990 e 2000 para 43,7% entre 2000 e 2010, principalmente devido à forte redução da participação da Indonésia, que diminuiu em 73,9% o corte raso de suas florestas na última década, conforme a Tabela 2. Na década de 2010 a 2020, o Brasil foi responsável por mais de um quarto do desmatamento total no mundo.

---

30 | Instituto Nacional de Pesquisas Espaciais, *Terrabrasilis Plataforma de Dados Geográficos*, [s.d.]. Disponível em: http://terrabrasilis.dpi.inpe.br/app/dashboard/deforestation/biomes/legal_amazon/increments. Acesso em: 15 jul. 2021.
31 | Inpe, *Monitoramento do desmatamento da Floresta Amazônica brasileira por satélite*, op. cit.
32 | A. T. Tardin et al., Subprojeto desmatamento — convênio IBDF/CNPq-Inpe, Relatório técnico, Inpe, São José dos Campos, 1980.
33 | FAO, *Global Forest Resources Assessment 2020*, op. cit.

Tabela 2 | Os dez países com maiores taxas de desmatamento entre 1990 e 2020

	1990 a 2000		2000 a 2010		2010 a 2020	
	País	Desmatamento (1.000 ha/ano)	País	Desmatamento (1.000 ha/ano)	País	Desmatamento (1.000 ha/ano)
1º	Brasil	2.890	Brasil	2.642	Brasil	1.496
2º	Indonésia	1.914	Austrália	562	Rep. Dem. do Congo	1.101
3º	Sudão	589	Indonésia	498	Indonésia	753
4º	Mianmar	435	Nigéria	410	Angola	555
5º	Nigéria	410	Tanzânia	403	Tanzânia	421
6º	Tanzânia	403	Zimbábue	327	Paraguai	347
7º	México	354	Rep. Dem. do Congo	311	Mianmar	290
8º	Zimbábue	327	Mianmar	310	Camboja	252
9º	Rep. Dem. do Congo	311	Bolívia	290	Bolívia	225
10º	Argentina	293	Venezuela	288	Moçambique	223
	Total	7.926		6.041		5.663
	Participação do Brasil	36,4%		43,7%		26,4%

Fonte: FAO (2010) e FAO (2020). Elaborada pelo autor.

É importante destacar que os levantamentos oficiais elaborados pelo Inpe, através do Prodes, identificam apenas áreas onde a floresta foi completamente retirada, por meio das práticas conhecidas como corte raso. As degradações provocadas por atividades madeireiras e queimadas não são contabilizadas.[34] A título de exemplo, se fossem computados os 11.730 quilômetros quadrados de florestas queimadas no incêndio de Roraima de 1998[35], mais os 15 mil quilômetros quadrados que se estimam ser a área impactada pela extração seletiva

---

[34] T. Krug, "O quadro de desflorestamento da Amazônia", in: Brasil, MMA, *Causas e dinâmica do desmatamento na Amazônia*, op. cit.
[35] Y. E. Shimabukuro et al., Roraima: o incêndio visto do espaço, *Ciência Hoje*, Rio de Janeiro, v. 26, n. 157, p. 32-34, jan./fev. 2000.

de madeiras nobres a cada ano na região[36], a área total de floresta degradada no ano de 1998 alcançaria 44.113 quilômetros quadrados, mais do que o dobro dos 17.383 quilômetros quadrados computados pelo Inpe.[37]

Nesse sentido, os dados organizados por Antonio Donato Nobre[38] oferecem um quadro da gravidade do problema, pois indicam ser de 1.255.100 quilômetros quadrados a área da floresta mantida em pé e, portanto, não computada nos números do Inpe, mas que já teria sido perturbada em variados graus até o ano de 2013. Se somarmos esse número às áreas eliminadas por corte raso, o impacto total da ocupação humana sobre o bioma Amazônia no Brasil naquele ano seria de 2.050.593,23 quilômetros quadrados, 48,8% da área original, situação agravada pelo aumento do desmatamento dos últimos anos.

Outro aspecto importante a se destacar é que o desmatamento na Amazônia não ocorre de forma dispersa, mas se concentra na área conhecida como o "arco do desflorestamento"[39] e nas fisionomias florestais. Dessa forma, embora em termos de área total o bioma ainda esteja relativamente conservado, há regiões dos estados do Pará, do Maranhão, de Mato Grosso e de Rondônia em que a floresta foi quase completamente eliminada e o processo de fragmentação é tão grave como o observado na Mata Atlântica.[40]

A emergência das iniciativas de proteção da Floresta Amazônica no Brasil

A partir da década de 1980, inicia-se no Brasil uma mudança em relação à percepção das questões ambientais e do problema do desmatamento, sendo aprovada, em 1981, a Lei nº 6.938, que estabeleceu a Política Nacional do Meio Ambiente. Se até então a substituição de florestas em larga escala era não apenas considerada necessária para o desenvolvimento regional,

---

36 | M. A. Cochrane, O significado das queimadas na Amazônia, *Ciência Hoje*, Rio de Janeiro, v. 26, n. 157, p. 26-31, jan./fev. 2000.
37 | Capobianco, "Biomas brasileiros", op. cit.
38 | Nobre, op. cit.
39 | Região onde a fronteira agrícola avança em direção à floresta e também onde se encontram os maiores índices de desmatamento da Amazônia. São cerca de 500 mil quilômetros quadrados, de terras que vão do leste e do sul do Pará em direção a oeste, passando por Mato Grosso, Rondônia e Acre.
40 | Capobianco, "Biomas brasileiros", op. cit.

mas diretamente estimulada por programas e recursos públicos, com a ampla divulgação dos altos índices de desmatamento verificados nas décadas de 1970 e 1980, o problema ganha contornos de escândalo internacional. Para Neli Aparecida de Mello-Théry[41], o assassinato de Chico Mendes e a divulgação do elevado número de focos de queimadas fizeram do ano de 1988 um importante marco nesse processo. A escalada predatória na Amazônia, envolvendo não apenas a destruição florestal, como também a violenta desagregação de comunidades indígenas e extrativistas, passa das manchetes dos principais veículos de comunicação mundiais e nacionais para a pauta das reuniões intergovernamentais, atingindo a Organização das Nações Unidas e os bancos multilaterais, que começam a ter que justificar seus investimentos no país e os impactos por eles gerados.

No bojo dessa intensa mobilização da opinião pública internacional e nacional ocorrida na década de 1980, o Brasil dá o primeiro passo no campo legal em direção a uma mudança na visão sobre o futuro de sua maior floresta, com a aprovação da Constituição de 1988, que, em seu artigo 225[42], parágrafo IV, definiu a Amazônia como patrimônio nacional e estabeleceu condicionantes a sua utilização:

> A Floresta Amazônica brasileira, a Mata Atlântica, a Serra do Mar, o Pantanal Mato-Grossense e a Zona Costeira são patrimônio nacional, e sua utilização far-se-á, na forma da lei, dentro de condições que assegurem a preservação do meio ambiente, inclusive quanto ao uso dos recursos naturais.[43]

Posteriormente, sete dias após a promulgação da Constituição pelo Congresso Nacional, o então presidente, José Sarney, edita, em 12 de outubro de 1988, o Decreto Federal nº 96.944, instituindo o Programa de Defesa do Complexo de Ecossistemas da Amazônia Legal, denominado Programa Nossa Natureza.[44]

---

41 | Mello-Théry, op. cit.
42 | Disponível em: http://www.planalto.gov.br/ccivil_03/constituicao/constituicao.htm. Acesso em: 15 abr. 2020.
43 | Ibidem.
44 | Disponível em: http://www.planalto.gov.br/ccivil_03/decreto/1980-1989/D96944.htm. Acesso em: 14 abr. 2015.

Conforme registra Neli Aparecida de Mello-Théry[45], no âmbito desse programa é elaborado um diagnóstico coordenado por uma comissão executiva presidida pela Secretaria de Assessoramento da Defesa Nacional (Saden), que reconhece a gravidade do quadro socioambiental da Amazônia: altas taxas de desflorestamento e queimadas em razão dos incentivos fiscais e dos investimentos em projetos agropecuários; superposição entre instrumentos e ações das instituições envolvidas; falta de um sistema ordenado de proteção ambiental; reduzida área de unidades de conservação na Amazônia; falta de demarcação das terras indígenas; e grandes impactos gerados pela mineração e pela garimpagem.

Independentemente de sua profundidade ou abrangência, esse diagnóstico se configurou no primeiro documento oficial do governo brasileiro a assumir como realidade o que vinha sendo denunciado por cientistas e lideranças do movimento conservacionista havia anos.[46]

Não se pretende, neste momento, analisar a eficácia do status de patrimônio nacional conferido à Amazônia quanto a sua real contribuição para a conservação, ou os resultados efetivos do Programa Nossa Natureza, considerado por alguns estudiosos como uma peça de propaganda para aplacar as pressões internacionais.[47] O que se pretende é demarcar o momento em que há uma mudança na percepção da questão do desmatamento e do papel da Amazônia nos planos nacional e internacional. É inegável que há, num curto período — pouco mais de um ano —, uma rápida evolução nos marcos institucional e legal no país, entre os quais se destacam: (i) criação do Ibama, em fevereiro de 1989 (Lei nº 7.735)[48]; (ii) regulamentação da Lei da Política Nacional do Meio Ambiente (Lei nº 6.938/1981) por meio dos decretos nº 97.632[49], de abril de 1989, e nº 99.274[50], de junho de 1990; (iii) suspensão dos incentivos fiscais para projetos que implicassem desmatamento na Amazônia

---

45 | N. A. de Mello-Théry, *Políticas territoriais na Amazônia*, São Paulo, Annablume, 2006.
46 | Ibidem.
47 | Ibidem.
48 | Disponível em: http://www.planalto.gov.br/ccivil_03/leis/L7735.htm. Acesso em: 25 set. 2015.
49 | Disponível em: http://www.planalto.gov.br/ccivil_03/decreto/1980-1989/D97632.htm. Acesso em: 25 set. 2015.
50 | Disponível em: http://www.planalto.gov.br/ccivil_03/decreto/antigos/d99274.htm. Acesso em: 25 set. 2015.

Legal, em abril de 1989 (Decreto nº 97.637)[51]; (iv) criação do Fundo Nacional do Meio Ambiente, em julho de 1989 (Lei nº 7.797)[52]; (v) revisão do Código Florestal Brasileiro (Lei nº 4.771/1965), por meio da Lei nº 7.803[53], de 18 de julho de 1989, com a finalidade de ampliar as áreas de preservação permanente, disciplinar a reserva florestal legal estabelecida em cada propriedade rural, visando impedir o corte raso das florestas e o desmembramento da área reservada, e normatizar a comercialização e o uso de motosserras, entre outros dispositivos; e (vi) instituição do Prodes, pelo Inpe, também em 1989.

Essas iniciativas, no entanto, a despeito da importância para a montagem do arcabouço legal e institucional brasileiro na área ambiental, geraram resultados positivos no controle da degradação florestal da Amazônia por um curtíssimo espaço de tempo. Como pode ser verificado na Figura 3, após o crítico período compreendido pelos anos 1980, internacionalmente conhecido como a "década da destruição" devido à média anual de desmatamento estimada em 21.130 quilômetros quadrados, houve uma queda significativa na taxa de desflorestamento, chegando a 11.030 quilômetros quadrados no ano de 1991. Nos anos seguintes, entretanto, contrariando o citado esforço institucional empreendido e as expectativas criadas pela Rio-92, quando o governo brasileiro assumiu compromissos firmes de proteger suas florestas, o ritmo de desmatamento da Amazônia voltou a crescer, atingindo seu recorde histórico em 1995, quando foram desmatados quase 29.059 quilômetros quadrados. A partir de então, manteve-se uma tendência de alta, com apenas mais um registro importante de queda, ocorrido em 1997.[54]

Dessa forma, mesmo sendo alvo permanente da atenção da opinião pública nacional e internacional e destinatária de inúmeras iniciativas e ações de combate ao desmatamento, empreendidas pelo governo e pela sociedade civil organizada, notadamente as ONGs ambientalistas e socioambientalistas, a degradação florestal predatória e ilegal prosseguiu em todo o período compreendido entre o final da década de 1980 e início dos anos 2000. Isso porque essas iniciativas apresentavam descontinuidade, falta de sinergia

---

51 | Disponível em: http://www.planalto.gov.br/ccivil_03/decreto/1980-1989/d97637.htm. Acesso em: 25 set. 2015.
52 | Disponível em: http://www.planalto.gov.br/ccivil_03/leis/L7797.htm. Acesso em: 25 set. 2015.
53 | Disponível em: http://www.planalto.gov.br/ccivil_03/leis/L7803.htm. Acesso em: 25 set. 2015.
54 | Capobianco, "Biomas brasileiros", op. cit.

e baixa implementação, levando à perda de eficácia. Além dessas características que são comuns à maioria das ações governamentais, o volume de recursos destinados a essas ações era insignificante, em face dos investimentos econômicos públicos e privados que viabilizavam, por meio de obras de infraestrutura e financiamento a empreendimentos econômicos, iniciativas contraditórias aos esforços de conservação.[55]

Assim, o desmatamento regional permaneceu em patamares extremamente elevados nesse período, com apenas dois momentos de reduções significativas (1991 e 1997), conforme a Figura 3.

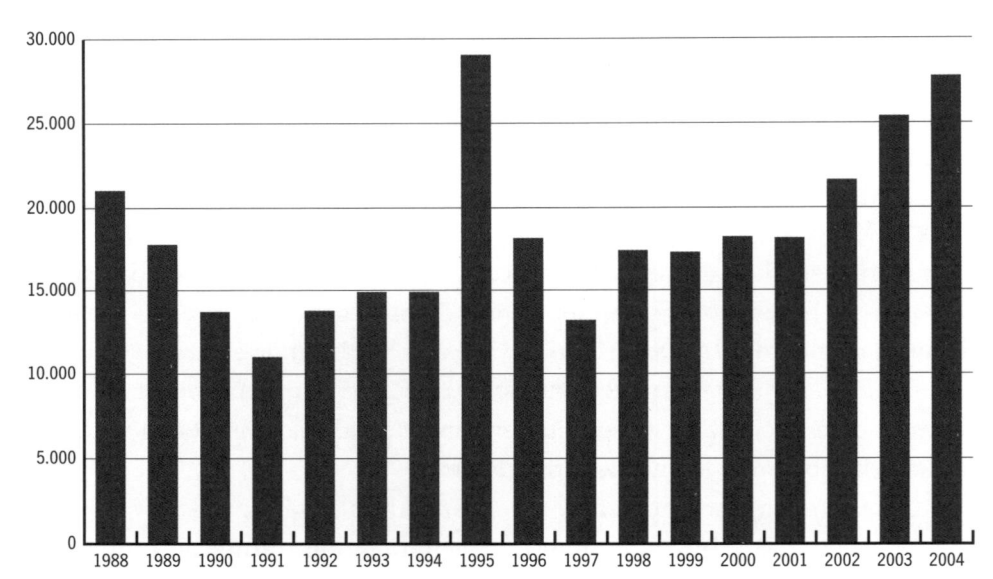

Figura 3 | Taxa anual de desmatamento na Amazônia no período de 1988 a 2004 (em km^2)

Fonte: Inpe (2014). Elaborada pelo autor.

A partir do final dos anos 1990, o governo federal inicia um esforço para superar as ações episódicas, desarticuladas e voltadas exclusivamente a comando e controle. A primeira iniciativa nesse sentido é o estabelecimento das chamadas Agendas Positivas, acordos pactuados entre os governos federal e estaduais, com a participação das sociedades local e regional a fim de

---

[55] | Andersen et al., op. cit.

harmonizar interesses e implementar ações integradas para o controle do desmatamento e o desenvolvimento regional.[56]

Posteriormente, a partir de 2003, uma nova estratégia é adotada com a priorização da transversalidade, ou seja, a integração dos diferentes ministérios e órgãos federais sob a coordenação direta da Presidência da República nas ações de controle do desmatamento.

Assim, foi lançada a proposta do Plano Amazônia Sustentável, desenvolvido a partir de 2003 pelo Ministério do Meio Ambiente (MMA) em parceria com o Ministério da Integração Nacional (MI), para estabelecer critérios e procedimentos necessários para condicionar as transferências de recursos da União para os estados da Amazônia a partir de uma agenda socioambiental responsável.

O mesmo procedimento se seguiu com o decreto federal de criação do Grupo Permanente de Trabalho Interministerial para o controle e a redução do desmatamento na Amazônia[57], envolvendo doze ministérios (número depois ampliado para catorze)[58], assinado em 3 de julho de 2003, e, posteriormente, com a instituição do Grupo de Trabalho para atuar no Plano de Desenvolvimento Sustentável para a Região de Influência da Rodovia BR-163, reunindo quinze ministérios (ampliando para dezoito ministérios e duas secretarias da Presidência da República)[59], também por decreto federal[60] de 15 de março de 2004. É importante destacar que ambos os grupos de trabalho

---

56 | Brasil, MMA, *Causas e dinâmica do desmatamento na Amazônia*, op. cit.
57 | Disponível em: http://www.planalto.gov.br/ccivil_03/dnn/2003/Dnn9922.htm. Acesso em: 25 set. 2015.
58 | Casa Civil da Presidência; Ministério da Agricultura, Pecuária e Abastecimento (Mapa); Ministério da Ciência e Tecnologia (MCT); Ministério da Defesa (MD); Ministério do Desenvolvimento Agrário (MDA); Ministério do Desenvolvimento, Indústria e Comércio Exterior (MDIC); Ministério da Integração Nacional (MI); Ministério da Justiça (MJ); Ministério do Meio Ambiente (MMA); Ministério de Minas e Energia (MME); Ministério do Trabalho e Emprego (MTE); Ministério dos Transportes (MT); Ministério das Relações Exteriores (MRE); Ministério do Planejamento, Orçamento e Gestão (MPOG).
59 | Casa Civil da Presidência; Secretaria Geral da Presidência da República; Secretaria de Relações Institucionais da Presidência da República; Mapa; Ministério das Cidades (MCidades); MCT; Ministério da Cultura (MinC); MD; MDA; MDIC; Ministério do Desenvolvimento Social e Combate à Fome (MDS); Ministério da Educação (MEC); MI; MJ; MMA; MME; MPOG; Ministério da Saúde (MS); MTE; MT.
60 | Disponível em: http://www.planalto.gov.br/ccivil_03/_Ato2004-2006/2004/Dnn/Dnn10132.htm. Acesso em: 25 set. 2015.

eram coordenados pela Casa Civil da Presidência da República, fato político de grande envergadura e inédito para assuntos da área ambiental.

A partir desse movimento, um conjunto de iniciativas organizadas sobretudo, mas não exclusivamente, no âmbito do PPCDAm, elaborado em 2003 e lançado no início de 2004, inaugurou um processo de intensa ação do governo federal, criando condições inéditas de governabilidade na região.[61]

Passados dez anos da execução desses e de outros programas, os dados do Inpe registraram, pela primeira vez, um período de dez anos de queda consistente e constante no desmatamento da Amazônia, chegando a 5.012 quilômetros quadrados em 2014, uma taxa 81,9% inferior à registrada em 2004, quanto tiveram início as ações de controle, conforme a Figura 4.

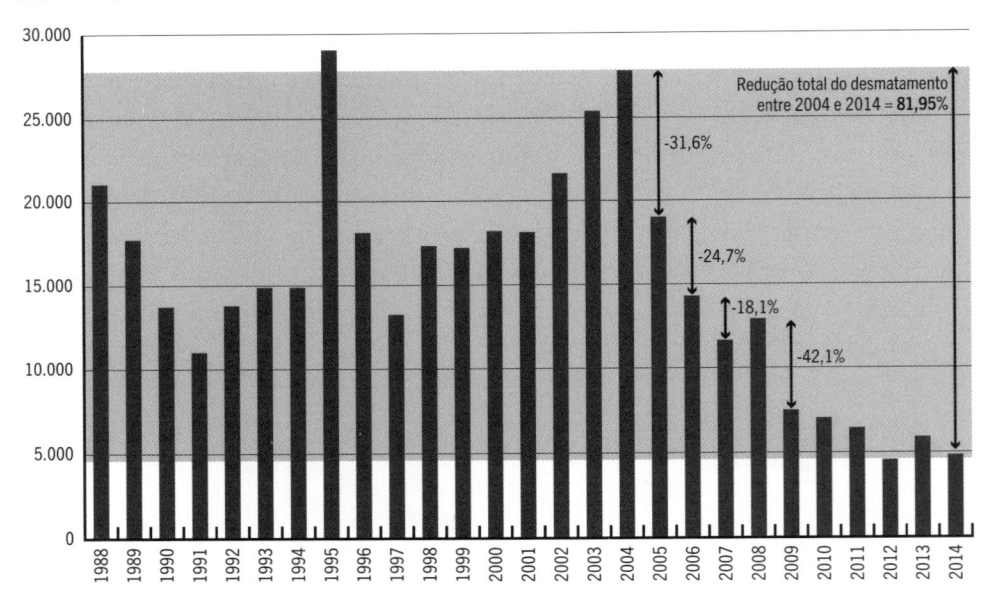

Figura 4 | Taxa anual de desmatamento na Amazônia no período de 1988 a 2014 (em km^2)

Fonte: Inpe (2020). Elaborada pelo autor.

---

[61] | Brasil, Ministério do Meio Ambiente, *Plano Amazônia Sustentável: diretrizes para o desenvolvimento sustentável da Amazônia brasileira*, Brasília, 2008a.

3 | Políticas governamentais e o desmatamento na Amazônia até o ano de 2003

Estima-se que a ocupação humana na Amazônia tenha se iniciado há pelo menos 11 mil anos por grupos que viviam de caça, pesca e coleta, podendo, inclusive, ser anterior, datando de 12 mil anos, como parecem indicar os registros encontrados da gruta da Lapa do Sol, no vale do rio Guaporé, estado de Mato Grosso.[1] Já as primeiras sociedades a fazerem uso da agricultura, com o consequente adensamento populacional, surgem apenas a partir de 1.000 a.C., dando origem aos futuros cacicados amazônicos no início da era cristã.[2] As primeiras incursões regulares dos colonizadores portugueses na região datam do século XVI, em busca das chamadas drogas do sertão — frutas, sementes, raízes e outras plantas que tinham finalidades medicinais e culinárias —, atividade de extrativismo que durou ao menos dois séculos. Posteriormente, no final do século XIX e início do XX, entre os anos de 1879 e 1912, durante o primeiro ciclo da borracha, chegam à região as primeiras frentes pioneiras espontâneas de origem nos estados do Nordeste. Essa migração de trabalhadores nordestinos para a Amazônia se intensifica a seguir com o segundo ciclo da borracha, nos anos 1940, no contexto da Segunda Guerra Mundial. Até então, as atividades econômicas na Amazônia estavam voltadas quase que exclusivamente à exploração de recursos naturais, com baixo impacto sobre a cobertura florestal.[3]

---

[1] | E. G. Neves, *Arqueologia da Amazônia*, Col. Descobrindo o Brasil, Rio de Janeiro, Zahar, 2006, p. 65 (e-book).
[2] | H. M. Prado e R. S. S. Murrieta, Domesticação de plantas e paisagens culturais na Amazônia pré-histórica, *Revista Ciência Hoje*, ed. 326, v. 55, 2015.
[3] | D. de M. Valeriano et al., *Dimensões do desmatamento na Amazônia Brasileira*, Instituto Nacional de Pesquisas Espaciais, 2012. Disponível em: http://www.dpi.inpe.br/Miguel/Urbis Amazonia/Harley/INPE_Desmatamento_ABEP_Rio+20_Mar_2012_Revisado.pdf. Acesso em: 15 ago. 2020.

Décadas de 1950 a 1990

A mudança no perfil de ocupação da Amazônia, com o início do estímulo à migração para a região com o objetivo de promover a colonização por meio da substituição da floresta por pecuária e agricultura, ocorre a partir do segundo mandato do presidente Getúlio Vargas, durante o Estado Novo, quando é lançada, em 1940, a intitulada "Marcha para o Oeste", com o intuito de promover a integração territorial e vencer os "vazios" territoriais existentes no país.[4] A primeira iniciativa institucional nesse sentido foi a criação da Superintendência do Plano de Valorização Econômica da Amazônia (SPVEA) em 1953. A visão norteadora das iniciativas que se sucederam a partir de então era de que o planejamento regional se impunha como necessário para o atendimento das peculiaridades responsáveis pelas diferenciações naturais e geográficas entre as regiões do imenso território nacional e deveria ser comandado pelo governo federal.

A criação da SPVEA decorreu de uma determinação da Constituição de 1946, que, em seu artigo 199, instituiu o Plano de Valorização Econômica da Amazônia, definindo que a União deveria aplicar na região, durante pelo menos vinte anos consecutivos, quantia não inferior a 3% da renda tributária nacional. Reafirmando o poder de comando que o governo federal reservava para si, o parágrafo único do mesmo artigo constitucional definiu que os estados, territórios e municípios também deveriam destinar 3% da sua renda tributária ao Fundo de Valorização Econômica da Amazônia, gerido pela União.

Em mensagem ao Congresso Nacional no ano de 1952, informando sobre a implementação do referido artigo 199 da Constituição, o presidente Getúlio Vargas relatou a elaboração de um projeto de lei[5] regulamentando o Plano de Valorização Econômica da Amazônia. Segundo o texto da lei, o plano "constitui um sistema de medidas, serviços, empreendimentos e obras, destinados a incrementar o desenvolvimento da produção extrativa e agrícola pecuária, mineral, industrial e o das relações de troca, no sentido de melhores padrões sociais de vida e bem-estar econômico das populações da região e da expansão da riqueza do país", sendo vedado o uso dos recursos "em medidas,

---

4 | L. L. Oliveira, "O Brasil de JK: a conquista do Oeste", in: *Os anos JK — O governo de Juscelino Kubitschek*, Centro de Pesquisa e Documentação de História Contemporânea do Brasil (CPDOC), Fundação Getulio Vargas, Rio de Janeiro, [s.d.]. Disponível em: http://cpdoc.fgv.br/producao/dossies/JK/artigos/Brasilia/ConquistaOeste. Acesso em: 15 ago. 2020.
5 | Lei nº 1.806, sancionada em 6/1/1953.

serviços, empreendimentos ou obras que não tenham fim estritamente econômico ou relação direta com a recuperação econômica da região".[6]

O principal projeto desenvolvido pela SPVEA, instituição responsável pela implementação do Plano de Valorização Econômica da Amazônia, foi a construção da rodovia Belém-Brasília (BR-010), concluída em 1960, durante a administração de Juscelino Kubitschek.[7]

Posteriormente, em outubro de 1966, o presidente Humberto de Alencar Castelo Branco sanciona duas leis voltadas ao desenvolvimento da região. A primeira foi a Lei nº 5.173, de 27 de outubro de 1966, que criou a Superintendência do Desenvolvimento da Amazônia (Sudam) em substituição à SPVEA, que foi extinta no mesmo ato.[8, 9] A segunda, Lei nº 5.174/1966, assinada no mesmo dia, inaugurou o ciclo de concessão de incentivos fiscais em favor da região amazônica. Além da isenção de imposto de renda e taxas federais às atividades industriais, agrícolas, pecuárias e de serviços básicos, concedeu isenção de impostos e taxas para importação de máquinas e equipamentos, bem como para bens doados por entidades estrangeiras destinados à Amazônia.[10]

Um ano depois, em 1967, a questão do planejamento regional ganha maior peso político e institucionalidade dentro do governo, com a criação dos ministérios de Planejamento e Coordenação Geral e do Interior[11], pelo presidente Castelo Branco.[12]

Foi no começo da década de 1970, entretanto, que o governo federal deu início efetivo à implementação de uma intervenção estruturada e intensa na região, com o ambicioso objetivo de viabilizar a sua integração às demais regiões do país, por meio de um programa de colonização que atendesse, simultaneamente, ao grave problema social decorrente da desastrosa seca que impactava severamente o Nordeste. Segundo Bertha Becker,

---

6 | Disponível em: http://www2.camara.leg.br/legin/fed/lei/1950-1959/lei-1806-6-janeiro-1953-367342-publicacaooriginal-1-pl.html. Acesso em: 30 set. 2015.
7 | Ferreira, op. cit.
8 | Disponível em: http://www.planalto.gov.br/ccivil_03/leis/L5173.htm. Acesso em: 19 set. 2015.
9 | S. R. B. Lira, *Morte e ressurreição da Sudam: uma análise da decadência e extinção do padrão de planejamento regional na Amazônia*, Belém, 2005, tese (Doutorado em Desenvolvimento Sustentável do Trópico Úmido), Núcleo de Altos Estudos da Amazônia, UFPA.
10 | Disponível em: http://www.planalto.gov.br/Ccivil_03/LEIS/L5174.htm. Acesso em: 19 set. 2015.
11 | Decreto-Lei nº 200, de 25/2/1967.
12 | B. K. Becker, *Geopolítica da Amazônia: a nova fronteira de recursos*, Rio de Janeiro, Zahar, 1982.

diante das tensões persistentes no Nordeste e da necessidade de estender a soberania nacional aos limites do território, a incorporação da Amazônia ao sistema nacional configura-se para o governo como um imperativo, capaz de oferecer uma solução conjunta para as duas regiões-problema.[13]

Para Gerd Kohlhep[14], visava-se a implementação de uma estratégia geopolítica combinando programas de infraestrutura e exploração econômica da Amazônia com um projeto de colonização para o assentamento de nordestinos sem-terra, baseada na visão de que a região poderia ser considerada um "escape espacial para os conflitos sociais não solucionados", ou uma "alternativa para a reforma agrária". Essa estratégia do governo federal foi registrada de forma explícita pelo então presidente da República, general Emílio Garrastazu Médici, em discurso proferido em outubro de 1970, quando disse que a iniciativa visava "a solução dos dois problemas: o do homem sem terras no Nordeste e o da terra sem homens na Amazônia".[15] A partir de então, a Amazônia passou a receber seguidas ondas de intervenções governamentais, que, conforme descreve Wanderley Messias da Costa, eram

> inspiradas em concepções clássicas da geopolítica, que tiveram como foco uma estratégia de integração nacional, que se desdobrou em projetos diversos de ocupação da região, tais como os programas de colonização, o incentivo a empreendimentos agroindustriais e de mineração e a implantação de infraestruturas diversas, com destaque para a rede rodoviária. Como consequência, as taxas anuais de crescimento populacional e de urbanização da Amazônia nas três últimas décadas foram as maiores do país.[16]

Conforme pode ser observado nas figuras 5 e 6, a taxa de crescimento populacional na Amazônia foi superior à média nacional em todo o período analisado, nas décadas de 1970 a 2020.

---

13 | Ibidem, p. 29.
14 | G. Kohlhepp, Conflitos de interesse no ordenamento territorial da Amazônia brasileira, *Estudos Avançados*, São Paulo, v. 16, n. 45, p. 37-61, 2002.
15 | Cf. Becker, *Geopolítica da Amazônia*, op. cit.
16 | W. M. da Costa, O futuro da *Gran Amazonía*: um desafio para os sul-americanos, 2008.

Figura 5 | Taxa média geométrica de crescimento anual da população nos estados da Amazônia Legal e no Brasil nas décadas de 1970 a 2020 (% estimada)

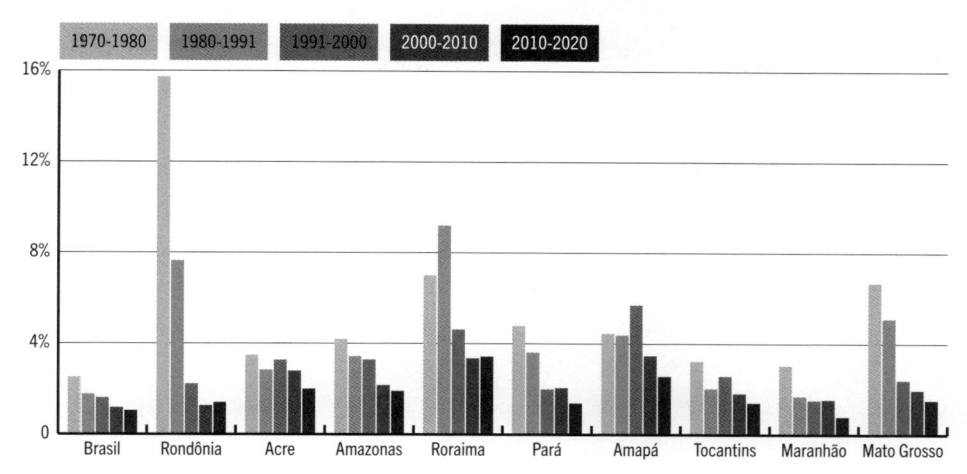

Fonte: IBGE.[17] Elaborada pelo autor.

Figura 6 | Taxa média geométrica de crescimento anual da população na Amazônia Legal e no Brasil nas décadas de 1970 a 2020 (% estimada)

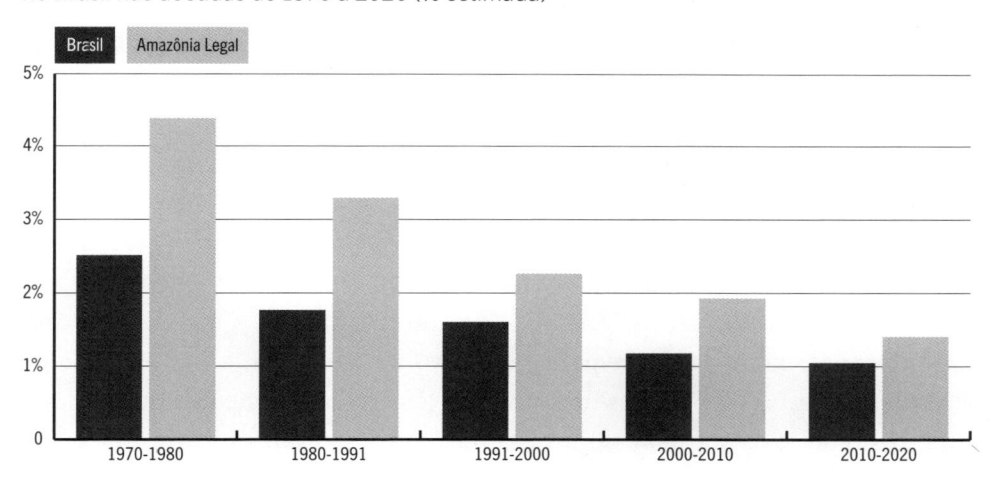

Fonte: IBGE.[18] Elaborada pelo autor.

---

17 | Censo Demográfico, séries históricas, [s.d.]. Disponível em: https://www.ibge.gov.br/estatisticas/sociais/populacao/9663-censo-demografico-2000.html?edicao=9773&t=series-historicas. Acesso em: 15 set. 2020.
18 | Estimativa da população residente no Brasil e unidades da Federação com data de referência em 1º de julho de 2020. Disponível em: https://ftp.ibge.gov.br/Estimativas_de_Populacao/Estimativas_2020/POP2020_20201030.pdf. Acesso em: 15 set. 2020.

Desde a concepção e implementação do Programa de Integração Nacional (PIN), no início dos anos 1970, passando pelo Programa Polamazônia, da segunda metade da década de 1970, pelo Polonoroeste e pelos megaprogramas e projetos dos anos 1980 — com destaque para o Programa Grande Carajás —, baseados nas teorias das vantagens comparativas e dos polos de crescimento voltados à exportação[19], até os programas mais recentes Brasil em Ação (1997-1999) e Avança Brasil (2000-2003), as medidas para o desenvolvimento econômico regional na Amazônia tiveram no Estado, por meio do governo federal, seu principal ator e indutor. Esses programas estavam sustentados no paradigma de economia de fronteira, que tinha como pressuposto a possibilidade de crescimento econômico de longo prazo, a partir da exploração de recursos naturais percebidos, à época, como infinitos.[20]

Numa frente de ação estatal direta, a prioridade foi o desenvolvimento da infraestrutura de transporte, centrada na construção de rodovias, como eixo fundamental da estratégia de integração da região. Numa outra frente, o Estado utilizou-se em larga escala de instrumentos tributários, basicamente incentivos fiscais por meio de renúncia fiscal e redução de impostos, para atrair o setor privado para a região, em especial para as atividades de pecuária, indústria e mineração.[21]

Ao longo do período de três décadas, compreendido entre os anos 1970 e 2000, a única exceção nesse padrão de intervenção do governo federal na região foi o desenvolvimento e a implementação do Programa Piloto para Proteção das Florestas Tropicais do Brasil (PPG7), criado por iniciativa dos países do G7, a partir de sugestão do governo alemão e coordenado pelo Banco Mundial. Com início em 1992, o PPG7 se constituiu em espaço de cooperação internacional importante para o desenvolvimento de iniciativas voltadas à implementação de projetos demonstrativos de conservação e desenvolvimento sustentável de base comunitária na Amazônia. Embora relevante como experiência geradora de alternativas locais de desenvolvimento em

---

19 | W. do V. Madeira, Plano Amazônia Sustentável e desenvolvimento desigual, *Ambiente & Sociedade*, São Paulo, v. XVII, n. 3, p. 19-34, jul./set. 2014.
20 | B. K. Becker, Novas territorialidades na Amazônia: desafio às políticas públicas, *Boletim do Museu Paraense Emílio Goeldi Ciências Humanas*, Belém, v. 5, n. 1, p. 17-23, jan./abr. 2010.
21 | Kohlhepp, op. cit.

pequena escala e de arranjos institucionais envolvendo de forma inédita a capacitação e o aperfeiçoamento de órgãos ambientais estaduais, bem como de financiamento para a instituição de áreas protegidas, em especial para as terras indígenas que tiveram um incremento significativo em termos de reconhecimento, demarcação e homologação nesse período, o PPG7, mesmo com a participação de outras instituições públicas federais e estaduais, foi uma ação quase que exclusiva do MMA. Certamente não foi uma ação articulada do governo federal ou a expressão de uma estratégia geopolítica. Ao mesmo tempo que foram investidos, somando-se os valores doados pelos países do G7 e a contrapartida do governo brasileiro, cerca de US$ 428 milhões, entre 1992 e 2004, na conservação e no uso sustentável[22], bilhões de dólares em créditos subsidiados e financiamentos diretos do governo alimentaram políticas desenvolvimentistas e contraditórias em relação à conservação e à promoção da diversidade socioambiental da Amazônia, que o PPG7 se propunha a promover.

As consequências de quatro décadas de sucessivos planos desenvolvimentistas na Amazônia foram o agravamento sem precedentes da degradação ambiental, com alarmantes índices de desmatamento, desagregação social, conflitos crescentes pela posse da terra, desorganização fundiária e violência contra povos indígenas, comunidades e lideranças locais.[23]

Como já mencionado anteriormente, o primeiro levantamento sobre o desmatamento na região realizado pelo Inpe em convênio com o Instituto Brasileiro de Desenvolvimento Florestal (IBDF) no final nos anos 1970, com base em imagens Landsat de 1976 a 1978, registrou a perda acumulada de 77.171 quilômetros quadrados, equivalente a 1,83% da cobertura florestal do bioma Amazônia. Em 1988, apenas dez anos depois, quando o Inpe deu início ao Prodes, foi contabilizada uma área desmatada de 377.600 quilômetros quadrados, ou 8,9% do bioma. O alerta sobre a forte aceleração do desmatamento que estava ocorrendo na década de 1970, e que claramente prosseguiu na seguinte,

---

22 | Brasil, Ministério do Meio Ambiente, *Avaliação do programa piloto para proteção das florestas tropicais do Brasil — Resumo executivo*, Brasília, 2006b.
23 | B. Albert, *Terras indígenas, política ambiental e geopolítica militar no desenvolvimento da Amazônia: a propósito do caso Yanomami*, Belém, Museu Paraense Emílio Goeldi, 1991 (Coleção Eduardo Galvão); V. R., Loureiro, Amazônia: uma história de perdas e danos, um futuro a (re)construir, *Estudos Avançados*, São Paulo, v. 16, n. 45, p. 107-121, 2002.

foi dado por Antonio Tebalai Tardin, quando afirmou que "o que deve merecer atenção é a velocidade com que vem sendo feito o desmatamento, o qual apresentou uma taxa de incremento de 169,88% nos últimos três anos estudados, 1976/77/78, em relação a 1973".[24]

Como bem descreve Daniel Monteiro Huertas, os municípios da Amazônia que compõem o que ele denomina de "mancha pioneira" concentram o desmatamento da região,

> reflexo do desmate desordenado e irracional de áreas para a indústria madeireira e para a prática agropecuária — e um expressivo e perverso processo de especulação fundiária, no qual a grilagem e a venda ilegal de terras [...] são o seu principal artífice. Consequentemente, os povos da floresta ficam à mercê da ação de grileiros, jagunços, pecuaristas e latifundiários inescrupulosos, que enxergam apenas a perspectiva de expropriação e a avidez do lucro, impondo verticalidades agressivas e alheias aos interesses locais. [...] A débil integração da "mancha pioneira" ao tecido nacional faz com que ela se torne foco constante de movimentos migratórios, tanto de especuladores quanto de camponeses expulsos das zonas rurais mais atrasadas ou até mesmo pela concentração do agronegócio em áreas mais prósperas.[25]

As ações de controle do desmatamento na Amazônia no final da década de 1990 e início da década de 2000

O final dos anos 1990 foi marcado por uma intensa movimentação da sociedade e, consequentemente, forte pressão sobre o poder público pela implementação de instrumentos e programas de ações no sentido de reverter os alarmantes e crescentes índices de desmatamento na Amazônia.

Esses movimentos decorreram da retomada do ímpeto da degradação florestal observado a partir de 1997, ano em que atingiu seu segundo menor índice (13.227 quilômetros quadrados) desde 1988, quando o Inpe passou a divulgar os dados do Prodes.[26]

---

24 | Tardin et al., op. cit.
25 | D. M. Huertas, *Da fachada atlântica à imensidão amazônica: fronteira agrícola e integração territorial*, São Paulo, Annablume, Fapesp; Belém, Banco da Amazônia, 2009, p. 226.
26 | Inpe, *Monitoramento do desmatamento da Floresta Amazônica brasileira por satélite*, op. cit.

No ano de 2000, o desflorestamento crescente chegou a 18.226 quilômetros quadrados, um aumento de 37,8% em apenas três anos, e com viés de alta, de acordo com as avaliações na época.[27]

Na tentativa de reverter a aceleração do desmatamento indicada nas prévias dos dados de 1998 e 1999, o governo federal editou, em fevereiro de 1999, a Instrução Normativa nº 4[28], assinada pelo então ministro José Sarney Filho, que suspendeu, pelo período de 120 dias, a execução dos desmatamentos decorrentes de autorizações concedidas pelo Ibama nos estados da Amazônia Legal, anteriormente à sua edição.

Conforme explicitado na própria instrução normativa, a medida se fundamentou no fato de que os

> recentes dados apresentados pelo Instituto Nacional de Pesquisas Espaciais — Inpe, referentes ao desflorestamento da Região Amazônica, [...] demonstram, inequivocamente, desmatamentos superiores aos volumes autorizados, ou executados sem autorização do Órgão Ambiental competente [...].

A reação à Instrução Normativa nº 4 foi muito intensa, pois, ao contrário de medidas anteriores que limitavam autorizações futuras, ela suspendeu licenças já emitidas pelo Ibama, que, na época, era o único órgão ambiental com atribuição para autorizar a remoção da cobertura vegetal na região. Segundo relatou Mary H. Allegretti, então secretária de Coordenação da Amazônia, órgão do MMA: "Essa medida foi capaz de provocar uma reação contrária de forma quase unânime na região, entre os que se sentiram diretamente prejudicados pela medida, bem como mobilizou aqueles que a apoiaram".[29]

A disputa ganhou acalorados debates e ações na justiça, tendo a Federação da Agricultura e Pecuária do Estado de Mato Grosso (Famato) obtido liminar suspendendo os efeitos da Instrução Normativa nº 4, posteriormente derrubada pelo Tribunal Regional Federal (TRF) da 1ª Região, em Brasília. Em seu despacho, o juiz Plauto Ribeiro determinou a suspensão da liminar

---

27 | Ibidem.
28 | Disponível em: http://pesquisa.in.gov.br/imprensa/jsp/visualiza/index.jsp?jornal=1&pagina=170&data=26/02/1999. Acesso em: 14 abr. 2015.
29 | Cf. Brasil, MMA, *Causas e dinâmica do desmatamento na Amazônia*, op. cit.

com a justificativa de que o poder de polícia dos órgãos ambientais pode e deve ser utilizado a qualquer momento, ou ainda cancelar sumariamente as autorizações para desmatamento, quando convier ao interesse público, sem indenização.

A garantia legal de sua validade, no entanto, não impediu que as reações contrárias prosseguissem. Segundo relata Mary Allegretti,

> [Sua implementação] provocou um intenso debate na Amazônia, que funcionou como um processo necessário e como eixo de uma discussão em torno da questão do desmatamento na região. Desta forma, essa portaria motivou uma discussão que nós transformamos em uma iniciativa que deu origem às Agendas Positivas.[30]

Nesse contexto, as duas principais iniciativas do governo federal na Amazônia Legal a partir de então foram a implantação das chamadas Agendas Positivas e a Campanha Amazônia Fique Legal. O objetivo explícito de ambas era reverter o modelo de ocupação predominante na região, caracterizado por atividades econômicas de alto custo ambiental e baixo retorno social, conforme comprovado em diversos estudos.[31] A estratégia adotada foi apostar na busca de consenso entre os segmentos econômicos, agentes sociais e setores do governo em seus diversos níveis, federal, estadual e municipal. A concretização desses processos se deu por meio das Agendas Positivas, que deveriam desenvolver acordos pactuados com a sociedade local e regional, a fim de congregar os interesses em torno de medidas capazes de deter o ritmo do desmatamento, com a concomitante geração de emprego, renda e riqueza na economia regional.

A ferramenta proposta, além das políticas caracterizadas pelas negociações em torno das Agendas Positivas, foi a assinatura de termos de cooperação técnica entre o MMA, o Ibama e estados da Amazônia Legal, voltados para o que foi então denominado de "Gestão Compartilhada e Descentralizada da Política de Uso dos Recursos Florestais da Região".[32]

---

30 | Ibidem, p. 2.
31 | D. Celentano e A. Veríssimo, *O avanço da fronteira na Amazônia: do boom ao colapso*, Belém, Instituto do Homem e Meio Ambiente da Amazônia, 2007.
32 | Brasil, MMA, *Causas e dinâmica do desmatamento na Amazônia*, op. cit.

Essa cooperação previu a instituição do Sistema de Licenciamento Ambiental em Propriedades Rurais (SLAPR), que passaria a monitorar a cobertura vegetal de forma compartilhada e descentralizada entre MMA/Ibama e os órgãos estaduais de meio ambiente, com base em sensoriamento remoto. O sistema começou a ser implantado de forma experimental nos estados de Mato Grosso e do Acre.

Foi instituída ainda uma Comissão Regional de Avaliação e Monitoramento do SLAPR (Portaria nº 183, de 10/5/2001)[33], integrada por MMA, Ibama, Fórum de Secretários de Meio Ambiente dos Estados da Amazônia, municípios, setores produtivos e da sociedade civil, sob a presidência da Secretaria de Coordenação da Amazônia.

Os objetivos do processo eram dividir com os estados a responsabilidade de gestão das florestas e do solo na Amazônia; regulamentar o desmatamento das pequenas propriedades, de maneira a respeitar suas especificidades; criar instâncias de consulta com os setores produtivos, comunidades locais e representantes da sociedade civil, com vistas à regularização do desmatamento; desburocratizar e agilizar os procedimentos de tramitação do plano de manejo florestal; e dar visibilidade ao processo de autorização de desmatamento junto à sociedade.

Embora meritórias, as iniciativas adotadas no sentido de estabelecer um processo de integração de políticas públicas ente os estados da Amazônia Legal e o governo federal e, assim, controlar e reduzir o desmatamento predatório não surtiram efeito. Ao contrário, os dados sobre a evolução do desflorestamento regional publicado pelo Inpe nos anos seguintes mostraram alta ano a ano, passando de 17,2 mil quilômetros quadrados em 1999 para 21,3 mil quilômetros quadrados em 2002, um aumento de cerca de 24% no período.[34] Chama a atenção o caso de Mato Grosso, que, apesar de ter recebido especial destaque no período, tendo sido escolhido juntamente com o Acre para receber os recursos para a implantação do SLAPR, se torna nos anos seguintes o estado com o maior crescimento nas taxas de degradação florestal, conforme a Figura 7. Estudo elaborado pelo Instituto Socioambiental (ISA) demonstrou que o SLAPR, apesar de ser considerado na época de sua implantação o "mais sofisticado mecanismo para o monitoramento e o controle dos desmatamentos

---

33 | Disponível em: http://pesquisa.in.gov.br/imprensa/jsp/visualiza/index.jsp?jornal=1&pagina=269&data=14/05/2001. Acesso em: 29 maio 2015.
34 | Inpe, *Monitoramento do desmatamento da Floresta Amazônica brasileira por satélite*, op. cit.

em imóveis rurais em operação no país", não foi capaz de reverter o processo de degradação nas propriedades de Mato Grosso. Os dados levantados pelo ISA mostraram que a área desmatada nos imóveis cadastrados no sistema foi superior ao dobro dos não cadastrados, ocorrendo 31% desse total em florestas inseridas no SLAPR como reserva legal.[35] Posteriormente, estudo contratado pelo MMA chegou às mesmas conclusões:

> Embora conceitualmente o SLAPR seja um instrumento fundamental para o desenvolvimento de estratégias e ações de controle dos desmatamentos em propriedades rurais no estado de Mato Grosso, foi constatado neste estudo que o sistema não teve impacto no controle dos altos índices de desmatamentos verificados no estado recentemente. Carece de aperfeiçoamentos importantes e vitais, fundamentalmente no que diz respeito à eficácia e transparência na sua gestão, à efetividade na responsabilização, ao controle social e à articulação com instituições e políticas públicas.[36]

Figura 7 | Taxa anual de desmatamento nos três estados com maiores índices de perda florestal na Amazônia no período de 1988 a 2004 (em km²)

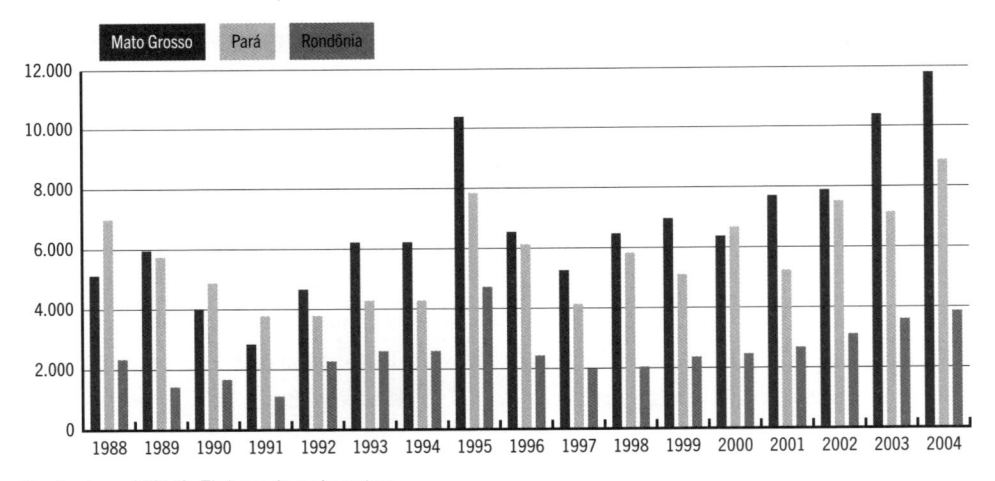

Fonte: Inpe (2014). Elaborada pelo autor.

---

35 | Instituto Socioambiental, *Mato Grosso: Amazônia (i)Legal*, Brasília, ISA, 2005.
36 | Brasil, Ministério do Meio Ambiente, *Sistema de Licenciamento Ambiental em Propriedades Rurais do Estado de Mato Grosso: análise de lições na sua implementação — Relatório final*, Brasília, 2005, p. 127.

4 Políticas governamentais de controle do desmatamento na Amazônia no período de 2003 a 2010

A experiência desenvolvida no governo FHC baseada nas Agendas Positivas, que deram início ao esforço organizado para a definição de políticas públicas voltadas ao controle do desmatamento na Amazônia, conforme explicitado no capítulo anterior, embora não tenha tido continuidade nos moldes implantados, dada a avaliação de que elas não geraram os resultados esperados — redução do desmatamento —, perdurou do ponto de vista da manutenção dos objetivos a que se propunha. Como definem Eduardo de Lima Caldas e Mário Lúcio Ávila[1], a continuidade de uma política se dá quando os objetivos iniciais são preservados, mesmo que ocorram alterações decorrentes da incorporação de novos atores no processo.

A eleição do presidente Luiz Inácio Lula da Silva, em 2002, criou grandes expectativas na sociedade. Na área ambiental, a indicação de Marina Silva para o MMA — segunda nomeação anunciada —, junto com Antonio Palocci Filho para a Fazenda, constituiu um fato inédito, visto que, até então, o titular da pasta ambiental era um dos últimos a serem nomeados.

A nova gestão do MMA tem início sob forte impacto dos dados de aumento do desmatamento na Amazônia. As estimativas iniciais apresentadas pelo Inpe indicavam uma taxa em torno de 24 mil quilômetros quadrados (posteriormente confirmada em 25.396 quilômetros quadrados). Esses números eram referentes ao período 2002/2003, mas só seriam divulgados em 2004 porque, até então, o sistema do Inpe de anúncio das taxas de desflorestamento seguia uma tradição de deslocar em um ano os dados, sendo ainda

---

1 | E. L. Caldas e M. L. Ávila, Continuidade de políticas públicas e o caso do Programa Nacional de Alimentação Escolar (PNAE), *Revista Espaço Acadêmico*, Maringá, v. 13, n. 148, p. 77-84, 2013.

estimativas que seriam finalmente confirmadas no ano subsequente, ou seja, dois anos depois do desmatamento de fato ocorrido.[2]

Os números elevados, mesmo que referentes a um período anterior de governo, revelavam um fato que gerou imensa preocupação: tratava-se de um aumento consistente desde 1998 e que consumava um incremento, no mínimo, da ordem de 46% em relação àquele ano e de, pelo menos, 17,3% em relação ao ano anterior (2002). Dada a especialização da equipe do MMA nesse tema, ficava clara a perspectiva de que as taxas de 2003 e 2004 seriam necessariamente altas, pois desmatamento em ritmo crescente na Amazônia apresenta, historicamente, grande inércia, tornando sua reversão em curto prazo extremamente difícil. Havia, portanto, que se considerar que o mandato do novo governo seria marcado por um aumento da degradação florestal na região, com todas as repercussões nacionais e internacionais negativas que esse fato provocaria.

A estratégia de "três frentes" planejada pelo MMA

A estratégia elaborada no MMA para a Amazônia tinha a ambição de reorganizar a atuação do governo federal na região, com o objetivo fundamental de superar o modelo de ações desconexas, desenvolvidas sem planejamento integrado, e consideradas, portanto, como um dos mais importantes fatores responsáveis pelo avanço da degradação socioambiental, cuja face mais visível era o desmatamento. O objetivo era estabelecer uma referência para um novo modelo de desenvolvimento econômico para a Amazônia, capaz de favorecer o crescimento da economia, atender às principais demandas da população local e romper com modelos anteriores, por meio da incorporação, de forma estruturante, da perspectiva da sustentabilidade.

O desenho da atuação concebida pelo MMA foi organizado em três frentes integradas e complementares: um programa de desenvolvimento para a macrorregião que vinculasse a um planejamento prévio os investimentos diretos do governo federal, bem como os repasses aos governos estaduais, e que tivesse como premissa fundamental a sustentabilidade socioambiental da região (Plano Amazônia Sustentável — PAS); um plano de desenvolvimento

---

2 | A mudança de procedimentos na elaboração e divulgação dos dados do Inpe ocorreu a partir de 2005, quando, em cooperação com o MMA, foram realizados ajustes nos processamentos e a incorporação de imagens de outros satélites nas análises do desmatamento, que permitiram a agilização dos trabalhos e a apresentação de estimativas no final do próprio ano de ocorrência.

local para uma das regiões mais ameaçadas pelas frentes de expansão da fronteira predatória, onde pudessem ser implementadas e testadas de forma concreta iniciativas para a reversão do problema, com base na integração entre as diferentes esferas de governo, os setores econômicos, os movimentos sociais e as organizações não governamentais atuantes na região (Plano BR-163 Sustentável); e um plano de ações para intervenções imediatas para a reversão dos índices acelerados de desmatamento em curso, o PPCDAm.

As três iniciativas foram apresentadas e discutidas logo no início do novo governo (2003), sendo duas delas aprovadas e iniciadas nesse ano (PAS e PPCDAm), e a terceira, o Plano BR-163 Sustentável, lançada formalmente em 2004. Todas tinham como característica comum o forte envolvimento de um conjunto significativo de ministérios e órgãos vinculados, e o deslocamento da coordenação para outros ministérios, considerados mais capacitados que o MMA do ponto de vista de condições institucionais e políticas para liderar esses processos.

Ao construir essa nova diretriz, Marina Silva reconhecia, por um lado, a complexidade das questões ambientais e, por outro, as fragilidades de seu ministério para enfrentá-las isoladamente devido às limitações de suas funções institucionais, reduzida estrutura e escassez de recursos financeiros e humanos.[3] Esse posicionamento inaugurou um esforço para promover no âmbito do governo federal o princípio da corresponsabilidade no enfrentamento dos desafios estabelecidos pela agenda socioambiental.

As estratégias para atuação nas três frentes citadas se baseavam em cinco premissas tidas como essenciais para o sucesso das iniciativas:

a. tornar a questão da sustentabilidade na Amazônia um problema de governo, saindo da esfera setorial do MMA e obtendo o aval direto da Presidência da República para a sua articulação;
b. garantir densidade política e poder de convocação interna no aparato de governo;
c. tornar as ações intersetoriais, comprometendo todos os ministérios e órgãos vinculados do governo federal que, direta ou indiretamente, tivessem relação com o problema ou detivessem capacidades e/ou *expertises* institucionais para solucioná-lo;

---

3 | J. P. R. Capobianco, A fragilização da política ambiental do Brasil em crescimento econômico na era das mudanças climáticas, *Interesse Nacional*, São Paulo, v. 2, n. 5, p. 42-51, 2009.

d. estabelecer sistema de avaliação permanente das políticas implementadas, gerando *feedback* periódico, com qualidade e credibilidade;
e. consolidar uma comunidade externa de apoio, para definição, implementação e pressão por continuidade.

Plano Amazônia Sustentável (PAS)

Em maio de 2003, durante sua primeira viagem como presidente eleito à Amazônia, Lula, com seus ministros[4], se deslocou para Rio Branco, no Acre, para discutir *in loco* o desenvolvimento da Amazônia com os governadores da região Norte.[5] "Essa reunião simboliza o fim da era em que o desenvolvimento do país era pensado a partir da tecnocracia e da burocracia de Brasília", disse Lula aos jornalistas após o encontro.[6]

O principal objetivo da reunião seria a discussão das demandas locais para o Plano Plurianual 2004-2007, em fase inicial de elaboração. Em entendimento construído anteriormente a partir de proposta apresentada por Marina Silva, no entanto, foi acertado com o presidente o compromisso de vincular as reinvindicações que seriam apresentadas pelos governadores a um plano articulado que fosse capaz de evitar que o governo assumisse compromissos com iniciativas que levassem ao agravamento do quadro de degradação socioambiental da região. Esse entendimento foi o embrião do PAS.

O início da concretização do PAS se deu, portanto, na reunião de Rio Branco, quando foi assinado um termo de cooperação entre o presidente e os governadores do Acre, do Amapá, do Amazonas, de Rondônia e de Roraima, com a adesão posterior dos governadores do Pará, de Tocantins, de Mato Grosso e do Maranhão.[7]

Um mês depois, em junho de 2003, foi criada a Comissão de Coordenação Interministerial do PAS, ficando a responsabilidade principal, por sugestão

---

4 | Guido Mantega (Planejamento), Ciro Gomes (Integração Nacional), Dilma Rousseff (Minas e Energia), Miguel Rossetto (Desenvolvimento Agrário), Luiz Dulci (Secretaria Geral), Márcio Thomaz Bastos (Justiça) e Marina Silva (Meio Ambiente).
5 | Jorge Viana (PT), do Acre, Eduardo Braga (PPS), do Amazonas, Waldes Góes (PDT), do Amapá, Ivo Cassol (PSDB), de Rondônia, e Flamarion Portela (PSL), de Roraima.
6 | N. Liano Jr., Lula discute desenvolvimento da Amazônia com governadores, *UOL*, 9 maio 2003. Disponível em: http://noticias.uol.com.br/inter/reuters/2003/05/09/ult27u35085.jhtm. Acesso em: 15 ago. 2016.
7 | Brasil, MMA, *Plano Amazônia Sustentável*, op. cit.

de Marina Silva, a cargo no Ministério da Integração (MI), chefiado na época por Ciro Gomes, e a secretaria executiva com o MMA. Em outubro do mesmo ano, foi elaborada uma primeira versão do programa, com as diretrizes gerais e as estratégias propostas.

O PAS pretendia inovar na estratégia que fundamentara os programas anteriores de consolidar a integração de determinados pontos do Brasil e da América do Sul por meio de uma política de eixos de infraestrutura.[8] Nesse sentido, a mudança pretendida pelo programa seria reverter a lógica das políticas baseadas no paradigma da "economia de fronteira"[9] e do foco na infraestrutura viária voltada a estabelecer as condições para o avanço da agropecuária sobre áreas de floresta como principal forma de desenvolvimento regional.[10]

Por sua amplitude e ambição, o PAS se constituiu na principal estratégia de política ambiental integrada do governo Lula para a Amazônia, definido como um conjunto de orientações para a implementação de políticas públicas na região, com o objetivo de consolidar um modelo de desenvolvimento sustentável, combater processos de degradação ambiental e estabelecer diretrizes para o ordenamento territorial e a gestão ambiental. O PAS foi organizado em cinco eixos[11]:

a. produção sustentável com inovação e competitividade;
b. gestão ambiental e ordenamento territorial;
c. inclusão social e cidadania;
d. infraestrutura para o desenvolvimento;
e. novo padrão de desenvolvimento.

Em junho de 2006, foram realizadas consultas públicas em nove capitais de estados da Amazônia Legal, com a participação de 1.653 representantes dos diversos setores de governo e da sociedade. Concluído em 2007, o plano foi finalmente lançado em 2008, quando o presidente da República anunciou a transferência da coordenação de sua implantação para a Secretaria de Assuntos Estratégicos, sob o comando de Roberto Mangabeira Unger.

---

8 | Madeira, op. cit.
9 | Becker, Novas territorialidades na Amazônia, op. cit.
10 | Idem, Geopolítica da Amazônia, *Estudos Avançados*, São Paulo, v. 19, n. 53, p. 71-86, 2005.
11 | Brasil, MMA, *Plano Amazônia Sustentável*, op. cit.

Plano BR-163 Sustentável

A segunda iniciativa de impacto na região foi a decisão de instituir o Plano de Desenvolvimento Regional Sustentável para a Área de Influência da Rodovia BR-163, trecho Cuiabá-Santarém (Plano BR-163 Sustentável), elaborado para promover o desenvolvimento sustentável e evitar os impactos negativos que, ao longo da história, acompanham a pavimentação de estradas na Amazônia.[12]

O Plano BR-163 Sustentável foi uma iniciativa decorrente das discussões iniciadas no âmbito do PAS, pois suas diretrizes influenciaram a visão do MMA sobre a viabilidade socioambiental da pavimentação da rodovia BR-163, no trecho que liga Cuiabá (MT) a Santarém (PA), obra defendida não só internamente no governo, mas pelos atores locais que participaram das discussões públicas que se deram a seu respeito. Nesse sentido, o plano não se restringiu a medidas ambientais e sociais.[13]

Os representantes do agronegócio, em especial os produtores de soja do estado de Mato Grosso, defendiam a estrada como condição para garantir a competitividade da produção agrícola da região Centro-Oeste, que tem influência no equilíbrio macroeconômico do país, devido à expressiva redução nos custos de transporte da safra agrícola pelos portos de Miritituba, localizado nas cercanias de Itaituba, ou de Santarém, em comparação com outras rotas utilizadas para acesso aos portos de Paranaguá e Santos. Os prefeitos e autoridades locais também defendiam a pavimentação imediata da estrada, na expectativa de que o progresso chegasse com o asfalto. A proposta original para a pavimentação da rodovia fora elaborada no governo FHC. Em 2003, estavam adiantadas as negociações para a formação de um consórcio privado que financiaria a obra. No entanto, os impactos ambientais já podiam ser observados. Somente

---

[12] | D. Nepstad et al., Road Paving, Fire Regime Feedbacks, and the Future of Amazon Forests, *Forest Ecology and Management*, Nova York, v. 154, n. 3, p. 395-407, 2001; D. J. Hogan, Demographic Dynamics and Environmental Change in Brazil, *Ambiente e Sociedade*, Campinas, v. 4, n. 9, p. 43-73, 2001; W. F. Laurance et al., Deforestation in Amazonia, *Science*, Washington, n. 304, p. 1109-1111, 2004; L. V. Ferreira, E. Venticinque e S. O. Almeida, O desmatamento na Amazônia e a importância das áreas protegidas, *Estudos Avançados*, São Paulo, v. 19, n. 53, p. 1-10, 2005; B. S. Soares-Filho, D. C. Nepstad e L. Curran, Cenários de desmatamento para a Amazônia, *Estudos Avançados*, São Paulo, v. 19, n. 54, p. 137-152, 2005; A. S. P. Pfaff et al., "Road Impacts in Brazilian Amazonia", in: M. Bustamante et al. (Orgs.), *Amazonia and Global Change*, Washington, American Geophysical Union, 2009 (Geophysical Monograph Series 186).
[13] | Brasil, Casa Civil da Presidência da República, *Plano de Desenvolvimento Regional Sustentável para a Área de Influência da Rodovia BR-163*, Brasília, 2006a.

a expectativa da obra fez com que o desmatamento aumentasse em até 500%, no período 2001-2002, nos municípios de Novo Progresso e Altamira, no Pará. A grilagem de terras e a expulsão de populações tradicionais foram outros problemas que também assumiram proporções alarmantes.[14]

Em decorrência desses fatos, havia forte contraposição entre setores econômicos, favoráveis à pavimentação, e movimentos sociais da região e ONGs socioambientais, que temiam a repetição de desastres ocorridos em obras semelhantes na Amazônia. Segundo estudo sobre os impactos potenciais do Programa Avança Brasil elaborado por Daniel Nepstad e colegas[15], o potencial de desmatamento ao longo da BR-163, caso ela fosse asfaltada, seria de 20 mil a 50 mil quilômetros quadrados, e a área florestal não derrubada, mas sujeita a incêndios florestais devido à degradação, poderia chegar a 51 mil quilômetros quadrados. Além da preocupação com a degradação florestal, essas organizações projetavam para a região, altamente instável em termos de arranjos políticos e de governança, um provável aumento da ação de grileiros, atraídos pela valorização das terras ao longo da rodovia, com consequente agravamento dos conflitos fundiários. O cenário esperado pelos críticos ao projeto era de repetição da ocorrência de ciclos curtos e insustentáveis de crescimento econômico e de melhorias do Índice de Desenvolvimento Humano (IDH), seguido do colapso econômico e social, com o agravamento dos problemas socioeconômicos, conforme descrito por Danielle Celentano e Adalberto Veríssimo:

> [...] 43 municípios com mais de 90% de sua superfície desmatada [...] [apresentam] PIB médio de US$ 23 milhões, [sendo] 60% inferior à média da Amazônia. Além disso, 33% desses municípios apresentaram uma queda no PIB entre 2000 e 2004. O desmatamento não gerou uma economia estável nem robusta quando comparada aos municípios florestados.[16]

Com o objetivo de alimentar o debate entre os setores envolvidos, o MMA promoveu em novembro de 2003, na cidade de Sinop, um dos mais dinâmicos polos da sojicultura mato-grossense, o seminário "Encontro BR-163 Sustentável — Desafios e sustentabilidade ao longo do eixo Cuiabá-Santarém",

---

14 | Idem, Ministério do Meio Ambiente, *Política ambiental integrada para o desenvolvimento sustentável — Relatório de gestão 2003-2006*, Brasília, 2007.
15 | D. Nepstad et al., *Avança Brasil: os custos ambientais para a Amazônia*, Belém, Instituto de Pesquisa Ambiental da Amazônia, 2000.
16 | Celentano e Veríssimo, op. cit., p. 27.

para discutir com o governo e a sociedade locais as possibilidades de viabilizar a obra atendendo às perspectivas de ambos os lados. O evento reuniu mais de 250 participantes, sendo cem deles índios do Parque Indígena do Xingu, da Terra Indígena (TI) Panará, da TI Capoto/Jarina e da TI Baú.

Ao final do seminário, cujo encerramento contou com a presença dos ministros Ciro Gomes e Marina Silva, além do governador de Mato Grosso, Blairo Maggi, e de prefeitos, deputados estaduais e vereadores da região, foi lido por Adriana Ramos, coordenadora do ISA, o início do documento produzido pelo encontro:

> A perspectiva da pavimentação da BR-163 nos parece uma providência racional e desejável, longamente reclamada pelas populações que hoje vivem em sua área de influência, que dela necessitam para o escoamento dos seus produtos e para a atenção às suas demandas de assistência básica. Com o objetivo de contribuir para que o processo de implementação da obra não implique, como tem ocorrido em outras similares, aumento dos já impressionantes índices de desmatamento observados nos estados que integram o chamado Arco do Desmatamento, assim como não precipite a intensificação da grilagem de terras públicas, assassinato de líderes sindicais e deterioração das condições de vida das regiões afetadas, diversas organizações da sociedade estão mobilizadas na discussão e definição de um modelo de gestão territorial para a região de influência da rodovia através da proposição de ações e estratégias, visando a sustentabilidade social, econômica e ambiental da região, de forma a garantir que os benefícios da pavimentação da estrada beneficiem os diferentes segmentos da sociedade e garantam a perenidade da cobertura florestal e da riqueza da biodiversidade.[17]

Com as recomendações resultantes do seminário de Sinop, Marina Silva e Ciro Gomes apresentaram à Presidência da República uma proposta para compatibilizar os diferentes interesses envolvidos e resguardar o cumprimento da legislação ambiental, por meio da criação de um grupo de trabalho interministerial (GTI) com a responsabilidade de formular um plano de desenvolvimento regional complementar à obra, mediante consulta a todos

---

17 | C. Fontes, Marina Silva e Ciro Gomes encerram o Encontro BR-163 Sustentável, *Instituto Socioambiental*, 24 nov. 2003. Disponível em: https://www.indios.org.br/pt/noticias?id=10365. Acesso em: 10 jun. 2016.

os segmentos sociais interessados. A proposta foi aprovada pelo presidente da República, e o GTI, criado por decreto assinado em 15 de março de 2004.

A definição da área de abrangência do plano considerou a zona de influência direta e indireta da BR-163, tendo sido, portanto, ampliada para além dos tradicionais cinquenta quilômetros utilizados nos estudos de impacto ambiental de rodovias na Amazônia até então, devido à presença de estradas secundárias associadas a fluxos demográficos e relações econômicas identificadas em uma vasta região da Amazônia Central. Foi considerado ainda o respeito à integridade territorial de unidades étnicas e socioambientais, como terras indígenas e reservas extrativistas.

Dessa forma, passaram a compor a área do plano 73 municípios (28 no Pará, 39 em Mato Grosso e 6 no Amazonas), perfazendo uma área total de 1,2 milhão de quilômetros quadrados, correspondente a 14,47% do território nacional. Desse total, 828.619 quilômetros quadrados estão no Pará, 280.550 em Mato Grosso e 122.624 no Amazonas, correspondendo a 66,41%, 31,06% e 7,81% da área desses estados, respectivamente.[18]

O GTI da BR-163 Sustentável realizou duas rodadas de consultas públicas, totalizando dezesseis eventos em locais estratégicos dos 73 municípios envolvidos, com a participação direta de mais de cinco mil pessoas. Além disso, foram promovidos inúmeros seminários e reuniões técnicas. Todo esse esforço se traduziu no Plano BR-163 Sustentável, lançado em junho de 2006.

Ao ser lançado, o plano apresentava o seguinte objetivo geral:

> Implementar um novo modelo de desenvolvimento local e regional e organizar a ação de governo, com base na valorização do patrimônio sociocultural e natural, na viabilização de atividades econômicas dinâmicas e inovadoras e no uso sustentável dos recursos naturais, visando à elevação do bem-estar da população em geral.[19]

E os seguintes objetivos específicos:

a. prevenir e mitigar impactos associados à pavimentação da rodovia Cuiabá-Santarém, em particular os conflitos fundiários, a violência

---

[18] | Brasil, Casa Civil da Presidência da República, *Plano de Desenvolvimento Regional Sustentável para a Área de Influência da Rodovia BR-163*, op. cit.
[19] | Ibidem, p. 75.

no campo, o deslocamento de produtores familiares e populações tradicionais de seus territórios, o desmatamento acelerado e outros problemas socioambientais;

b. promover um conjunto de ações voltadas à criação das condições estruturantes necessárias ao desenvolvimento local e regional, nas áreas de ordenamento territorial e ambiental, fomento a atividades sustentáveis com inovação tecnológica e agregação de valor, melhorias na logística de infraestrutura socioeconômica e fortalecimento de inclusão social e cidadania;

c. ampliar a presença do Estado, garantindo maior governabilidade sobre os processos de ocupação territorial e maior capacidade de orientação dos processos de transformação socioprodutiva;

d. estimular processos de diálogo, negociação e formação de consenso entre órgãos governamentais e diferentes grupos da sociedade, em contextos democráticos de gestão de políticas públicas, contemplando as necessidades de arbitragem de conflitos pelo Estado;

e. promover a gestão compartilhada das políticas públicas, por meio da efetivação de parcerias entre as três esferas de governo (federal, estadual e municipal);

f. reconhecer e valorizar a diversidade sociocultural, econômica e ambiental nos territórios contemplados na área de abrangência do plano como aspecto fundamental de sua estratégia de implementação;

g. promover uma estratégia de ordenamento territorial capaz de impedir movimentos indesejados de ocupação de áreas conservadas da floresta e de estimular a melhor utilização de áreas já desmatadas que, às vezes, se encontram abandonadas;

h. fomentar as atividades produtivas pautadas no uso sustentável dos recursos naturais e da biodiversidade, com densidade técnico-científica, valorização de sabedorias das populações locais e agregação de valor, de modo a contribuir para a geração de emprego e renda e para o fortalecimento da segurança alimentar;

i. apoiar a estruturação dos núcleos urbanos, considerando suas funções de apoio à produção (energia, armazenagem, transportes e comunicações) e de prestação de serviços essenciais à qualidade de vida de seus habitantes (saneamento básico, destinação de resíduos sólidos, saúde, educação e segurança pública).

A fim de viabilizar sua implementação em uma área tão ampla e diversificada, o Plano BR-163 Sustentável foi subdividido em três mesorregiões com definição de ações específicas para cada uma delas, totalizando 277 iniciativas envolvendo: planejamento territorial para o desenvolvimento sustentável, ordenamento fundiário, criação e consolidação de unidades de conservação, regularização e proteção de terras indígenas, pactos sociais para o manejo de recursos naturais, monitoramento e controle ambiental, infraestrutura (transporte, energia, comunicação e sistemas de armazenagem), formação de cadeias produtivas e arranjos produtivos locais, fortalecimento da agricultura familiar, uso sustentável da floresta, economia solidária, turismo ecológico, pesquisa e tecnologia, crédito, assistência técnica, sustentabilidade da produção mineral, segurança pública, saúde, educação, desenvolvimento agrário, trabalho e combate à fome.

Para a implementação do plano, foi concebido um sofisticado modelo de gestão, composto por uma câmara de políticas de integração nacional e desenvolvimento regional; um conselho gestor, com participação de representantes de governo e da sociedade; um comitê gestor; uma gerência regional, com funções executivas; e gerências locais.

O Plano BR-163 Sustentável foi, finalmente, aprovado e instituído pelo presidente Lula em 6 de dezembro de 2007, através do Decreto nº 6.290[20], que criou o Comitê Executivo, com a participação de representantes dos governos federal, estaduais e municipais, e o Fórum do Plano BR-163 Sustentável, com a participação de representantes da sociedade civil.

Plano de Ação para Prevenção e Controle do Desmatamento na Amazônia Legal (PPCDAm)

A terceira frente de atuação foi a proposição de processo para elaboração do PPCDAm.

A conjuntura de degradação florestal crescente, anteriormente mencionada, contribuiu de forma decisiva para a determinação da equipe do MMA em tornar o combate ao desmatamento na Amazônia prioridade a ser assumida antes mesmo da apresentação pública dos dados em elaboração pelo Inpe. Nesse sentido, a previsão de um aumento significativo das taxas foi

---

20 | Disponível em: http://www.planalto.gov.br/ccivil_03/_ato2007-2010/2007/decreto/D6290.htm. Acesso em: 14 de abr. 2015.

apresentada à Presidência da República como um argumento de grande peso na defesa de um envolvimento direto do governo no estabelecimento de um novo paradigma para o tratamento da questão: a transferência de sua coordenação para o Palácio do Planalto.

Essa proposta enfrentou fortes resistências internas e externas. Dentro do governo, titulares de outras pastas apresentavam grande oposição, considerando uma pauta fortemente "negativa" e que não estaria, conforme argumentavam, dentro de suas atribuições institucionais. Externamente, lideranças da sociedade civil criticavam o que parecia ser uma atitude de "lavar as mãos" por parte da ministra Marina Silva, pois consideravam que os ministérios não agiriam no controle do desmatamento, visto a ligação direta dos mesmos com iniciativas estimuladoras de degradação na região.

Foram semanas de debates, inclusive com uma longa e complexa discussão sobre a minuta do decreto presidencial que criaria o GTI responsável por estabelecer as políticas de combate ao desmatamento.

Para o MMA, o decreto deveria ser o mais detalhado possível, a fim de amarrar objetivamente a composição e as tarefas dos demais ministérios, que prefeririam um decreto genérico, sem previsões específicas. Ao final, prevaleceu a visão do MMA, e o decreto foi finalizado e assinado pelo presidente Lula com cinco diretrizes consideradas fundamentais para dar força política e direcionamento ao trabalho que se iniciaria.

A primeira dizia respeito à assunção de que o grupo de trabalho deveria atuar para reduzir o desmatamento. Esse ponto, aparentemente óbvio, não foi facilmente aceito, pois vários interlocutores do governo apresentavam dúvidas sobre a viabilidade de assumir um compromisso desses diante das dificuldades de sucesso. Ao final, o artigo 1º definiu com objetividade que o trabalho a ser desenvolvido tinha "a finalidade de propor medidas e coordenar ações que visem a *redução dos índices de desmatamento* na Amazônia Legal" (grifo nosso).

A segunda tratava de definir claramente, no corpo do decreto, os instrumentos a serem adotados para se obter a redução do desmatamento. Mais uma vez a polêmica se instalou, pois a diretriz estabelecia obrigações para outros ministérios, como:

a. ordenamento fundiário nos municípios que compõem o Arco do Desmatamento, atribuição do Ministério do Desenvolvimento Agrário (MDA);

b. incentivos fiscais e creditícios com o objetivo de aumentar a eficiência econômica e a sustentabilidade das áreas já desmatadas, atribuições do Ministério do Planejamento, Orçamento e Gestão (MPOG), Ministério da Fazenda (MF), Ministério da Agricultura, Pecuária e Abastecimento (Mapa) e Ministério do Desenvolvimento, Indústria e Comércio Exterior (MDIC);

c. procedimentos para implantação de obras de infraestrutura ambientalmente sustentáveis — MMA, Ministério dos Transportes (MT) e Ministério de Minas e Energia (MME);

d. geração de emprego e renda em atividades de recuperação de áreas alteradas — Mapa, Empresa Brasileira de Pesquisa Agropecuária (Embrapa) e MDA;

e. incorporação ao processo produtivo de áreas abertas e abandonadas, e manejo de áreas florestais — Mapa, Embrapa e MDA;

f. atuação integrada dos órgãos federais responsáveis pelo monitoramento e fiscalização de atividades ilegais no Arco do Desmatamento — Ministério da Justiça (MJ), Polícia Federal (PF), PRF, Exército, Ministério da Ciência e Tecnologia (MCT) e Inpe.

A terceira diretriz se referia à restrição à participação no grupo de trabalho a funcionários de segundo ou terceiro escalões, sem poder de decisão — prática comum até então, que costuma inviabilizar ações efetivas de colegiados de governo. Nesse caso, o próprio decreto limitou essa participação aos ministros titulares ou, no máximo, aos vice-ministros: "Os titulares poderão ser representados em seus impedimentos pelos respectivos secretários executivos" (parágrafo 1º do artigo 2º).

A quarta diretriz importantíssima definida no decreto foi a fixação de um prazo para que o grupo de trabalho submetesse ao presidente da República um plano de ação detalhado: "O Grupo de Trabalho submeterá ao presidente da República, no prazo de trinta dias, a contar da data da publicação deste decreto, plano de ação contendo as medidas emergenciais a serem implementadas" (artigo 3º), bem como a previsão de reuniões bimestrais para "monitorar e avaliar a implementação das ações e propor medidas complementares, ou a qualquer tempo por convocação de seu coordenador".

A quinta diretriz inovadora foi possibilitar a participação de outras organizações, incluindo as da sociedade civil, nas reuniões de um grupo de trabalho de alto nível: "O coordenador do Grupo de Trabalho poderá convidar representantes de outros órgãos ou entidades públicas ou privadas, para participarem das reuniões por ele organizadas" (parágrafo 2º).

Há outros aspectos importantes que foram incluídos no decreto de criação do Grupo Permanente de Trabalho Interministerial (GPTI) para a redução do desmatamento na Amazônia, assinado em 3 de julho de 2003 pelo presidente da República, mas as diretrizes supracitadas foram consideradas as mais relevantes e inovadoras para o estabelecimento de uma dinâmica acelerada do envolvimento do conjunto de ministérios que viabilizaram a elaboração do PPCDAm, submetido à Presidência da República em 2003 e aprovado e lançado publicamente em março de 2004. Conforme noticiou o jornal *Folha de S.Paulo*:

> Ao apresentar um balanço do grupo permanente de trabalho interministerial sobre o desmatamento da Amazônia, criado por decreto de julho de 2003, o governo federal anunciou ontem o início do que chamou da "maior investida" já realizada no país para combater a retirada ilegal de madeira da região Norte do país. Em 2004, o orçamento anunciado para tais ações é de R$ 394 milhões. [...] A cerimônia, realizada no Palácio do Planalto, teve a presença, além de ministros, do presidente Luiz Inácio Lula da Silva. O objetivo, a partir de agora, é colocar em prática o Plano de Ação de Prevenção e Controle do Desmatamento na Amazônia Legal.[21]

A elaboração do PPCDAm envolveu diretamente 54 integrantes das equipes dos doze ministérios responsáveis, tornando-se o primeiro esforço registrado no histórico de formulação de políticas públicas para a Amazônia a mobilizar um conjunto tão expressivo de profissionais de diferentes setores do governo federal na definição de estratégias e prioridades.

A estruturação do PPCDAm foi liderada pelas equipes da Casa Civil e do MMA. Enquanto a primeira era responsável pela convocação dos quadros técnicos e políticos dos órgãos públicos envolvidos e cobrança do envio de subsídios necessários para fundamentar o trabalho, coube à equipe do MMA sistematizar as propostas e contribuições recebidas e estruturar o plano.

---

[21] | MMA anuncia "maior investida" antidesmatamento na Amazônia, *Folha de S.Paulo*, Caderno Ciência, 16 mar. 2004. Disponível em: http://www1.folha.uol.com.br/fsp/ciencia/fe1603200402.htm. Acesso em: 12 de jul. 2016.

O PPCDAm foi organizado em quatro eixos: ordenamento fundiário e territorial; monitoramento e controle ambiental; fomento a atividades produtivas sustentáveis; e infraestrutura ambientalmente sustentável. O quarto eixo foi posteriormente eliminado, e as ações nele previstas, incorporadas aos três outros eixos.

Seus objetivos específicos foram assim definidos:

a. redução dos índices de desmatamento e queimadas na Amazônia brasileira, especialmente em termos de práticas ilegais que gerem significativos danos ambientais e problemas sociais;
b. diminuição das práticas de grilagem de terras públicas em áreas críticas, associadas ao desmatamento ilegal;
c. redução dos índices de exploração madeireira ilegal, associada a um crescimento expressivo na área sob manejo florestal para produtos madeireiros e não madeireiros;
d. aumento da adoção de práticas de prevenção e controle do fogo, manejo de pastagens e práticas agrícolas e agroflorestais sustentáveis entre produtores rurais;
e. redução significativa do percentual de propriedades rurais com passivo ambiental referente à Reserva Legal e Áreas de Preservação Permanente, associada a um aumento dos casos de celebração de Termos de Ajustamento de Conduta e práticas de recuperação de áreas degradadas;
f. avanços na viabilização de assentamentos rurais em bases sustentáveis para a Amazônia brasileira, com significativas implicações para a redução do desmatamento;
g. avanços na criação e implantação de unidades de conservação e terras indígenas em áreas prioritárias, como elementos fundamentais de uma estratégia de conservação da floresta e desenvolvimento sustentável da Amazônia;
h. aumento da capacidade institucional de órgãos ambientais e outras instituições parceiras, inclusive da sociedade civil, na implementação integrada de medidas de prevenção e controle do desmatamento e na viabilização de atividades produtivas sustentáveis.

O PPCDAm foi constituído com dois diferenciais relevantes em relação a outros planos e programas de governo lançados até então. O primeiro foi o estabelecimento de um planejamento detalhado de 149 atividades, com responsabilidade institucional atribuída de forma explícita, período de execução e indicadores objetivos de avaliação de implementação, para cada uma delas. O segundo foi a vinculação dos recursos necessários para o desenvolvimento do plano, no valor total de R$ 394 milhões, aos orçamentos já aprovados nos Planos Plurianuais (PPA)[22] dos ministérios participantes. Esse fato garantiu as condições financeiras para o início imediato das ações, sem depender de complexas negociações para obtenção de recursos adicionais do orçamento da União.

Ainda no ano de 2003, foi dado outro importante passo que teria impacto positivo no processo: a abertura dos dados do Inpe para instituições públicas e privadas que operavam sistemas de geoprocessamento no país. Esse foi mais um momento de conflitos internos no governo, visto que, até então, os dados digitais do Prodes nunca haviam sido abertos para nenhuma instituição, mesmo as do próprio governo. Contrariando protocolos de transparência de dados públicos, o Inpe sempre se negou a fornecer os dados resultantes de anos de levantamentos de informações sobre o desmatamento na Amazônia. As únicas informações que o governo e a sociedade possuíam eram as fornecidas nos relatórios anuais do instituto, agrupadas por unidade da Federação e, mais recentemente, por fitofisionomia florestal. Essa postura impedia que os dados fossem utilizados para análise de dinâmica espacial por estarem agrupados, além de impossibilitar o acesso à base digital necessária para elaborar mapas comparativos da evolução anual e, por consequência, realizar a identificação dos vetores e das tendências espaciais do desmatamento. Mesmo com a mudança de diretoria do Inpe, que se mostrou aberta a franquear os dados, foram necessários meses de negociação junto ao MCT, ao qual o instituto está vinculado, a fim de se obter a liberação, que só ocorreu em maio daquele ano, após determinação direta do presidente da República.

Com a liberação dos dados, foi possível realizar, antes mesmo da criação do GTI, no dia 1º de junho de 2003, o primeiro seminário para a análise dos dados recentes do desmatamento na Amazônia, contando com a participação de técnicos do governo, pesquisadores e representantes da sociedade civil envolvidos na temática. Nesse seminário, presidido pela ministra Marina Silva e que passou a ser anual, foi possível, pela primeira vez, uma melhor qualificação

---

22 | O PPA, com vigência de quatro anos, tem como função estabelecer as diretrizes, os objetivos e as metas de médio prazo da administração pública.

dos processos de desflorestamento na região, principalmente em termos de sua espacialização e estabelecimento de correlações com atividades produtivas, políticas públicas e forças sociais, econômicas e políticas da região.[23]

Participaram desse primeiro seminário técnicos de diversos órgãos públicos, como Inpe, Ibama, Embrapa, Instituto Nacional de Colonização e Reforma Agrária (Incra), Mapa, MME e MDA, e da sociedade civil: Amigos da Terra, Conselho Nacional dos Seringueiros (CNS), Coordenação das Organizações Indígenas da Amazônia Brasileira (Coiab), SOS Amazônia, Conservação Internacional, Confederação Nacional dos Trabalhadores na Agricultura (Contag), Greenpeace Amazônia, Grupo de Trabalho Amazônico (GTA), Instituto Centro de Vida (ICV), Instituto do Homem e Meio Ambiente da Amazônia (Imazon), Instituto de Pesquisa Ambiental da Amazônia (Ipam), ISA, The Nature Conservancy Brasil (TNC) e WWF-Brasil.

Previamente à realização do seminário, foram enviados às organizações participantes que operavam sistemas de informação geográfica os dados digitais concebidos pelo Inpe, o que permitiu a elaboração de análises espaciais, que foram apresentadas e analisadas pelos participantes, dando início a uma inédita dinâmica colaborativa na discussão de tendências do desmatamento e das políticas públicas necessárias para reorientá-las.

Esses seminários se repetiram anualmente até 2010 e são considerados uma das mais importantes ações que permitiram que a coordenação governamental do PPCDAm recebesse informações permanentemente atualizadas da realidade do processo de evolução do desmatamento, viabilizando ajustes nas políticas públicas em tempo real, impedindo vazamentos ou ineficiência nos processos de fiscalização.

Outra iniciativa de importância estratégica desenvolvida nesse período foi a atuação junto ao Instituto Brasileiro de Geografia e Estatística (IBGE), no sentido de contornar a grande resistência política encabeçada pelo governo de Mato Grosso, que questionava a aplicação das restrições impostas pelo Código Florestal no estado. Para reverter esse problema, que vinha gerando atritos constantes entre os governos federal e estadual, por inexistência de um mapeamento oficial sobre os limites territoriais da Amazônia, o MMA colaborou com

---

23 | Brasil, Casa Civil da Presidência da República, *Plano de Ação para Prevenção e Controle do Desmatamento na Amazônia Legal (PPCDAm)*, Brasília, 2004.

a realização de estudos e encontros técnico-científicos que levaram à elaboração do primeiro Mapa dos Biomas do Brasil. Lançado em maio de 2004[24], esse mapa uniformizou o critério de definição de cada bioma e sua distribuição no território nacional, incluindo a presença do bioma Amazônia em porção expressiva dos estados de Mato Grosso, cerca de 50%, e Tocantins, encerrando a histórica resistência de ambos os estados em proteger suas áreas de florestas a partir de parâmetros mais rigorosos, incluindo a exigência de reserva legal de 80% das propriedades rurais inseridas no bioma.

Passados dez anos de operação do PPCDAm, é possível constatar que os resultados alcançados foram significativos. O principal indicador desse sucesso relativo é a queda consistente dos índices de desmatamento na região. Isso se comprova pela inversão do viés de alta que marcou o final do segundo mandato do presidente Fernando Henrique Cardoso e o início do primeiro mandato do presidente Lula, quando a área desmatada em 2004 atingiu 27.772 quilômetros quadrados — o segundo mais alto índice da história. Desde aquele ano, quando foi lançado o PPCDAm, os índices registraram quedas consecutivas, chegando em 2012 a 4.571 quilômetros quadrados, o menor índice já registrado pelo Prodes.

Durante o período analisado, as ações com maior grau de implementação foram as voltadas a monitoramento, fiscalização, controle ambiental e ordenamento territorial, desenvolvidas por Ibama/MMA, Inpe/MCT e Incra/MDA, com inédito protagonismo da PF, da Polícia Rodoviária Federal e do Exército Brasileiro. Entre 2004 e 2009, foram criadas quarenta UCs na Amazônia, somando 26 milhões de hectares. Nesse intervalo de apenas seis anos, o PPCDAm ampliou em mais de 76% a extensão territorial dessas áreas, comparado com tudo o que havia sido criado nas quatro décadas anteriores, desde quando o presidente João Goulart estabeleceu a Floresta Nacional de Caxiuanã, em 1961, a primeira da região. Nesse período, foram ainda homologadas terras indígenas equivalentes a aproximadamente 10 milhões de hectares.[25]

No campo do combate à grilagem, foram inviabilizados cerca de 66 mil pleitos de títulos de terra, por meio da inibição e do posterior cancelamento

---

24 | Disponível em: http://www.ibge.gov.br/home/presidencia/noticias/21052004biomashtml.shtm. Acesso em: 19 set. 2015.
25 | Brasil, MMA, *Plano Amazônia Sustentável*, op. cit.

dos Certificados de Cadastro de Imóvel Rural (CCIRs)[26], que não possuíam origem legal comprovada nos cadastros do Incra, e modificados profundamente os mecanismos e procedimentos para registro de posse. Foram também deflagradas centenas de operações do Ibama integradas com a PF e polícias ambientais nos estados, atendendo a um planejamento estratégico que considerou critérios técnicos e prioridades territoriais. Como consequência, aproximadamente 1,5 mil empresas clandestinas de madeira foram fechadas e mais de 1 milhão de metros cúbicos de madeira, apreendidos. Foram desenvolvidas ainda investigações e ações de inteligência que desmontaram organizações promovendo a extração ilegal de madeira, levando à prisão 659 pessoas, incluindo funcionários públicos dos governos federal e estaduais.

Outros resultados significativos foram obtidos no âmbito específico da gestão florestal, com a proposição, a aprovação e a regulamentação da Lei nº 11.482/2006, que instituiu o sistema de gestão de florestas públicas e a regulamentação do controle de circulação de madeira por Resolução Conama nº 379/2006.

Um aspecto crucial para o sucesso do PPCDAm foi a criação do Sistema de Detecção de Desmatamento em Tempo Real (Deter)[27], desenvolvido pelo Inpe em 2004, a pedido do MMA. O Deter permitiu, de forma inédita no mundo, o acompanhamento das ocorrências de desflorestamentos na região

---

26 | O Certificado de Cadastro de Imóvel Rural (CCIR) é um documento emitido pelo Incra que constitui prova do cadastro do imóvel rural, indispensável para desmembrar, arrendar, hipotecar, vender ou prometer em venda o imóvel rural e para homologação de partilha amigável ou judicial (sucessão *causa mortis*), de acordo com os parágrafos 1º e 2º do artigo 22 da Lei nº 4.947, de 6 de abril de 1966, modificada pelo artigo 1º da Lei nº 10.267, de 28 de agosto de 2001. Os dados constantes do CCIR são exclusivamente cadastrais, não legitimando direito de domínio ou posse, conforme preceitua o parágrafo único do artigo 3º da Lei nº 5.868, de 12 de dezembro de 1972. O CCIR é essencial também para a concessão de crédito agrícola, exigido por bancos e agentes financeiros (Instituto Nacional de Colonização e Reforma Agrária, [s.d.]).

27 | Em operação desde 2004, o Deter foi concebido pelo Inpe, a pedido do MMA, como um sistema de alerta para suporte à fiscalização e controle de desmatamento. São mapeadas tanto áreas de corte raso quanto áreas em processo de desmatamento por degradação florestal. É possível detectar apenas polígonos de desmatamento com área maior que 25 hectares, por conta da resolução dos sensores espaciais (o Deter utiliza dados do sensor MODIS do satélite Terra e do sensor WFI do satélite sino-brasileiro CBERS, com resolução espacial de 250 metros). Devido à cobertura de nuvens, nem todos os desmatamentos maiores que 25 hectares são identificados pelo sistema.

em intervalos muito curtos, variando de semanal a mensal, constituindo-se em uma potente ferramenta de planejamento das atividades de fiscalização, incorporando eficiência e a possibilidade, inexistente até então, de interromper ações de desmatamento em sua fase inicial. Concebido como uma plataforma aberta na internet, o Deter tornou possível que imprensa e sociedade acompanhassem a evolução do desmatamento, estimulando o permanente debate público sobre os resultados das políticas de controle adotadas.

Também foi registrado aprimoramento importante no sistema de monitoramento da degradação florestal pelo Inpe, com o desenvolvimento do Sistema de Detecção da Exploração Seletiva (Detex), para o monitoramento da exploração seletiva de madeira.

Merecem menção também a ampliação de 300 mil para mais de 3 milhões de hectares de florestas manejadas certificadas segundo os critérios do Forest Stewardship Council (FSC) na Amazônia; a criação do Distrito Florestal Sustentável da BR-163; a instituição do Cadastro Nacional de Florestas Públicas, com cerca de 193 milhões de hectares de terras cadastrados; e o apoio prestado pelo governo federal à implementação de sistemas de licenciamento e cadastramento ambiental georreferenciado de imóveis rurais em seis estados amazônicos e à elaboração dos zoneamentos ecológico-econômicos estaduais.

Os levantamentos realizados ao longo da pesquisa indicam um volume importante de iniciativas implementadas pelo governo federal no âmbito do PPCDAm entre 2003 e 2010. Foram aprovadas 7 leis federais, apresentadas e convertidas em lei 3 medidas provisórias, deliberadas 6 resoluções Conama e assinados 156 decretos e 16 atos normativos de órgãos do governo. Ocorreram ainda 29 grandes operações de fiscalização envolvendo a PF.

Foram compiladas e analisadas 232 iniciativas, conforme relação apresentada no Apêndice A, sendo 134 diretamente voltadas ao controle e combate ao desmatamento em oito anos de atividades. Esse número é significativamente superior às 77 ações empreendidas com os mesmos objetivos no período de treze anos de governos anteriores, entre 1990 e 2002. Os dados estão classificados por linha de atuação de forma resumida na Tabela 3 e detalhados nas tabelas 4 e 5. Na Figura 8, é possível analisar a distribuição dessas iniciativas ao longo dos anos, entre 1990 e 2010.

Tabela 3 | Iniciativas de controle do desmatamento na Amazônia implementadas pelo governo federal de 1990 a 2010

Linha de atuação	Iniciativas implementadas para o controle do desmatamento		Outras iniciativas que podem ter contribuído para o controle do desmatamento	
	Período de 1990 a 2002	Período de 2003 a 2010 (PPCDAm)	Período de 1990 a 2002	Período de 2003 a 2010 (PPCDAm)
Gestão territorial e ordenamento fundiário	48	53	195*	76
Gestão, integração de ministérios e órgãos do governo federal	5	19		5
Incentivo à conservação e uso sustentável	9	7	11	15
Monitoramento, fiscalização e controle	15	55		2
Total	77	134	206	98

* Reconhecimento e homologação de terras indígenas.

Fontes: Diversas. Elaborada pelo autor.

Figura 8 | Evolução das iniciativas do governo federal voltadas ao controle do desmatamento na Amazônia Legal nas décadas de 1990 e 2000, excluída a homologação de TIs

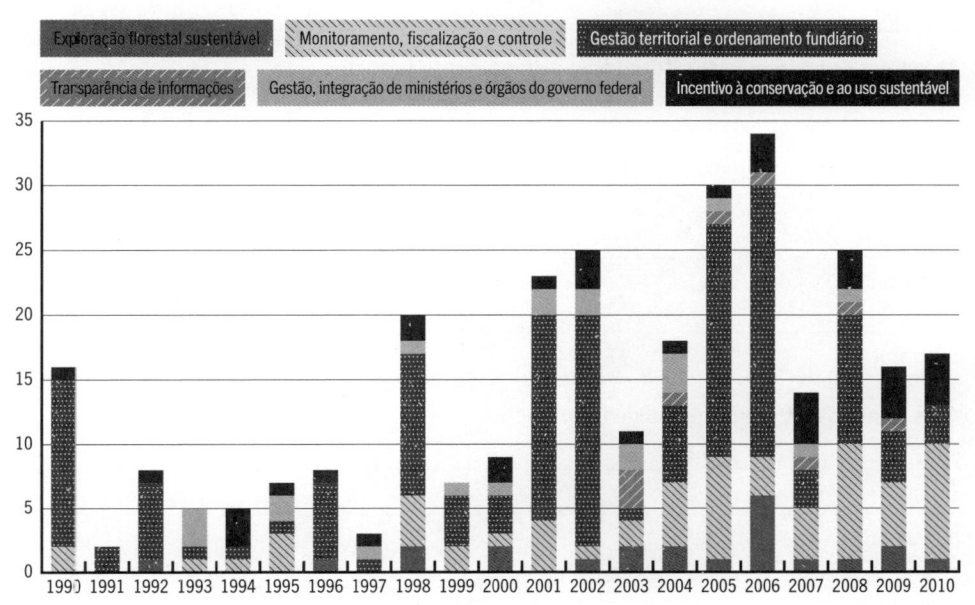

Fonte: Resultados da pesquisa. Elaborada pelo autor.

Tabela 4 | Lista não exaustiva das principais iniciativas implementadas pelo PPCDAm no período de 2003 a 2010

	2003	2004	2005	2006	2007	2008	2009	2010	Total
Normas relativas à exploração florestal sustentável									
Lei				1					1
Decreto	2	1		3	1	1	1	1	10
Resolução Conama				2			1		3
Atos normativos de órgãos do governo federal		1	1	1					2
Subtotal	2	2	1	7	1	1	2	1	16
Atos relativos às ações de monitoramento, fiscalização e controle									
Lei									
Medida provisória	1								1
Decreto				1		2	2		5
Atos normativos de órgãos do governo federal						2	1	2	5
Iniciativa/Ação especial de órgãos do governo federal	1	5	7	3	2	5	4	7	34
Subtotal	2	5	8	3	4	9	5	9	45
Atos relativos à gestão territorial e ao ordenamento fundiário									
Lei				1		1		1	3
Medida provisória				1		1			2
Decreto	16	25	23	28	4	9	10	3	118
Resolução Conama				2				1	3
Atos normativos de órgãos do governo federal	1	2	2			2	1		8
Subtotal	17	27	27	30	6	11	12	4	134
Atos relativos à transparência de informações									
Lei	1								1
Decreto									0
Iniciativa/Ação especial de órgãos do governo federal	2	1	1	1	1	1	1		8
Subtotal	3	1	1	1	1	1	1	0	9

	2003	2004	2005	2006	2007	2008	2009	2010	Total
Atos relativos à integração de ministérios e órgãos do governo federal									
Medida provisória									
Decreto	2	2			1	1			6
Iniciativa/Ação especial de órgãos do governo federal		1	1						2
Subtotal	2	3	1	0	1	1	0	0	8
Atos relativos ao incentivo à conservação e ao uso sustentável									
Lei							1	1	2
Decreto	1	1	1	2	4	3	2	3	17
Resolução Conama									
Iniciativa/Ação especial de órgãos do governo federal				1			1		2
Subtotal	1	1	1	3	4	3	4	4	21
TOTAL	**27**	**39**	**39**	**44**	**17**	**26**	**24**	**18**	**234**

Resumo

	2003	2004	2005	2006	2007	2008	2009	2010	Total
Leis	1	0	1	1	1	0	2	1	7
Medidas provisórias	1	0	1	0	1	0	0	0	3
Decretos	21	29	25	33	12	16	13	7	156
Resoluções Conama	0	0	0	4	0	0	1	1	6
Atos normativos de órgãos do governo federal	1	3	3	0	0	4	2	2	15
Iniciativa/Ação especial de órgãos do governo federal	3	7	9	5	3	6	6	7	46
TOTAL	**27**	**39**	**39**	**43**	**17**	**26**	**24**	**18**	**233**
Operações PF	1	2	5	4	2	5	4	6	29
Homologação de TIs	16	21	9	9	3	1	8	1	68
Criação de UCs		4	13	15		6	1		39

Tabela 5 | Lista não exaustiva das principais iniciativas implementadas na Amazônia no período de 1990 a 2002

	1990	91	92	93	94	95	96	97	98	99	00	01	02	Total
Normas relativas à exploração florestal sustentável														
Lei														0
Decreto							1		2		2		1	6
Resolução Conama														0
Atos normativos de órgãos do governo federal			1											1
Subtotal	0	0	1	0	0	0	1	0	2	0	2	0	1	7
Atos relativos às ações de monitoramento, fiscalização e controle														
Lei							1		1		1			3
Medida provisória												1		1
Decreto	1			1	1				2	2		1	1	9
Resolução Conama	1						1			1		2		5
Iniciativa/Ação especial de órgãos do governo federal									1					1
Subtotal	2	0	0	1	1	3	0	0	4	2	1	4	1	19
Atos relativos à gestão territorial e ao ordenamento fundiário														
Lei					1						1			2
Medida provisória														0
Decreto	18	74	10	8	2	7	28	23	41	2	4	31	16	264
Resolução Conama	1						2						2	5
Atos normativos de órgãos do governo federal							2			2		1	2	7
Subtotal	19	74	10	9	2	7	32	23	41	4	5	32	20	278
Atos relativos à transparência de informações														
Lei														0
Decreto														0
Iniciativa/Ação especial de órgãos do governo federal														0
Subtotal	0	0	0	0	0	0	0	0	0	0	0	0	0	0

	1990	91	92	93	94	95	96	97	98	99	00	01	02	Total
Atos relativos à integração de ministérios e órgãos do governo federal														
Medida provisória				1								1		2
Decreto				2		1		1		1	1	1	2	9
Resolução Conama						1			1					2
Subtotal	0	0	0	3	0	2	0	1	1	1	1	2	2	13
Atos relativos ao incentivo à conservação e ao uso sustentável														
Lei								1						1
Decreto			1		3	1		2			2	1	3	13
Resolução Conama	1				1									2
Iniciativa/Ação especial de órgãos do governo federal														0
Subtotal	1	0	1	0	3	1	1	1	2	0	2	1	3	16
TOTAL	22	74	12	13	6	13	34	25	50	7	11	39	27	333

Resumo

	1990	91	92	93	94	95	96	97	98	99	00	01	02	Total
Leis	0	0	0	1	0	1	0	1	1	0	2	0	0	6
Medidas provisórias	0	0	0	1	0	0	0	0	0	0	0	2	0	3
Decretos	19	74	11	11	6	8	30	24	47	5	9	34	23	301
Resoluções Conama	3	0	0	0	0	3	2	0	2	0	0	2	2	14
Atos normativos de órgãos do governo federal	0	0	1	0	0	0	2	0	0	2	0	1	2	8
Iniciativa/Ação especial de órgãos do governo federal	0	0	0	0	0	1	0	0	0	0	0	0	0	1
TOTAL	22	74	12	13	6	13	34	25	50	7	11	39	27	333
Homologação de TIs	6	72	4	8	1	6	26	22	30		2	16		193
Criação de UCs	6		4					1	11	2	1	12	10	47

5 | Análise dos efeitos das ações de controle do desmatamento na Amazônia brasileira implementadas pelo governo federal no período de 2003 a 2010

A partir de um banco de dados georreferenciado constituído especialmente para este projeto, foram realizados cruzamentos de dados compilados pela pesquisa a fim de analisar a correlação entre as medidas adotadas pelo governo federal, sobretudo as do âmbito do PPCDAm, e a evolução do desmatamento regional, considerando variáveis econômicas, ações de comando e controle e iniciativas de ordenamento territorial e fundiário. Os principais resultados dessas análises são apresentados a seguir.

Análise comparativa entre a evolução da área plantada de soja e do rebanho bovino, preço das *commodities* e desmatamento

É compartilhado pela maioria dos autores que vêm se dedicando a estudar o desmatamento na Amazônia que a pecuária e a soja estão entre os mais relevantes fatores econômicos de pressão sobre os remanescentes florestais[1], inclusive por meio do processo denominado Mudança Indireta do Uso da Terra (Miut), em que a soja ocupa áreas da pecuária, que, por sua vez, se expande para áreas florestadas, promovendo o avanço do desmatamento.[2]

---

1 | A. S. P. Pfaff, What Drives Deforestation in the Brazilian Amazon?, MIT Joint Program on the Science and Policy of Global Change, Cambridge, 1996; P. Fearnside, Soyben Cultivation as a Threat to the Environment in Brazil, *Environmental Conservation*, Cambridge, v. 28, n. 1, p. 23-28, 2001; S. Margulis, *Causas do desmatamento da Amazônia brasileira*, Brasília, Banco Mundial, 2003; Soares-Filho, Nepstad e Curran, op. cit.; Mello-Théry, *Território e gestão ambiental na Amazônia*, op. cit.; J. H. G. Silva, *Economic Causes of Deforestation in the Brazilian Amazon: an Empirical Analysis of the 2000s*, Freiburg, 2009, dissertação (Mestrado em Economia e Política), Universidade de Freiburg.
2 | E. Y. Arima et al., Statistical Confirmation of Indirect Land Use Change in the Brazilian Amazon, *Environmental Research Letters*, Bristol, v. 6, n. 024010, 2011.

A partir do início da década de 1980, quando foram superadas as limitações fitoecológicas que circunscreviam a soja à região Sul do Brasil[3], a leguminosa iniciou sua expansão para o Centro-Oeste, notadamente no estado de Mato Grosso, onde seu crescimento se deu de forma notável.[4] Na Figura 9, é possível verificar a acelerada evolução da área plantada de soja na Amazônia Legal, passando de 1,6 milhão de hectares em 1990 para 9,3 milhões de hectares em 2013[5], o que configura um aumento de 481% em 24 anos. Sua participação na área total plantada no Brasil também cresceu significativamente, de 12% em 1990 para 33% em 2013.

Figura 9 | Evolução da participação da Amazônia Legal na área plantada de soja no Brasil no período de 1990 a 2013

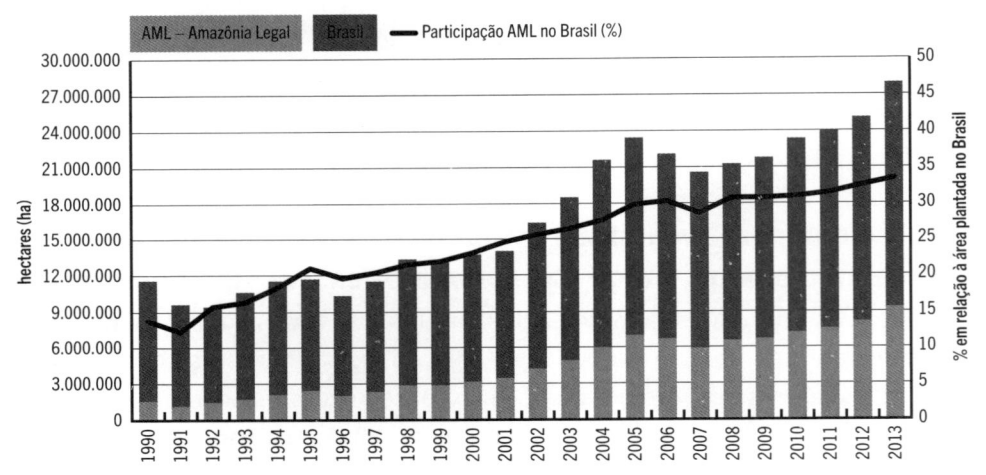

Fonte: IBGE ([s.d.]b). Elaborada pelo autor.

Na Figura 10, é possível verificar que o crescimento da área plantada de soja na Amazônia a partir de 1991 se mantém acima do crescimento nacional, exceto em dois momentos, nos anos de 1996 e 2007. Ressalte-se também que, a partir de 2004, o crescimento anual se reduz, não tendo até o momento recuperado os picos de crescimento acima de 20% verificados em vários anos anteriores a 2004.

---

3 | Mello-Théry, *Território e gestão ambiental na Amazônia*, op. cit.
4 | D. Nepstad et al., Inhibition of Amazon Deforestation and Fire by Parks and Indigenous Lands, *Conservation Biology*, Cambridge, v. 20, n. 1, p. 65-73, 2006.
5 | Instituto Brasileiro de Geografia e Estatística, Produção agrícola municipal, [s.d.]b.

Figura 10 | Taxa de crescimento anual da área plantada de soja no Brasil e na Amazônia Legal no período de 1991 a 2013 (% em relação ao ano anterior)

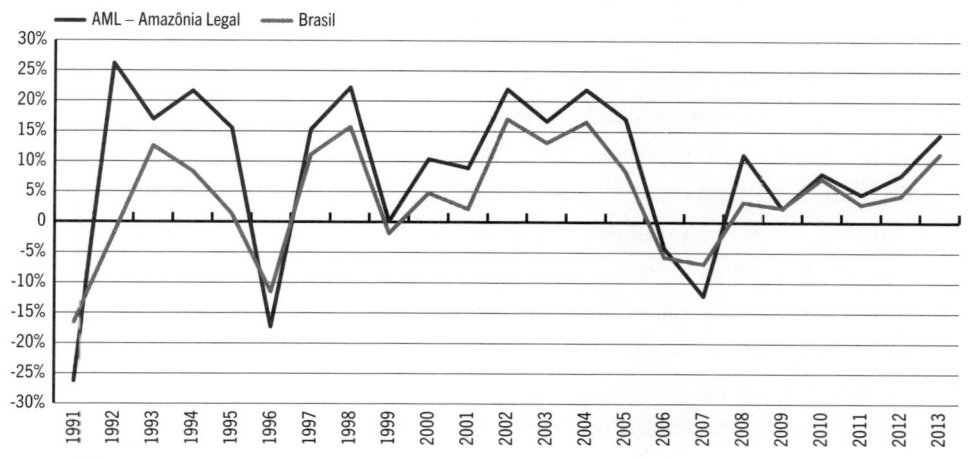

Fonte: IBGE ([s.d.]b). Elaborada pelo autor.

A Figura 11 permite a visualização comparada entre a evolução anual da área de soja plantada na Amazônia Legal, o desmatamento computado pelo Inpe e o preço médio anual da saca da leguminosa no período de 2001 a 2013.

Figura 11 | Análise comparada da evolução anual da área de soja plantada e do desmatamento na Amazônia Legal e a evolução anual média do preço da saca de soja no período de 2001 a 2013

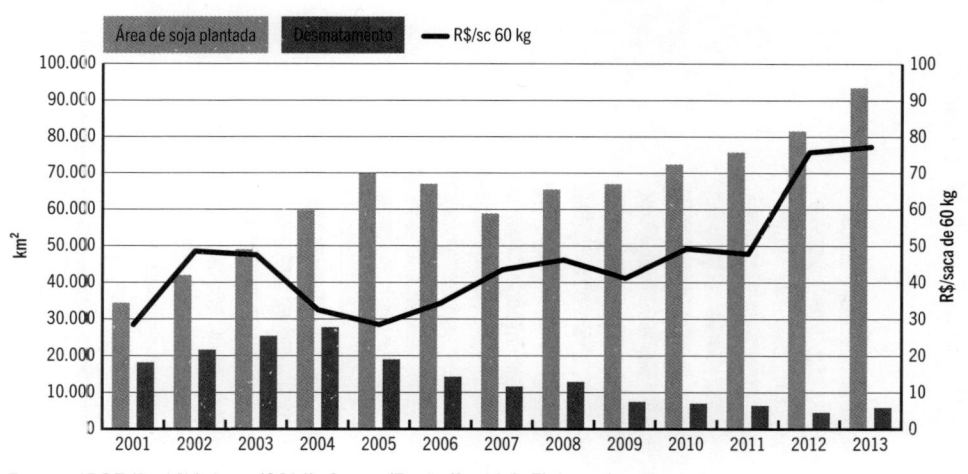

Fontes: IBGE ([s.d.]b); Inpe (2014); Cepea/Esalq ([s.d.]a). Elaborada pelo autor.

Como pode ser verificado, até o ano de 2003 identifica-se uma forte correlação entre as três variáveis da Figura 11. No período de 2004 a 2005, apesar da queda do preço da soja, a área plantada continua expandindo, e o desmatamento inicia forte redução. No período de 2005 a 2007, o preço da soja entra em trajetória ascendente, o que não é acompanhado de imediato pela ampliação da área plantada com a leguminosa. Nesse período, o desmatamento entra em processo de redução anual constante, mostrando um gradativo descolamento entre as variáveis, notadamente após os anos de 2007 e 2008, com aumentos constantes da área plantada e redução continuada do desmatamento, em um cenário de evolução positiva do preço da soja.

Com base nos estudos relacionados ao já citado efeito Miut, em que foi constatado que a ocupação de áreas de pastagens pela soja induz a atividade pecuária a desmatar novas áreas na zona da fronteira agrícola[6], seria esperada uma compensação do aumento da área plantada de soja, com mais desmatamentos, mesmo que provocados de forma indireta, o que não se verificou, conforme detalhado a seguir.

Na Figura 12, é possível observar o crescimento acelerado do rebanho bovino na Amazônia Legal, assim como ocorreu com a soja, compondo significativa participação no rebanho nacional[7], saindo de 19% em 1990 para 38% em 2013.

Figura 12 | Evolução anual do rebanho bovino na Amazônia Legal e de sua participação no rebanho nacional no período de 1990 a 2013

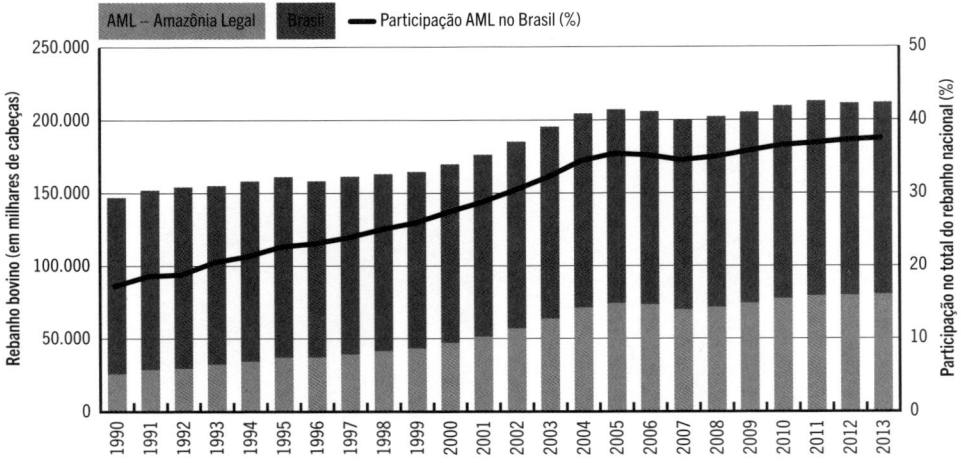

Fonte: IBGE ([s.d.]b). Elaborada pelo autor.

---

6 | Arima et al., op. cit.
7 | Soares-Filho, Nepstad e Curran, op. cit.

Na Figura 13, é possível verificar que o crescimento anual do rebanho bovino na Amazônia Legal se mantém bem acima do crescimento do rebanho nacional desde 1991, tendo em 2004 atingido seu pico, com um incremento de 11,86% no número de cabeças em apenas um ano. A partir dali, no entanto, há uma severa inversão dessa tendência, com uma redução na taxa de crescimento nos três anos subsequentes (2005, 2006 e 2007), chegando a haver, pela primeira vez na série analisada, um decréscimo no número absoluto de cabeças de boi de 4,7% em 2007. Segundo Judson Ferreira Valentim e Carlos M. Soares de Andrade[8], essa redução não ocorreu exclusivamente na Amazônia, pois houve no período queda no número de cabeças nos rebanhos de todo o Brasil (Figura 13), com exceção do Nordeste, que apresentou variação positiva, como consequência da diminuição da oferta de bezerros, provocada pelo abate de fêmeas, e do aumento da atividade dos abatedouros no país, estimulado pela elevação do preço da arroba de carne. A partir de 2007, o rebanho na Amazônia volta a crescer, mas em níveis bem inferiores à média histórica do período de 1991 a 2004, provavelmente devido à "redução das taxas de desmatamento na Amazônia Legal, em função do aumento da efetividade das ações de monitoramento e controle ambiental".[9]

FIGURA 13 | Taxa de crescimento anual do rebanho bovino no Brasil e na Amazônia Legal no período de 1991 a 2013 (% em relação ao ano anterior)

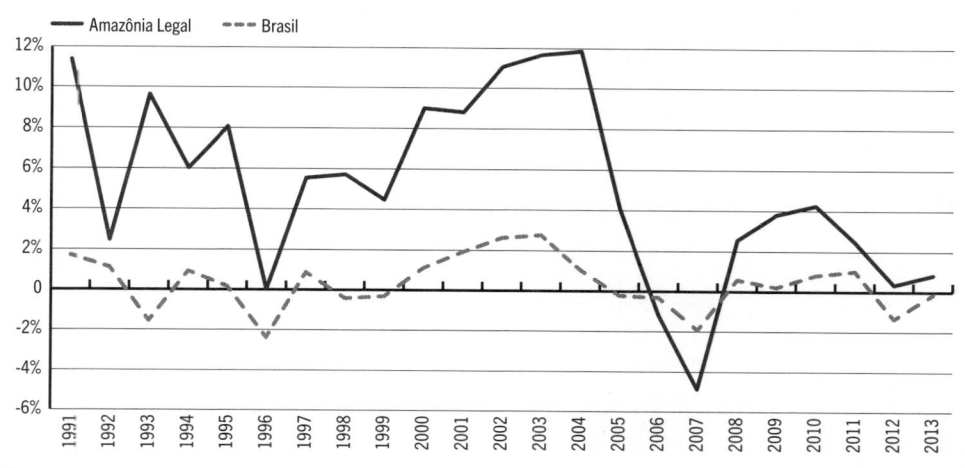

Fonte: IBGE ([s.d.]b). Elaborada pelo autor.

---

8 | J. F. Valentim e C. M. S. de Andrade, Tendências e perspectivas da pecuária bovina na Amazônia brasileira, *Amazônia: Ciência & Desenvolvimento*, Belém, v. 4, n. 8, p. 273-283, 2009.
9 | Ibidem.

A Figura 14 apresenta os índices relativos à evolução anual do rebanho bovino, em milhares de cabeças, o desmatamento e o preço médio de cada ano da arroba do boi gordo no mercado de São Paulo no período de 1997 a 2013.

A exemplo do verificado no caso da soja, a forte correlação positiva entre preço da arroba e aumento do rebanho e do desmatamento claramente identificável entre 1997 e 2006 se altera a partir desse ano, quando o desmatamento permanece em queda mesmo com o aumento do rebanho e a tendência de alta do preço da arroba.

Figura 14 | Análise comparada da evolução anual do rebanho bovino (em milhares de cabeças) e do desmatamento na Amazônia Legal (em km²) e a evolução anual média do preço do boi gordo em São Paulo (em R$/@ — mês de dezembro) (1997-2013)

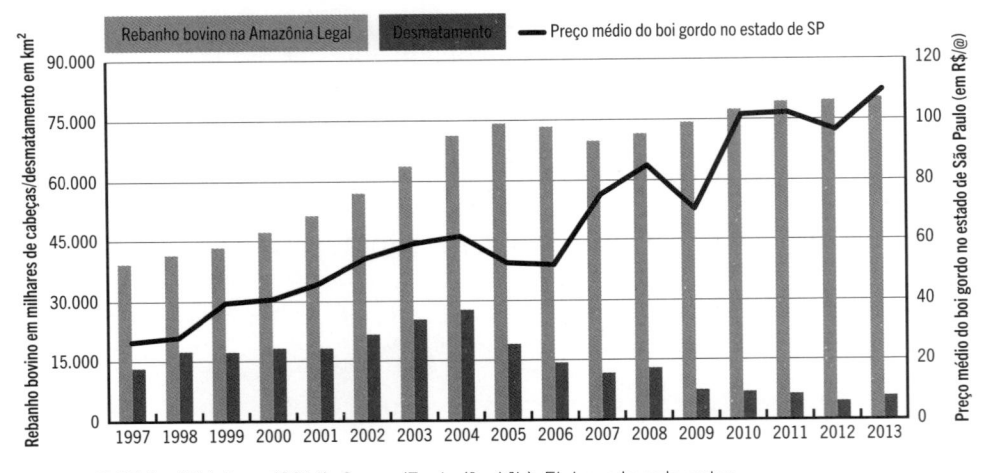

Fontes: IBGE ([s.d.]b); Inpe (2014); Cepea/Esalq ([s.d.]b). Elaborada pelo autor.

Dinâmica espacial do desmatamento

Para analisar a dinâmica espacial do desmatamento, foram elaborados cartogramas (figuras 15 a 25) com a variação anual dos índices de desflorestamento por município do bioma Amazônia, no período de 2002 a 2011. Para tanto, os municípios foram agrupados em três categorias: municípios em que ocorreu aumento do desmatamento em relação ao ano anterior (variação de 10,01 a 761,00 quilômetros quadrados), representados pela cor cinza-escuro; municípios em que houve queda do desmatamento em relação ao ano anterior (-1.789,87 a 10,01 quilômetros quadrados), representados pela cor cinza-claro; e municípios que não apresentaram variação de desmatamento significativa (-10,00 e 10,00 quilômetros quadrados), representados pela cor cinza-médio.

Para a definição dos valores, foram utilizados os índices máximos de crescimento e redução dos desmatamentos por municípios identificados nos dados do Inpe.

Figura 15 | Variação do desmatamento nos municípios da Amazônia Legal entre os anos de 2001 e 2002

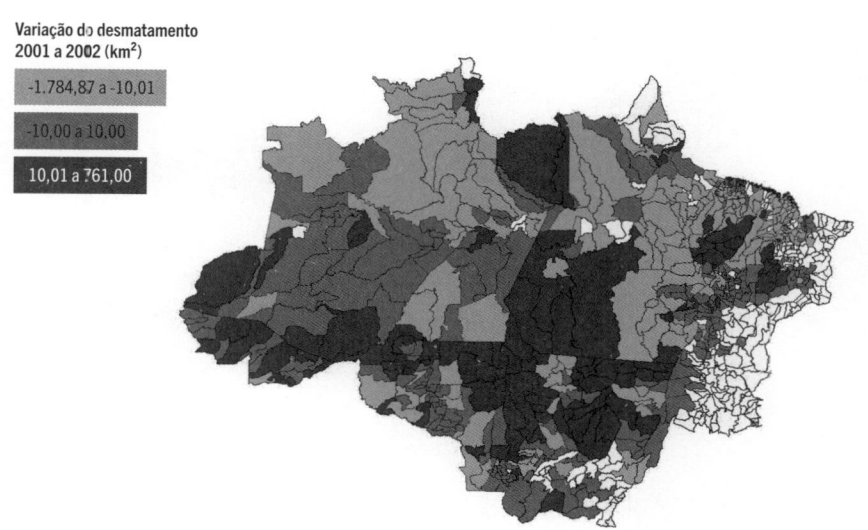

Variação do desmatamento
2001 a 2002 (km^2)

- -1.784,87 a -10,01
- -10,00 a 10,00
- 10,01 a 761,00

Fonte: Inpe (2014). Elaborada pelo autor.

Figura 16 | Variação do desmatamento nos municípios da Amazônia Legal entre os anos de 2002 e 2003

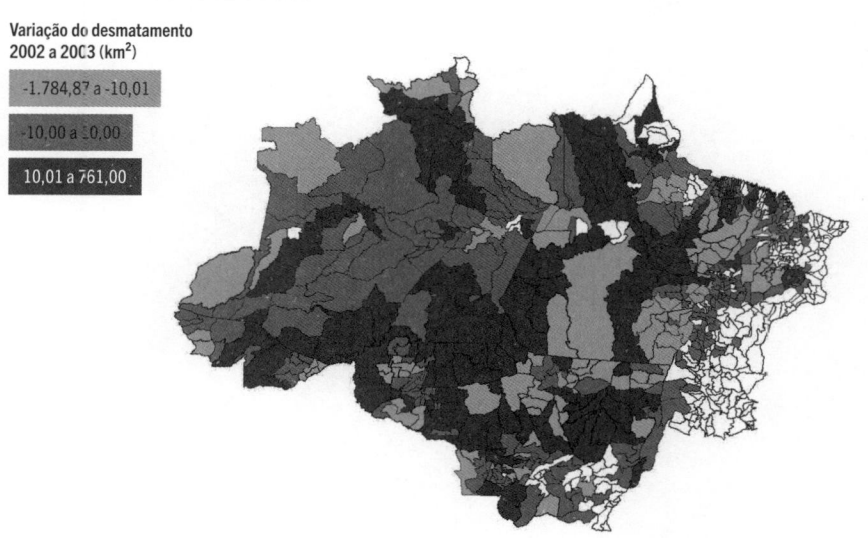

Variação do desmatamento
2002 a 2003 (km^2)

- -1.784,87 a -10,01
- -10,00 a 10,00
- 10,01 a 761,00

Fonte: Inpe (2014). Elaborada pelo autor.

Figura 17 | Variação do desmatamento nos municípios da Amazônia Legal entre os anos de 2003 e 2004

Variação do desmatamento
2003 a 2004 (km²)

-1.784,87 a -10,01
-10,00 a 10,00
10,01 a 761,00

Fonte: Inpe (2014). Elaborada pelo autor.

Figura 18 | Variação do desmatamento nos municípios da Amazônia Legal entre os anos de 2004 e 2005

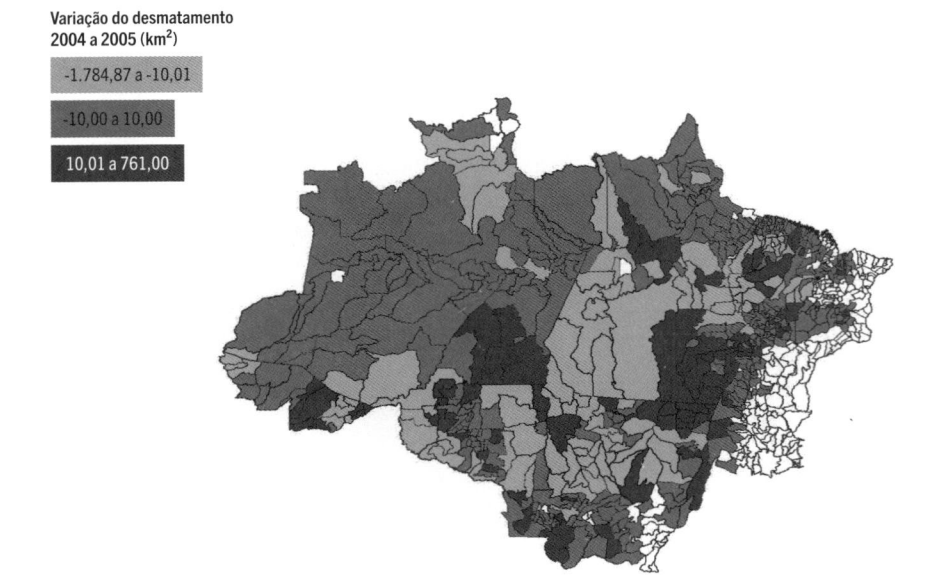

Variação do desmatamento
2004 a 2005 (km²)

-1.784,87 a -10,01
-10,00 a 10,00
10,01 a 761,00

Fonte: Inpe (2014). Elaborada pelo autor.

Figura 19 | Variação do desmatamento nos municípios da Amazônia Legal entre os anos de 2005 e 2006

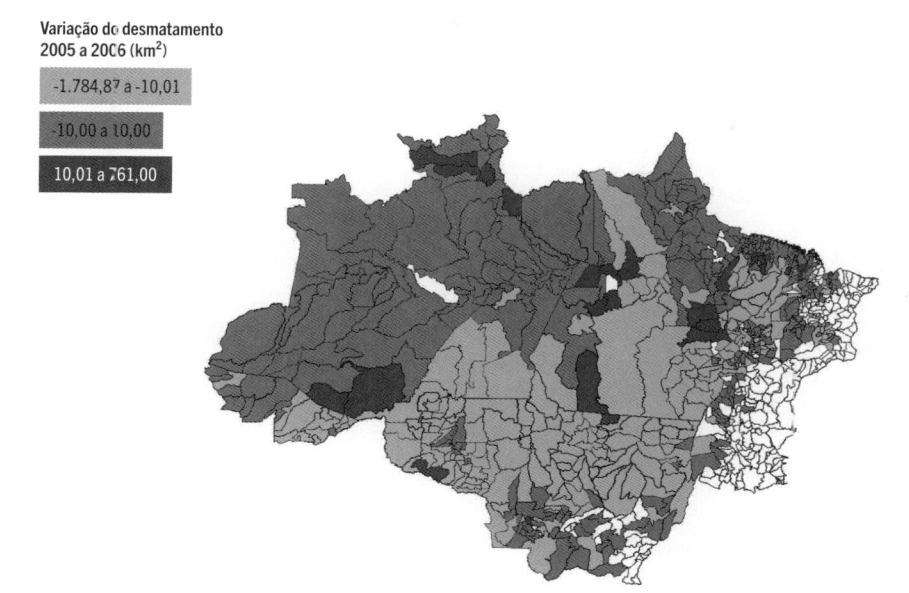

Variação do desmatamento
2005 a 2006 (km²)

- -1.784,87 a -10,01
- -10,00 a 10,00
- 10,01 a 761,00

Fonte: Inpe (2014). Elaborada pelo autor.

Figura 20 | Variação do desmatamento nos municípios da Amazônia Legal entre os anos de 2006 e 2007

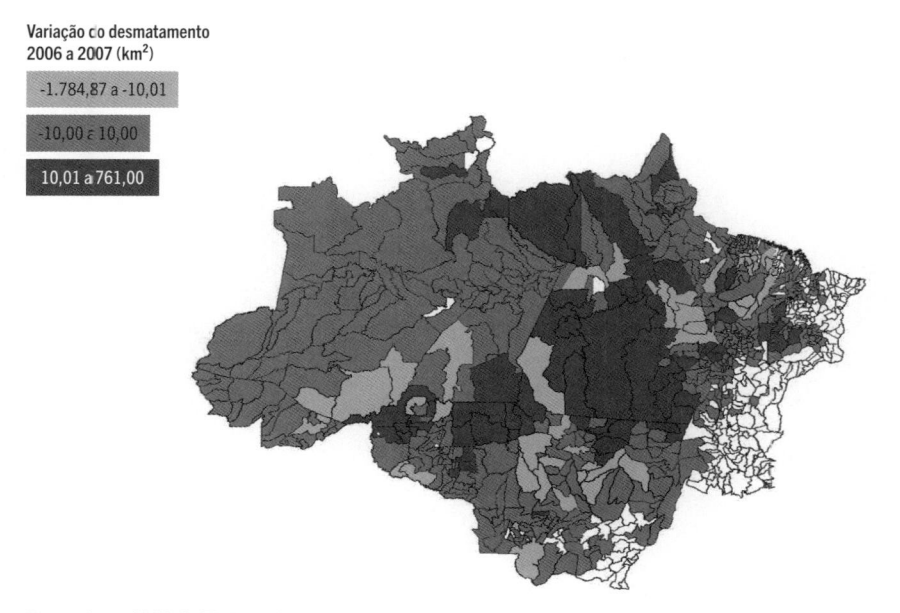

Variação do desmatamento
2006 a 2007 (km²)

- -1.784,87 a -10,01
- -10,00 a 10,00
- 10,01 a 761,00

Fonte: Inpe (2014). Elaborada pelo autor.

Figura 21 | Variação do desmatamento nos municípios da Amazônia Legal entre os anos de 2007 e 2008

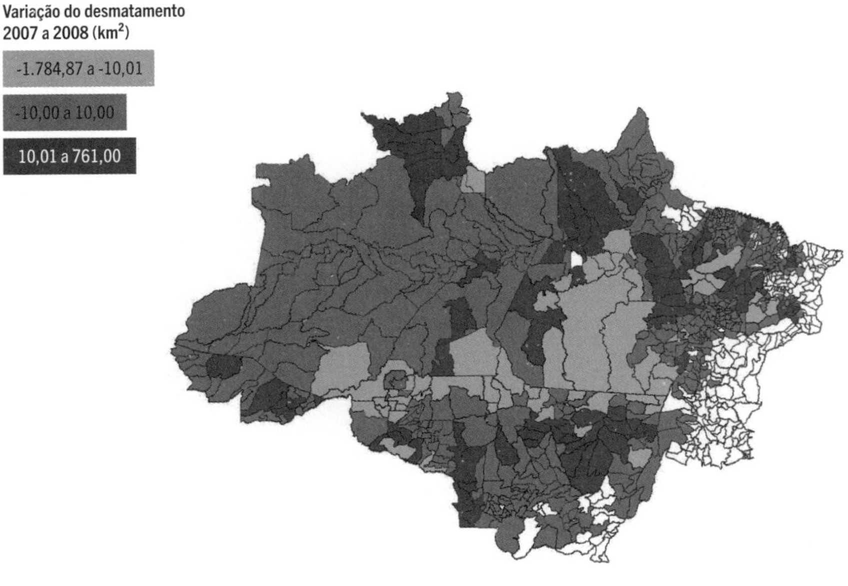

Variação do desmatamento
2007 a 2008 (km²)

- -1.784,87 a -10,01
- -10,00 a 10,00
- 10,01 a 761,00

Fonte: Inpe (2014). Elaborada pelo autor.

Figura 22 | Variação do desmatamento nos municípios da Amazônia Legal entre os anos de 2008 e 2009

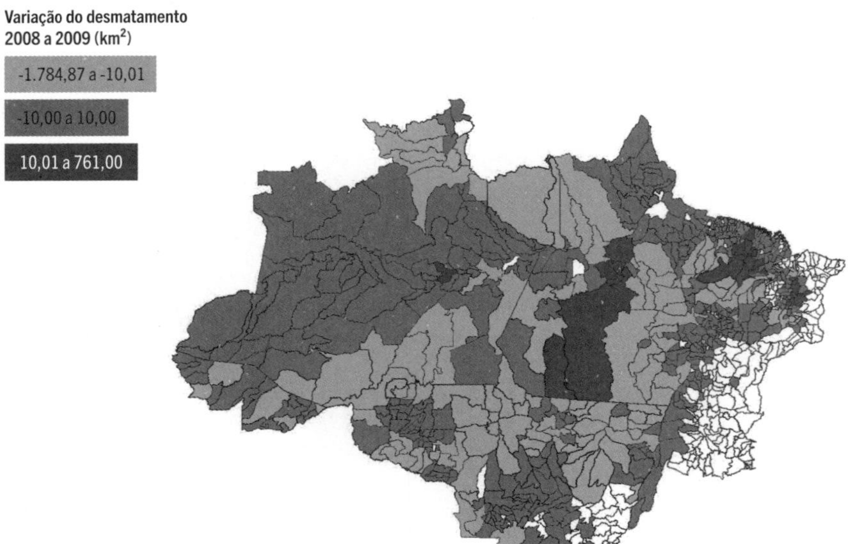

Variação do desmatamento
2008 a 2009 (km²)

- -1.784,87 a -10,01
- -10,00 a 10,00
- 10,01 a 761,00

Fonte: Inpe (2014). Elaborada pelo autor.

Figura 23 | Variação do desmatamento nos municípios da Amazônia Legal entre os anos de 2009 e 2010

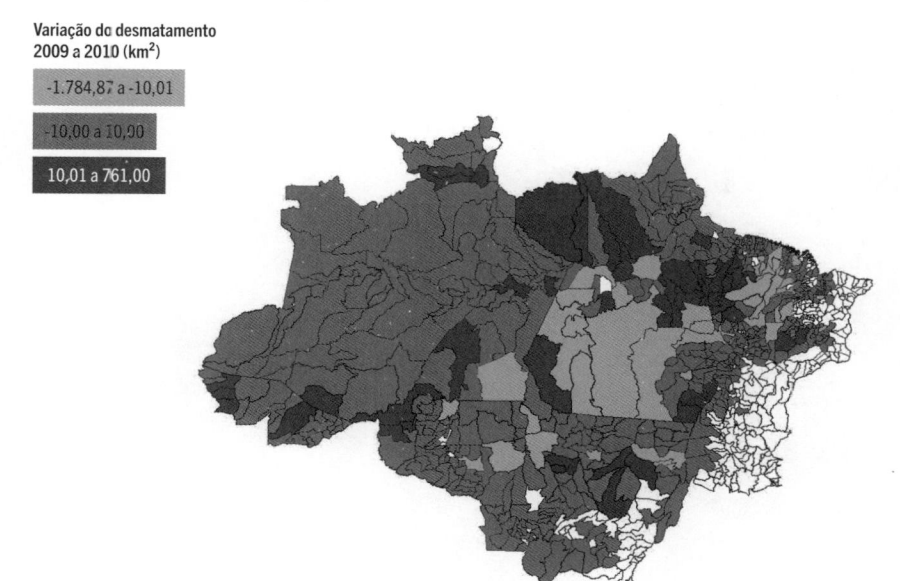

Variação do desmatamento
2009 a 2010 (km^2)

- -1.784,87 a -10,01
- -10,00 a 10,00
- 10,01 a 761,00

Fonte: Inpe (2014). Elaborada pelo autor.

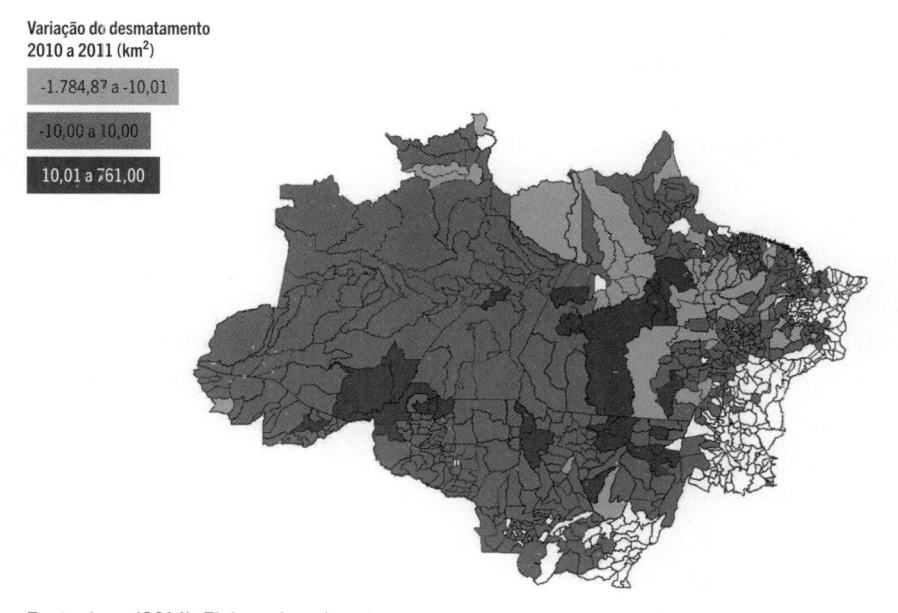

Figura 24 | Variação do desmatamento nos municípios da Amazônia Legal entre os anos de 2010 e 2011

Variação do desmatamento
2010 a 2011 (km^2)

- -1.784,87 a -10,01
- -10,00 a 10,00
- 10,01 a 761,00

Fonte: Inpe (2014). Elaborada pelo autor.

FIGURA 25 | Variação do desmatamento nos municípios da Amazônia Legal entre os anos de 2011 e 2012

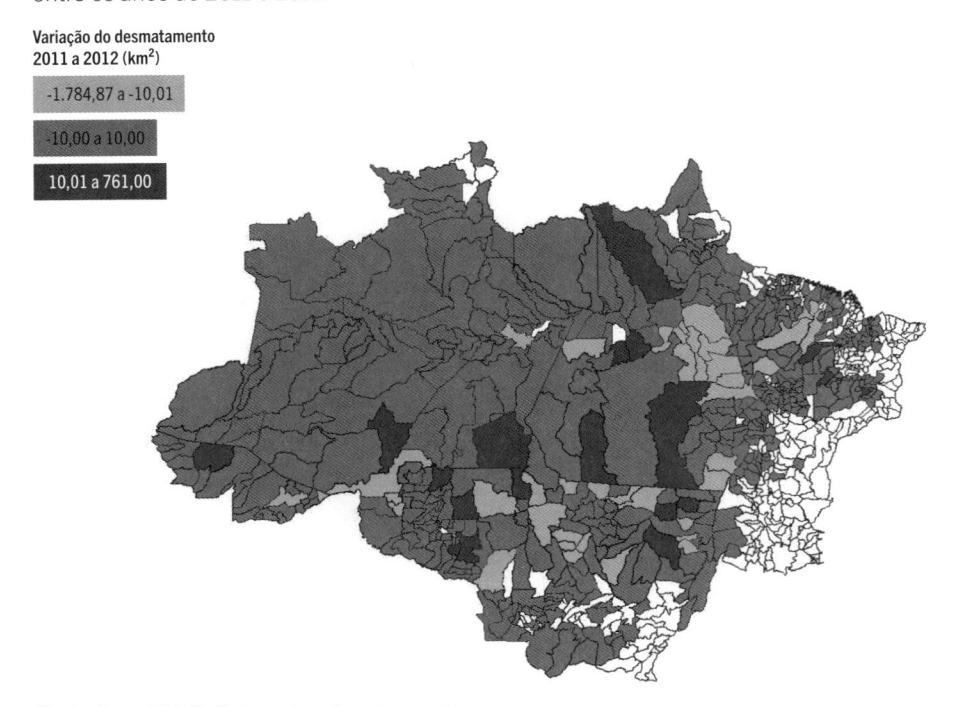

Variação do desmatamento
2011 a 2012 (km²)

- -1.784,87 a -10,01
- -10,00 a 10,00
- 10,01 a 761,00

Fonte: Inpe (2014). Elaborada pelo autor.

A análise dos cartogramas permite acompanhar a dinâmica territorial do desmatamento na Amazônia. Nos anos de 2002 a 2004, é nítida a variação dos índices de desmatamento, com forte presença da cor cinza-escuro, que representa os municípios nos quais ocorreu aumento do corte raso de florestas, em relação ao ano imediatamente anterior. Já no período de 2005 a 2009, também há intensa variação, mas com predomínio da cor cinza-claro, representando os municípios com queda no desmatamento, com exceção do ano de 2007, em que se registrou uma retomada do desmatamento na região. Finalmente, de 2010 a 2012, registra-se maior estabilidade, com predominância da cor cinza-médio.

Os resultados dessas análises espaciais mostram a transição de um ambiente de alta instabilidade, caracterizado por variações positivas das taxas de desmatamento nos primeiros anos (2002 a 2004) com tendência à multiplicação dos municípios nessa situação (espalhamento da cor cinza-escuro), para uma abrupta inversão dessa tendência, que se inicia em 2005 e atinge o auge em 2006, quando praticamente todos os municípios da região apresentam redução das taxas de conversão de florestas (predomínio da cor cinza-claro).

Na sequência, há uma inversão da tendência em curso, e ocorre o recrudescimento do desmatamento na região no ano de 2007, com a cor cinza-escuro voltando a ocupar extensas porções do território amazônico. Esse foi considerado pela equipe de coordenação do PPCDAm como um dos momentos mais críticos da implantação do plano, levando a uma revisão completa dos procedimentos de controle por meio da edição do Decreto nº 6.321, em dezembro de 2007. Esse novo instrumento legal trouxe várias inovações importantes, entre as quais a definição do conceito de municípios prioritários para ações preventivas de controle, que incluiu, entre outros dispositivos inibidores do desmatamento, restrições de acesso ao crédito agropecuário; a obrigatoriedade de embargo administrativo de todas as áreas desmatadas irregularmente; e o estabelecimento da base normativa para a aplicação do princípio da responsabilidade compartilhada (entre governos federal, estaduais, municípios e cadeia produtiva agropecuária e florestal, incluindo toda a cadeia de custódia).

Passado esse momento de crise, volta a predominar a cor cinza-claro nos cartogramas dos anos seguintes, simbolizando a redução generalizada das taxas de desmatamento, que, a partir de 2010, transitam gradativamente para uma nítida predominância da cor cinza-médio, demonstrando a estabilidade ambiental que passa a imperar na maior parte da Amazônia.

A correlação entre a estabilidade e o aumento da governança socioambiental na região é reforçada pela análise da evolução das taxas de desmatamento verificadas no mesmo período nas unidades de conservação criadas no âmbito do PPCDAm[10], em que se observou uma redução de 63,11% do desflorestamento anual médio (Tabela 6 e Figura 26). O mesmo ocorreu nas unidades de conservação criadas antes do PPCDAm (Tabela 7 e Figura 27) e nas glebas da União (Figura 28), que não foram objeto de ações específicas de proteção, mas apresentaram queda no desmatamento de 55,50% e 62,56%, respectivamente.

---

10 | Brasil, Ministério do Meio Ambiente, Cadastro Nacional de Unidades de Conservação, Unidades de Conservação por Bioma, [s.d.]a.

Tabela 6 | Evolução do desmatamento anual no perímetro das unidades de conservação federais criadas na Amazônia no âmbito do PPCDAm (em ha) (2000 a 2012)

Ano	Proteção integral	Uso sustentável	Total/ano	Média anual
2000	5.538	20.135	25.672	
2001	8.484	23.719	32.203	
2002	19.620	19.288	38.908	
2003	20.805	41.282	62.087	
2004	32.828	45.185	78.013	
Subtotal antes do PPCDAm (2000 a 2004)			**236.883**	**47.377**

Ano	Proteção integral	Uso sustentável	Total/ano	Média anual
2005	15.907	18.964	34.871	
2006	8.464	13.972	22.436	
2007	7.812	19.875	27.687	
2008	5.480	12.808	18.288	
2009	1.129	14.885	16.015	
2010	1.745	5.404	7.148	
2011	1.112	4.315	5.428	
2012	1.728	6.220	7.947	
Subtotal durante PPCDAm (2005 a 2012)			**139.820**	**17.478**

Fontes: Inpe (2014); Brasil, Ministério do Meio Ambiente ([s.d.]a). Elaborada pelo autor.

Figura 26 | Evolução do desmatamento anual no perímetro das unidades de conservação criadas no âmbito do PPCDAm (em ha) (2000 a 2012)

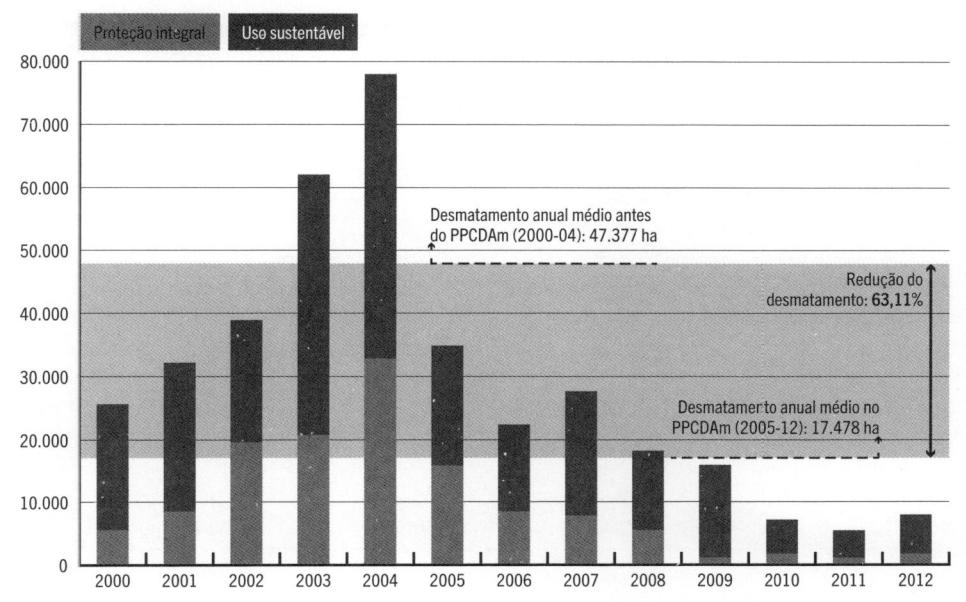

Fontes: Inpe (2014); Brasil, Ministério do Meio Ambiente ([s.d.]a). Elaborada pelo autor.

Figura 27 | Evolução do desmatamento anual no perímetro das unidades de conservação criadas em data anterior ao início do PPCDAm (em ha) (2000 a 2012)

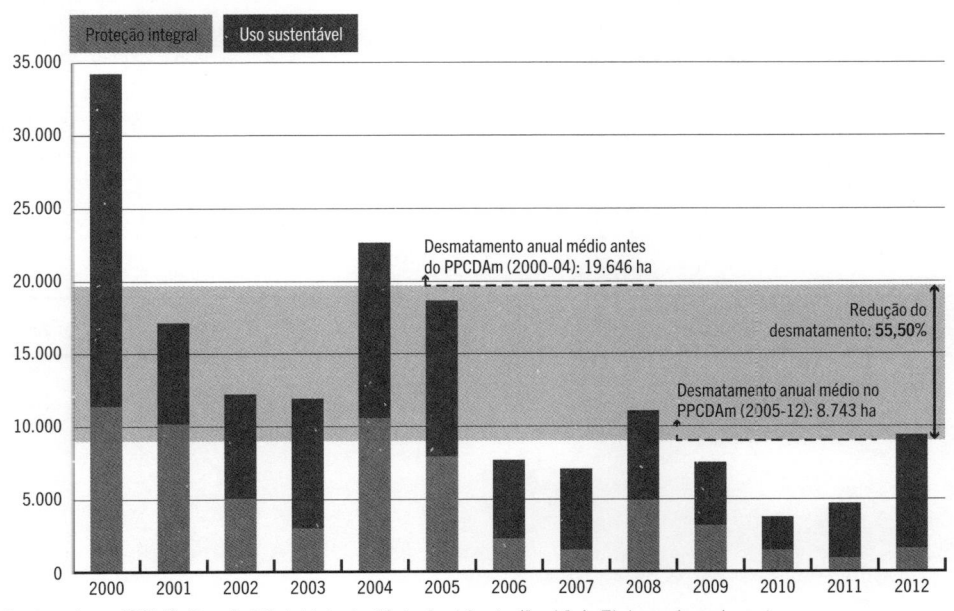

Fontes: Inpe (2014); Brasil, Ministério do Meio Ambiente ([s.d.]a). Elaborada pelo autor.

Tabela 7 | Evolução do desmatamento anual no perímetro das unidades de conservação federais criadas na Amazônia em período anterior ao PPCDAm (em ha) (2000 a 2012)

Ano	Proteção integral	Uso sustentável	Total/ano	Média anual
2000	11.406	22.838	34.244	
2001	10.187	6.959	17.146	
2002	5.085	7.159	12.244	
2003	3.036	8.912	11.948	
2004	10.589	12.059	22.648	
Subtotal antes do PPCDAm (2000 a 2004)			**98.230**	**19.646**

Ano	Proteção integral	Uso sustentável	Total/ano	Média anual
2005	7.923	10.765	18.688	
2006	2.309	5.372	7.681	
2007	1.520	5.563	7.083	
2008	4.938	6.135	11.073	
2009	3.209	4.304	7.514	
2010	1.488	2.303	3.791	
2011	926	3.789	4.714	
2012	1.602	7.793	9.396	
Subtotal durante PPCDAm (2005 a 2012)			**69.940**	**8.743**

Fontes: Inpe (2014); Brasil, Ministério do Meio Ambiente ([s.d.]a). Elaborada pelo autor.

Figura 28 | Evolução do desmatamento anual nas glebas da União (em mil ha) (2000 a 2012)

Desmatamento anual médio antes do PPCDAm (2000-04): 1.125.770 ha

Redução do desmatamento: 62,56%

Desmatamento anual médio durante o PPCDAm (2005-12): 421.476 ha

Fontes: npe (2014); Brasil, Ministério do Meio Ambiente ([s.d.]a). Elaborada pelo autor.

Evolução do número de autuações por danos à flora emitidas pelo Ibama no período de 2000 a 2012

No período analisado, houve aumento significativo do esforço de fiscalização do governo federal, por meio do Ibama, com o pico de 7.991 autos de infração emitidos por danos à flora no ano de 2005 e a manutenção dos autos de autuações/ano no patamar de sete mil até 2008, conforme a Figura 29.

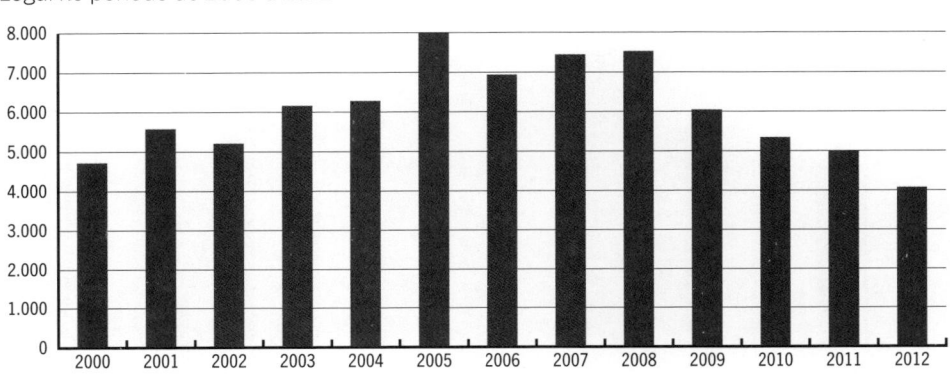

Figura 29 | Número de autos de infração por danos à flora aplicados pelo Ibama na Amazônia Legal no período de 2000 a 2012

Fonte: Ibama ([s.d.]). Elaborada pelo autor.

Houve, também, aumento importante do valor total das multas aplicadas por desmatamento na região, variando de cerca de R$ 250 milhões em 2003 para R$ 1,3 bilhão em 2005, e atingindo valor superior a R$ 2,5 bilhões em 2009, conforme a Figura 30.

O esforço de aumento das autuações em número e valores, no entanto, não foi acompanhado do crescimento da cobrança efetiva por parte do órgão fiscalizador. Ao contrário, a Figura 31 mostra que, com exceção do ano de 2009, houve sistemática redução na arrecadação dos valores das multas aplicadas.

Figura 30 | Valor total anual de multas por danos à flora aplicadas pelo Ibama na Amazônia Legal no período de 2000 a 2012 (em milhões de R$)

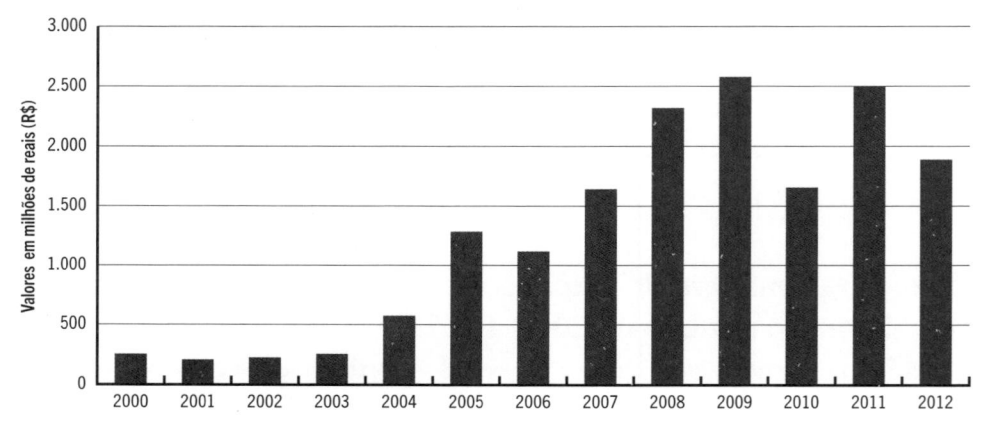

Fonte: Ibama ([s.d.]). Elaborada pelo autor.

Figura 31 | Valor anual total efetivamente pago de multas por danos à flora aplicadas pelo Ibama na Amazônia Legal no período de 2000 a 2012 (em milhares de R$)

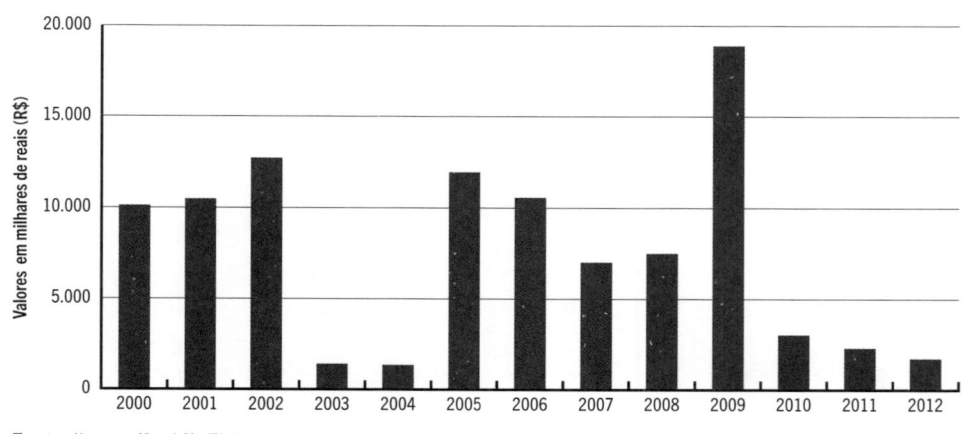

Fonte: Ibama ([s.d.]). Elaborada pelo autor.

Dessa forma, o Ibama havia efetivamente arrecadado, até o final de 2014, apenas R$ 124 milhões, equivalentes a 0,76% do valor total das multas aplicadas por danos à flora na Amazônia no período de 2000 a 2012, conforme a Tabela 8.

Tabela 8 | Multas aplicadas pelo Ibama por danos à flora na Amazônia Legal no período de 2000 a 2012

Quantidade	Valor total das multas aplicadas (R$)	Valor total arrecadado (R$)	Valor arrecadado em relação ao valor emitido (%)
78.347	16.534.826.287	124.998.129	0,76

Fonte: bama ([s.d.]). Elaborada pelo autor.

Evolução do crédito destinado à agricultura e à atividade pecuária na Amazônia Legal no período de 1999 a 2012

O crédito rural tem sido apontado como um dos fatores indutores do desmatamento, na medida em que libera recursos para atividades agropecuárias, que demandam a conversão de florestas para o uso do solo.[11] Para Juliano Assunção, Clarissa Gandour e Romero Rocha[12], no entanto, a relação entre crédito e desmatamento é "teoricamente ambígua", visto que seu impacto depende, entre outros aspectos, da maneira como ele é direcionado, pois o aumento da produção pode se dar por expansão de área ou por incremento da produtividade em áreas já ocupadas.

São apresentados a seguir os dados da evolução do crédito agrícola e pecuário direcionado aos municípios da Amazônia Legal no período de 1999 a 2012, considerando os valores alocados nas três modalidades de destinação: investimentos, custeio e comercialização.[13]

No que se refere ao crédito destinado à agricultura, a análise das figuras 32 a 34 permite verificar que há um crescimento acelerado dos valores

---

11 | M. D. P. Ferreira, *Impactos dos preços das commodities e das políticas governamentais sobre o desmatamento na Amazônia Legal*, Viçosa, 2011, 90f., dissertação (Mestrado em Economia Aplicada), Universidade Federal de Viçosa.
12 | Assunção, Gandour e Rocha, op. cit.
13 | Os créditos de custeio ficam disponíveis quando os recursos se destinam a cobrir despesas habituais dos ciclos produtivos, da compra de insumos à fase de colheita. Já os créditos de investimento são aplicados em bens ou serviços duráveis, cujos benefícios repercutem durante muitos anos. Por fim, os créditos de comercialização asseguram ao produtor rural e a suas cooperativas os recursos necessários à adoção de mecanismos que garantam o abastecimento e possibilitem o armazenamento da colheita nos períodos de queda de preços (Banco Central do Brasil, Anuário estatístico do crédito rural, 1999-2012, [s.d.]).

entre os anos de 2002 e 2004. A partir de 2005, registra-se uma inversão, com queda nos recursos acessados pelos produtores rurais até o ano de 2006 nas modalidades de custeio e comercialização, e até o ano 2007 na modalidade de investimento. A partir de então, o crédito agrícola volta a crescer de forma constante, chegando em 2012 a valores significativamente superiores aos aplicados até 2004. O mesmo não se verifica com o crédito para pecuária, que só apresenta redução nesse período na modalidade de comercialização.

Figura 32 | Crédito rural disponibilizado para atividades de custeio na Amazônia Legal no período de 1999 a 2012 (em milhões de R$)

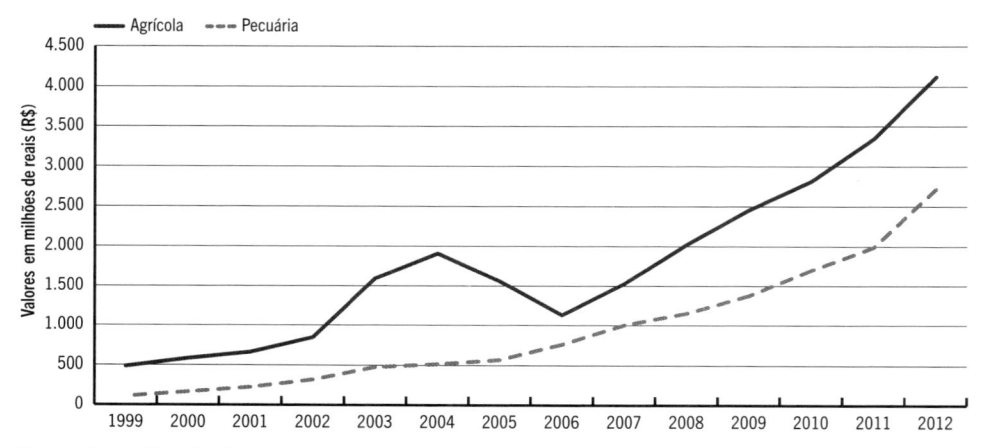

Fonte: Bacen ([s.d.]). Elaborada pelo autor.

Figura 33 | Crédito rural disponibilizado para investimento na Amazônia Legal no período de 1999 a 2012 (em milhões de R$)

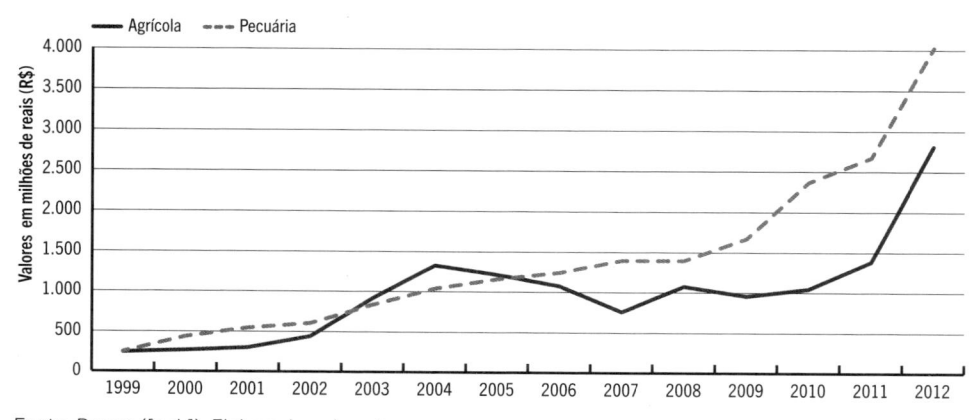

Fonte: Bacen ([s.d.]). Elaborada pelo autor.

Figura 34 | Crédito rural disponibilizado para comercialização na Amazônia Legal no período de 1999 a 2012 (em milhões de R$)

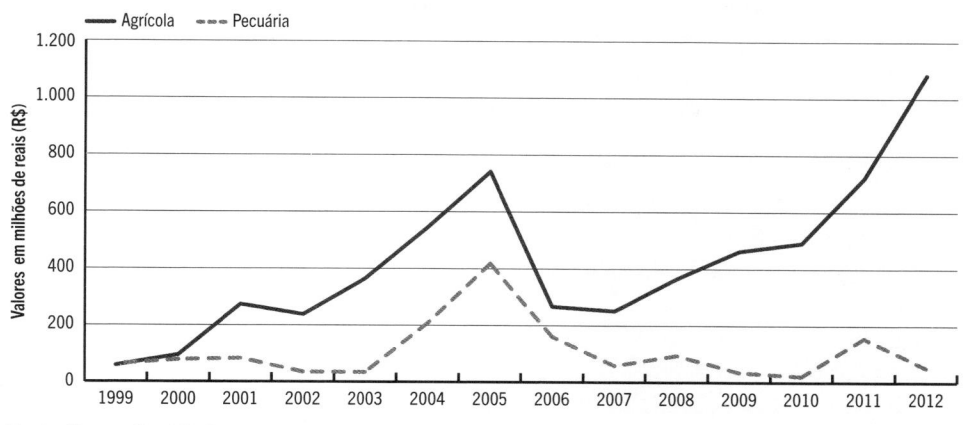

Fonte: Bacen ([s.d.]). Elaborada pelo autor.

A Figura 35 apresenta a evolução anual dos valores totais do crédito destinado à agropecuária na Amazônia Legal e no Brasil no período de 2001 a 2012, somados os montantes das três modalidades (custeio, investimento e comercialização), em porcentagens em relação ao ano imediatamente anterior. Os dados sinalizam que, durante todo o período analisado, houve variação positiva, com exceção dos anos de 2005, quando se registrou redução de 2,06% em nível nacional, e de 2006, quando houve retração de 17,67% na Amazônia Legal.

Figura 35 | Taxa de variação anual dos valores totais do crédito destinado à agropecuária na Amazônia Legal e no Brasil nas três modalidades (custeio, investimento e comercialização), em porcentagens em relação ao ano imediatamente anterior, no período de 2001 a 2012

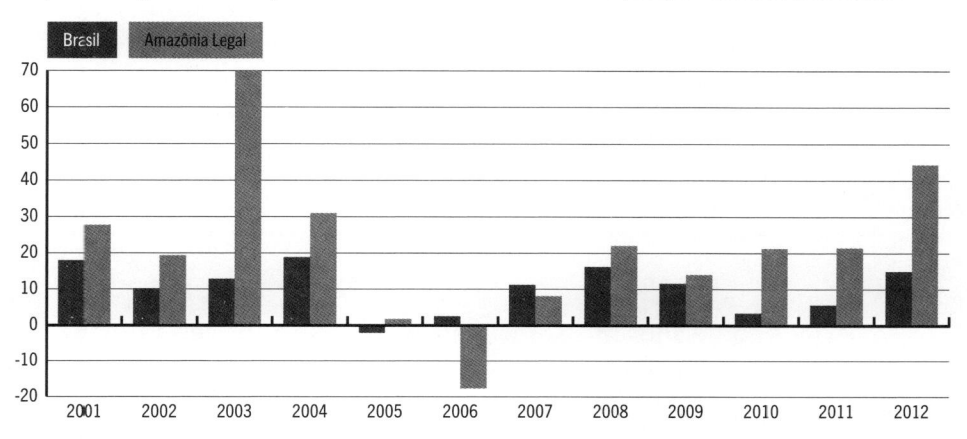

Fonte: Bacen ([s.d.]). Elaborada pelo autor.

Como pode ser verificado, o crédito agropecuário destinado aos municípios da Amazônia Legal manteve crescimento anual superior ao registrado no país em todo o período analisado (2001 a 2012), com exceção dos anos de 2006, quando houve forte retração, e de 2007, quando o crescimento nacional em relação a 2006 foi de 11,25%, superior, portanto, aos 8,09% registrados na região. Dessa forma, a participação regional no total do crédito agropecuário nacional saltou de 4,49% em 2000 para 12,86% em 2012 (Tabela 9), de forma coerente com o gradativo aumento da contribuição da região para o aumento da produção brasileira no campo.

Tabela 9 | Crédito agropecuário destinado ao Brasil e à Amazônia Legal no período de 2000 a 2012

Ano	Brasil (em milhões de R$)	Amazônia Legal (em milhões de R$)	% sobre o total nacional
2000	36.121	1.620	4,49
2001	42.615	2.070	4,86
2002	46.962	2.471	5,26
2003	53.004	4.200	7,92
2004	63.006	5.501	8,73
2005	61.687	5.598	9,07
2006	63.250	4.608	7,29
2007	70.364	4.981	7,08
2008	81.808	6.080	7,43
2009	91.323	6.933	7,59
2010	94.422	8.411	8,91
2011	99.751	10.217	10,24
2012	114.710	14.750	12,86

Fonte: Bacen ([s.d.]). Elaborada pelo autor.

No período analisado, entre os principais produtos agrícolas produzidos na Amazônia Legal, há coincidência na redução da área plantada e na produção das culturas de soja e arroz nos anos em que se registrou diminuição do crédito rural disponibilizado na região (figuras 36 e 37).

Figura 36 | Evolução anual da área plantada dos principais produtos agrícolas na Amazônia Legal no período de 1999 a 2012 (em ha)

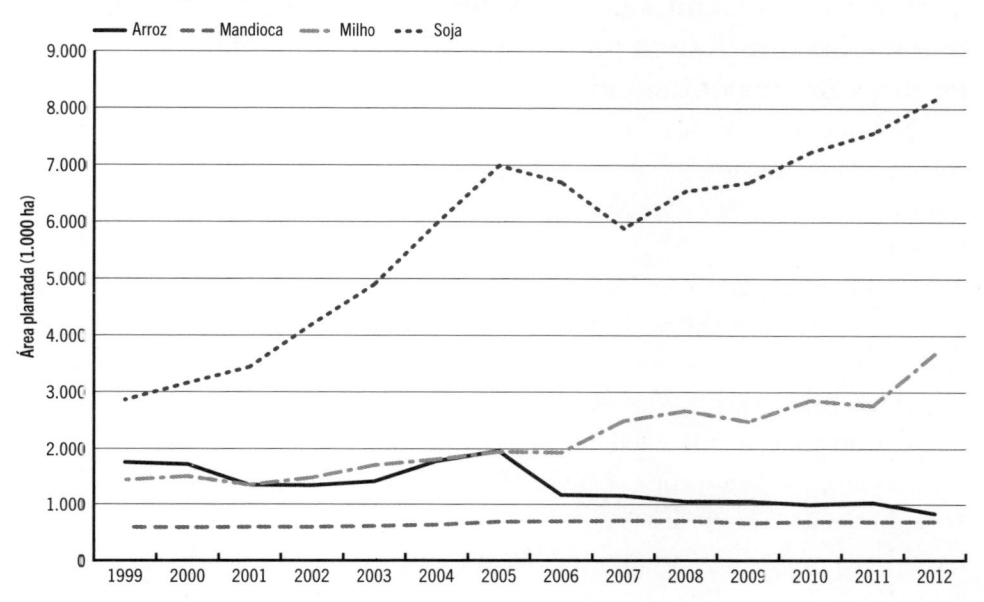

Fonte: IBGE ([s.d.]b). Elaborada pelo autor.

Figura 37 | Evolução anual da quantidade produzida dos principais produtos agrícolas na Amazônia Legal no período de 1999 a 2012 (em toneladas)

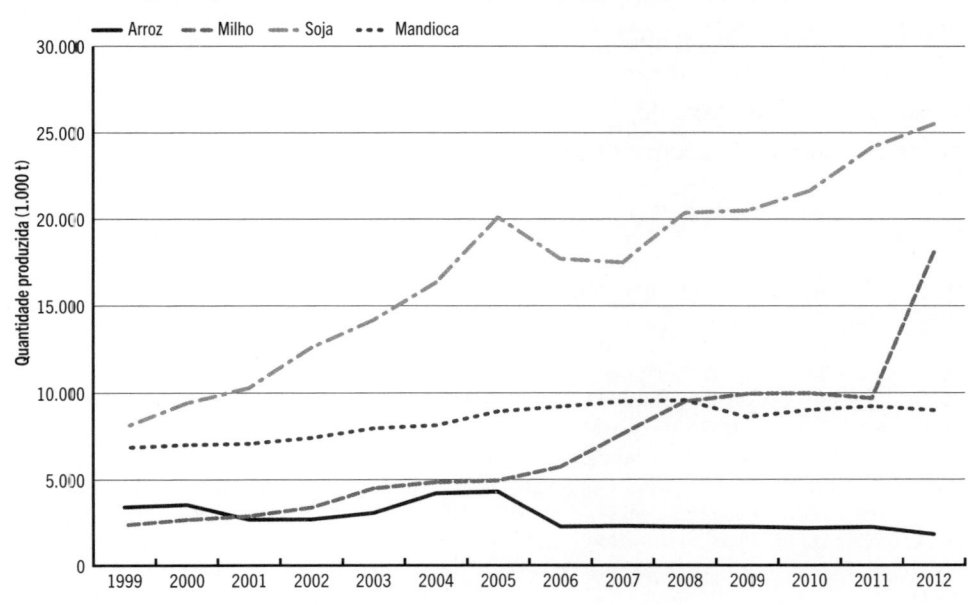

Fonte: IBGE ([s.d.]b). Elaborada pelo autor.

Evolução do crédito destinado à agricultura e à atividade pecuária na Amazônia Legal no período de 1999 a 2012 nos municípios prioritários para a implantação de medidas de controle do desmatamento

Nessa etapa do trabalho, foram realizados cruzamentos entre os dados relativos a evolução do crédito rural, desmatamento e autuações do Ibama por dano à flora, nos 52 municípios prioritários[14] para o controle do desmatamento, conforme a Figura 38, definidos a partir do Decreto nº 6.321/2007 e das portarias do MMA nºs 28/2008, 102/2009, 175/2011 e 323/2012, cuja relação completa, incluindo as alterações ocorridas com entradas e saídas de municípios, encontra-se no Apêndice B.

O Decreto nº 6.321/2007, em seu artigo 2º, introduziu um dispositivo que permite ao poder público federal priorizar ações de controle e de racionalização do uso do solo em zonas críticas, identificando áreas com risco iminente de degradação. Nessas áreas consideradas prioritárias, o governo pôde passar a estabelecer e a implementar ações mais rigorosas a partir de fevereiro de 2008. Com essa medida, a sociedade local passou a se envolver diretamente no debate sobre causas e efeitos dos desmatamentos ilegais, que até então era restrito ao governo federal e aos governos estaduais.

Três são os critérios previstos no Decreto nº 6.321/2007 para a seleção dos municípios prioritários para ações de fiscalização e controle: total desmatado desde o início do monitoramento pelo Inpe, total desmatado nos últimos três anos e aumento da taxa de desmatamento em pelo menos três vezes nos últimos cinco anos, consecutivos ou não.

---

[14] | Alta Floresta (MT), Altamira (PA), Alto Boa Vista (MT), Anapu (PA), Amarante do Maranhão (MA), Aripuanã (MT), Boca do Acre (AM), Brasil Novo (PA), Brasnorte (MT), Claudia (MT), Colniza (MT), Confresa (MT), Cotriguaçu (MT), Cumaru do Norte (PA), Dom Eliseu (PA), Feliz Natal (MT), Gaúcha do Norte (MT), Rondon do Pará (PA), Santa Carmem (MT), Santa Maria das Barreiras (PA), Santana do Araguaia (PA), Senador Jose Porfírio (PA), Grajaú (MA), Itupiranga (PA), Juara (MT), Juína (MT), Lábrea (AM), Machadinho D'Oeste (RO), Marabá (PA), Marcelândia (MT), Moju (PA), Mucajaí (RR), Nova Bandeirantes (MT), Nova Mamoré (RO), Nova Maringá (MT), Nova Ubiratã (MT), Novo Progresso (PA), Novo Repartimento (PA), Pacajá (PA), Paragominas (PA), Paranaíta (MT), Peixoto de Azevedo (MT), Pimenta Bueno (RO), Porto dos Gaúchos (MT), Porto Velho (RO), Querência (PA), São Félix do Araguaia (MT), São Félix do Xingu (PA), Tailândia (PA), Tapurah (MT), Ulianópolis (PA) e Vila Rica (MT). Saíram da lista: Brasil Novo (PA), Brasnorte (MT), Dom Eliseu (PA), Feliz Natal (MT), Marcelândia (MT), Paragominas (PA), Ulianópolis (PA) e Tailândia (PA).

FIGURA 38 | Mapa dos municípios prioritários para ações de controle do desmatamento na Amazônia

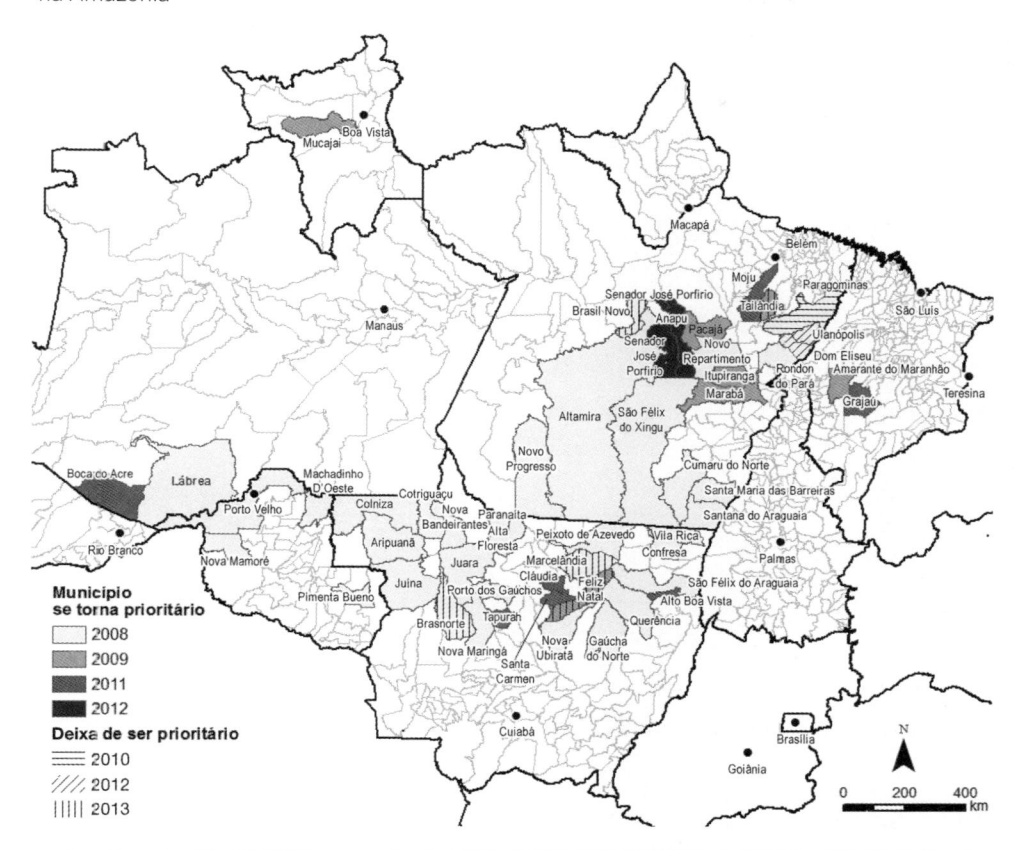

Fontes: Decreto nº 6.321/2007 e portarias do MMA nºˢ 28/2008, 102/2009, 175/2011 e 323/2012; Brasil, Ministério do Meio Ambiente ([s.d.]b); IBGE ([s.d.]a). Elaborada pelo autor.

Com base nessa previsão legal inédita, o MMA estabeleceu, por meio da Portaria nº 28, de 27 de janeiro de 2008, a lista dos 36 municípios inicialmente prioritários para ações preventivas e de controle dos desmatamentos, responsáveis por 50% dos desmatamentos verificados na Amazônia no ano de 2007 (Apêndice B).

A Tabela 10 e as figuras 39 a 42 permitem verificar que, nos municípios críticos, houve efetivamente intensificação das medidas de fiscalização de forma permanente a partir do início de 2008, e redução do crédito para agricultura nos anos de 2005, 2006 e 2009 e para pecuária no ano de 2008 na modalidade de custeio, e nos anos de 2003, 2008 e 2010 na de investimento.

Tabela 10 | Número de autos de infração por danos à flora emitidos pelo Ibama nos municípios prioritários e nos demais municípios da Amazônia Legal no período de 2000 a 2012

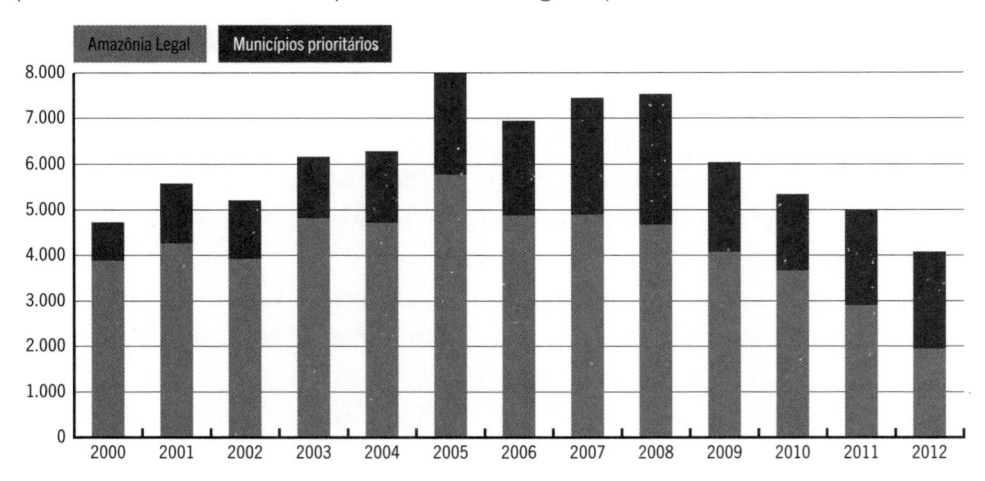

Ano	Amazônia Legal quantidade	Municípios prioritários quantidade	% em relação à AML
2000	4.728	842	17,81
2001	5.583	1.324	23,71
2002	5.213	1.290	24,75
2003	6.164	1.349	21,89
2004	6.284	1.568	24,95
2005	7.991	2.218	27,76
2006	6.941	2.062	29,71
2007	7.447	2.553	34,28
2008	7.528	2.856	37,94
2009	6.045	1.970	32,59
2010	5.343	1.672	31,29
2011	5.004	2.099	41,95
2012	4.076	2.132	52,31
Total	**78.347**	**23.935**	**30,55**

Fonte: Ibama ([s.d.]). Elaborada pelo autor.

Figura 39 | Número de autos de infração por danos à flora emitidos pelo Ibama nos municípios prioritários e nos demais municípios da Amazônia Legal no período de 2000 a 2012

Fonte: Ibama ([s.d.]). Elaborada pelo autor.

FIGURA 40 | Taxa de variação anual dos valores totais do crédito destinado à agropecuária na Amazônia Legal e nos municípios prioritários nas três modalidades (custeio, investimento e comercialização), em porcentagens em relação ao ano imediatamente anterior, no período de 2000 a 2012

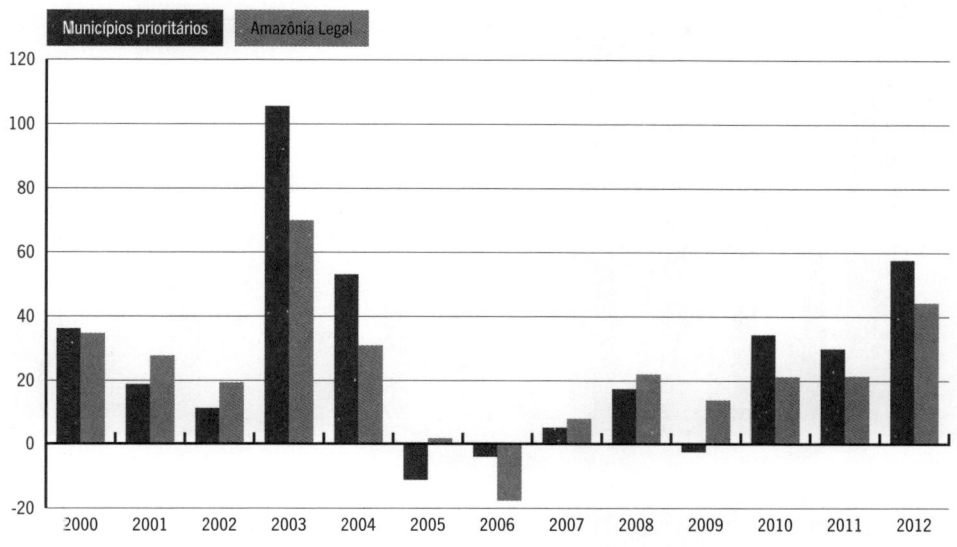

Fonte: Bacen ([s.d.]). Elaborada pelo autor.

FIGURA 41 | Taxa de variação anual dos valores do crédito destinado à agricultura nos municípios prioritários por modalidades (custeio, investimento e comercialização), em porcentagens em relação ao ano imediatamente anterior, no período de 2000 a 2012

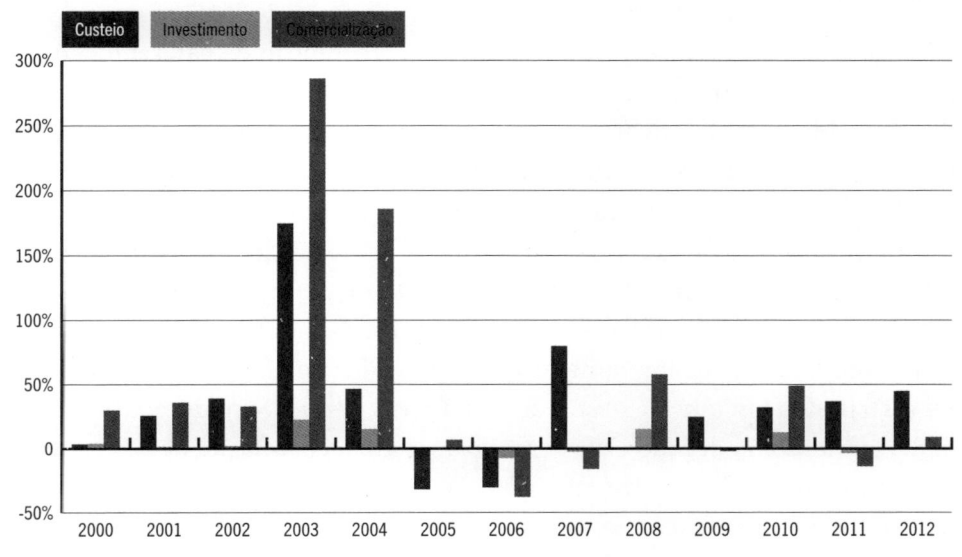

Fonte: Bacen ([s.d.]). Elaborada pelo autor.

Figura 42 | Taxa de variação anual dos valores do crédito destinado à pecuária nos municípios prioritários por modalidades (custeio e investimento), em porcentagens em relação ao ano imediatamente anterior, no período de 2000 a 2012

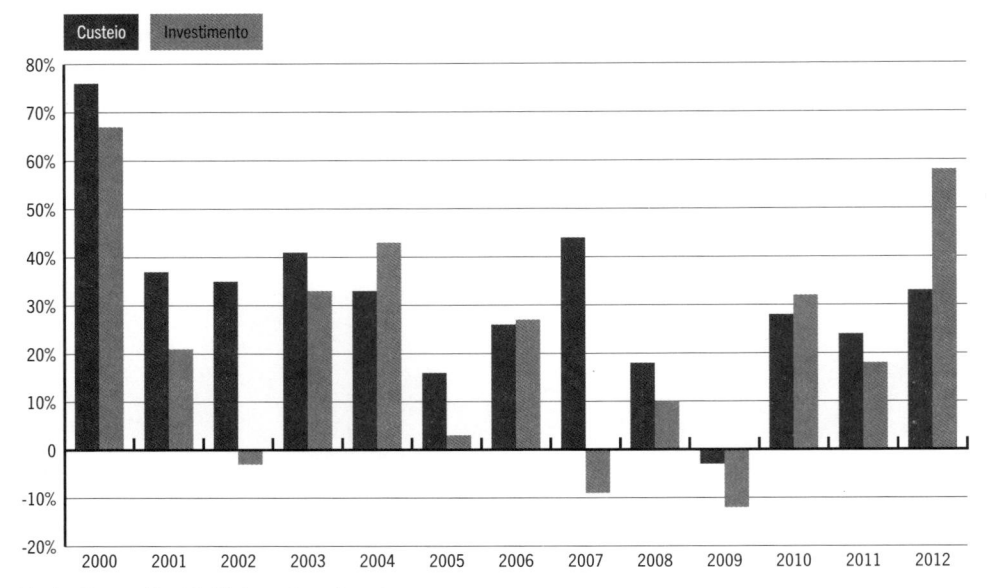

Fonte: Bacen ([s.d.]). Elaborada pelo autor.

Com base nos dados desses municípios, foram elaborados cartogramas com a sobreposição da evolução do valor do crédito rural (em R$), desmatamento (em km^2) e autuações do Ibama (em número de autos de infração por danos à flora), de forma a permitir a visualização da evolução de cada indicador e da correlação entre eles. As figuras 43, 44, 45 e 46 apresentam a evolução desses indicadores em quatro municípios selecionados entre os que registraram aumento do desflorestamento nos anos de 2007 e 2008 e o reduziram a partir da aplicação das medidas previstas no Decreto nº 6.321/2007.

Com base na avaliação dos cartogramas dessa seção, foi elaborada uma tabela (Apêndice C) com a classificação dos municípios prioritários por evolução do crédito, desmatamento e fiscalização do Ibama. Para tanto, a evolução do crédito rural, do desmatamento e da intensidade da fiscalização do Ibama foi distribuída em cinco classes: redução forte, redução moderada, estabilidade, aumento moderado e aumento forte. Para a correlação da fiscalização do Ibama com o desmatamento, ou seja, se houve aumento ou redução da fiscalização de acordo com o aumento ou a redução de desmatamento, foram consideradas três classes: fraca, média e alta.

Como resultado dessa classificação por evolução dos indicadores citados, foi possível verificar que não houve redução expressiva nos montantes do crédito rural contraído e, portanto, disponibilizado nesses municípios em dois períodos analisados. De 2004 a 2008, primeira fase do PPCDAm, apenas 21% dos municípios apresentaram redução forte ou moderada, e de 2008 a 2012, após a aprovação da Resolução nº 3.545 do Banco Central editada em 29 de fevereiro de 2008[15], que condicionou a concessão de crédito rural à comprovação de conformidade ambiental da propriedade rural do tomador, em apenas 2% dos municípios houve redução, conforme a Tabela 11.

Figura 43 | Evolução anual do desmatamento (em km^2), número de autuações do Ibama por danos à flora e crédito destinado à agricultura e à atividade pecuária, no município de Amarante do Maranhão (MA), no período de 1999 a 2012

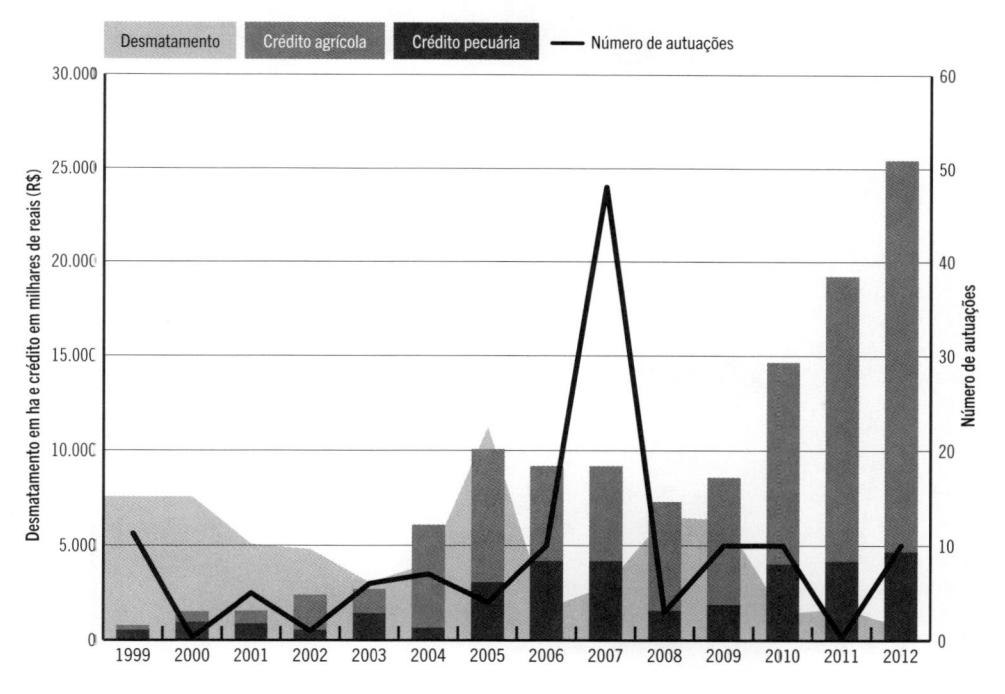

Fontes: Desmatamento: Inpe (2014); infrações: Ibama ([s.d.]); crédito: Bacen ([s.d.]). Elaborada pelo autor.

---

15 | Disponível em: http://www.mma.gov.br/estruturas/sedr/_arquivos/resoluo_cmn_bacen_n_3545_138.pdf. Acesso em: 12 ago. 2015.

Figura 44 | Evolução anual do desmatamento (em km²), número de autuações do Ibama por danos à flora e crédito destinado à agricultura e à atividade pecuária, no município de Brasnorte (MT), no período de 1999 a 2012

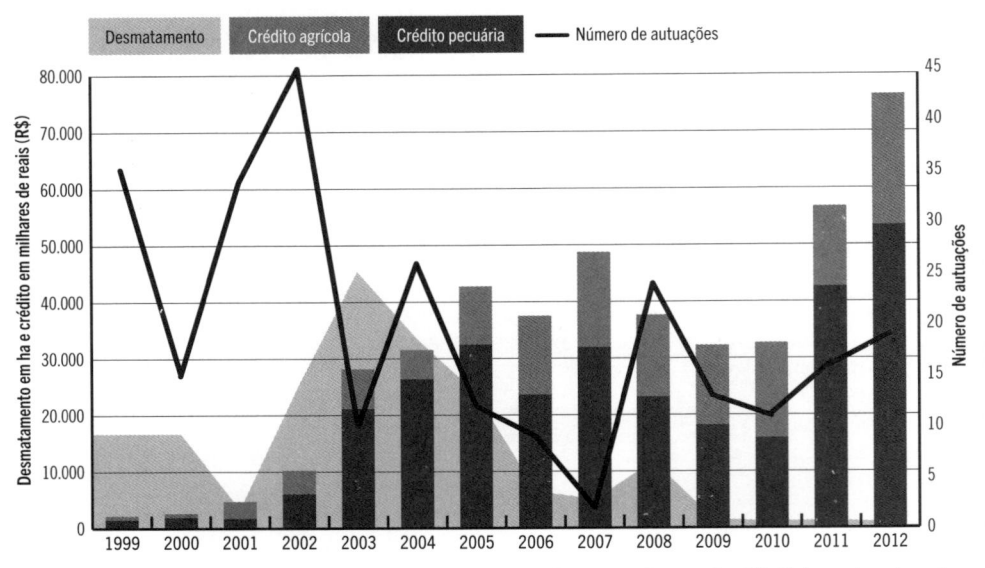

Fontes: Desmatamento: Inpe (2014); infrações: Ibama ([s.d.]); crédito: Bacen ([s.d.]). Elaborada pelo autor.

Figura 45 | Evolução anual do desmatamento (em km²), número de autuações do Ibama por danos à flora e crédito destinado à agricultura e à atividade pecuária, no município de Dom Eliseu (PA), no período de 1999 a 2012

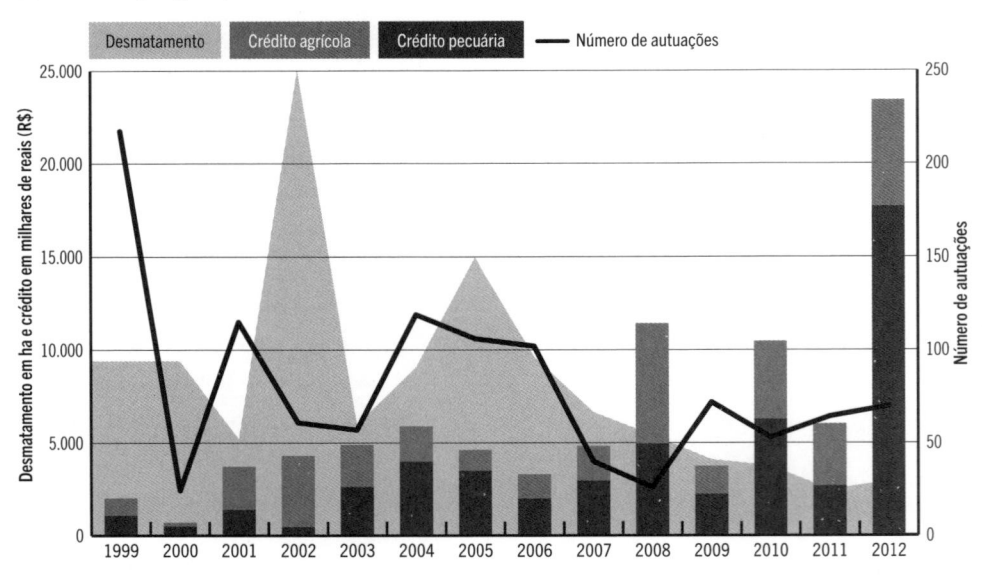

Fontes: Desmatamento: Inpe (2014); infrações: Ibama ([s.d.]); crédito: Bacen ([s.d.]). Elaborada pelo autor.

Figura 46 | Evolução anual do desmatamento (em km²), número de autuações do Ibama por danos à flora e crédito destinado à agricultura e à atividade pecuária, no município de Marcelândia (MT), no período de 1999 a 2012

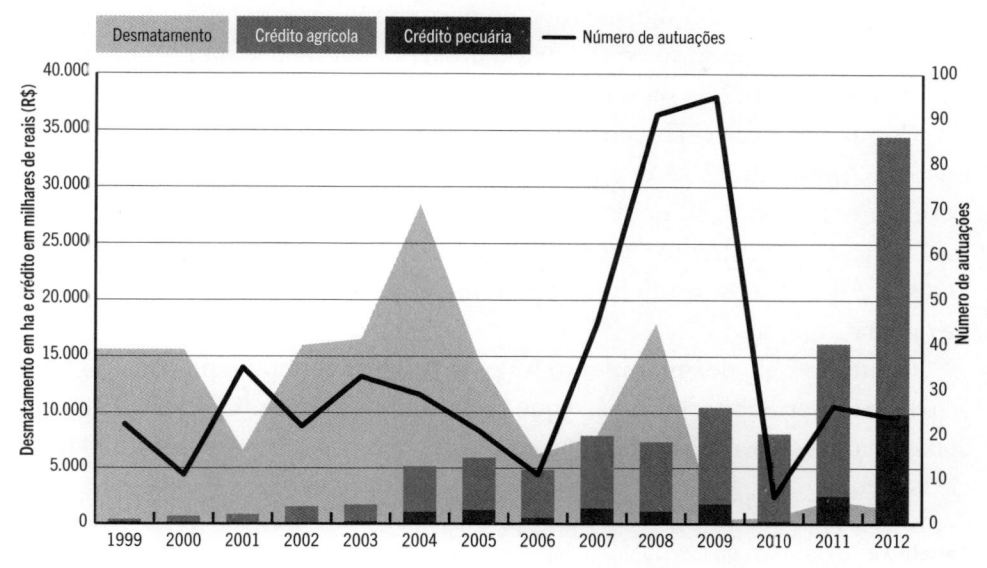

Fontes: Desmatamento: Inpe (2014); infrações: Ibama ([s.d.]); crédito: Bacen ([s.d.]). Elaborada pelo autor.

A Tabela 11 permite verificar ainda que, em ambos os períodos analisados, houve aumento significativo do crédito rural contraído pelos agropecuaristas; entre 2008 e 2012, isso ocorreu em 97% dos municípios prioritários, nos quais 60% foram da classe "aumento forte".

Tabela 11 | Classificação da evolução do crédito rural nos municípios prioritários para controle do desmatamento

Evolução do crédito rural	Período 2004-2008		Período 2008-2012	
	Número de municípios	%	Número de municípios	%
Redução forte	4	8	1	2
Redução moderada	7	13		-
Estabilidade	22	42	1	2
Aumento moderado	11	21	19	37
Aumento forte	8	15	31	60
Total de municípios	**52**		**52**	

Fonte: Resultados da pesquisa.

A evolução do desmatamento nos municípios prioritários foi analisada em três períodos: de 2004 a 2006, a maior parte da primeira fase do PPCDAm, quando houve redução significativa do desmatamento em toda a Amazônia; de 2007 a 2008, quando se verificou um crescimento no desmatamento regional; e de 2009 a 2012, já na segunda fase do PPCDAm.[16]

Como pode ser verificado na Tabela 12, o maior impacto do PPCDAm nesses 52 municípios se deu no período de 2004 a 2006, quando 83% deles apresentaram redução no desmatamento, sendo 58% "forte", e apenas 8% registraram crescimento. Nos demais períodos, com 65% (2007 a 2008) e 73% (2009 a 2012), esses municípios reduziram ou mantiveram estável a taxa de desmatamento.

O aumento do desmatamento foi pouco significativo no período de 2004 a 2006. Nos períodos seguintes, o que registrou maiores índices foi o de 2007 a 2008, quando 34% dos municípios apresentaram crescimento, sendo 19% na classe "forte".

Tabela 12 | Classificação da evolução do desmatamento nos municípios prioritários para controle do desmatamento

Evolução do desmatamento	Período 2004-2006		Período 2007-2008		Período 2009-2012	
	Número de municípios	%	Número de municípios	%	Número de municípios	%
Redução forte	30	58	9	17	9	17
Redução moderada	13	25	13	25	11	21
Estabilidade	5	10	12	23	18	35
Aumento moderado	3	6	8	15	10	19
Aumento forte	1	2	10	19	4	8
Total de municípios	**52**				**52**	

Fonte: Resultados da pesquisa.

---

16 | Brasil, Casa Civil da Presidência da República, *Plano de Ação para Prevenção e Controle do Desmatamento na Amazônia Legal (PPCDAm) 2ª Fase 2009-2011*, Brasília, 2009.

Figura 47 | Análise comparada da evolução anual do crédito total destinado à agropecuária, do desmatamento na Amazônia Legal e do número de autos de infração por danos à flora aplicados pelo Ibama, nos municípios prioritários no período de 2000 a 2012

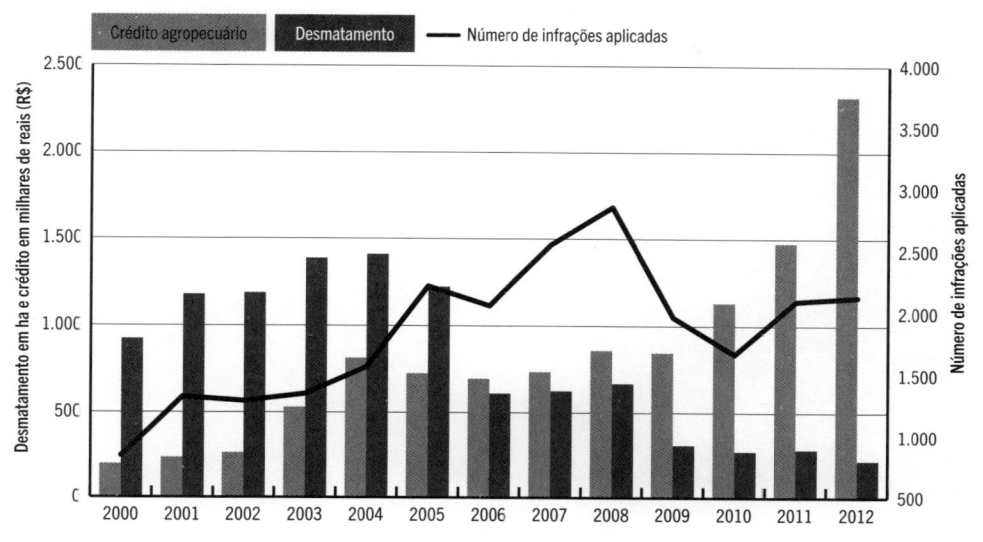

Fontes: Bacen ([s.d.]); Inpe (2014); Ibama ([s.d.]). Elaborada pelo autor.

Figura 48 | Análise comparada da evolução anual do crédito destinado à agropecuária na modalidade investimento, do desmatamento na Amazônia Legal e do número de autos de infração por danos à flora aplicados pelo Ibama, nos municípios prioritários no período de 2000 a 2012

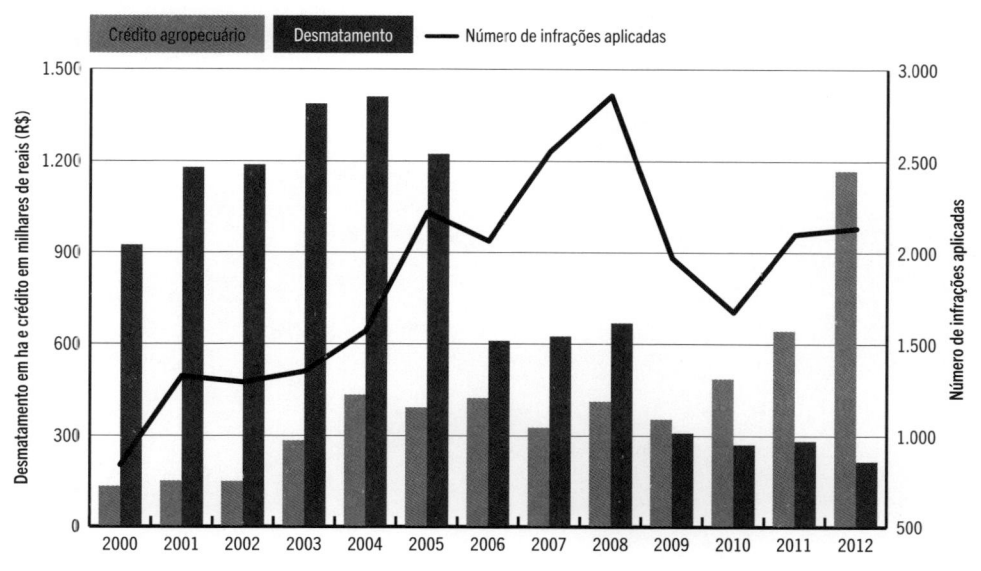

Fontes: Bacen ([s.d.]); Inpe (2014); Ibama ([s.d.]). Elaborada pelo autor.

6 | Visão dos atores locais sobre as ações de controle do desmatamento na Amazônia na década de 2000

No período de 16 a 28 de agosto de 2015, o autor realizou viagem ao longo da BR-163, partindo de Cuiabá, estado de Mato Grosso, e concluindo em Itaituba, no estado do Pará.

O objetivo da viagem foi coletar opiniões e avaliações de lideranças locais sobre o processo de controle do desmatamento implementado pelo governo federal por meio do PPCDAm.

Ao longo da viagem, foram contatadas e entrevistadas 38 pessoas que exerceram, durante a década de 2000, papel de liderança junto às atividades agropecuária, madeireira e política na região, sendo: oito em Cuiabá (MT), seis em Sinop (MT), seis em Alta Floresta (MT), uma em Paranaíta (MT), uma em Guarantã do Norte (MT), cinco em Cachoeira da Serra (PA), seis em Novo Progresso (PA), cinco em Itaituba (PA). Além dessas entrevistas realizadas *in loco*, foi entrevistado um pecuarista de Diamantino (MT), durante passagem por São Paulo em julho de 2015.

As entrevistas foram gravadas em formato digital e depois transcritas. A escolha dos informantes foi orientada a fim de identificar pessoas com as características de informantes-chave, ou seja, que conheceram ou vivenciaram os acontecimentos decorrentes das ações empreendidas pelo PPCDAm. Para tanto, foi realizada uma primeira identificação desses perfis a partir da leitura de um número expressivo de matérias sobre desmatamento na Amazônia, veiculadas em três jornais de circulação nacional: *O Globo*, *O Estado de S. Paulo* e *Folha de S. Paulo*; e jornais líderes em número de leitores nos estados do Pará (*O Liberal*) e Mato Grosso (*A Gazeta* e *Diário de Cuiabá*). Com base na leitura atenta de inúmeras matérias, foram identificados nomes de lideranças locais a que jornalistas e repórteres dos citados periódicos recorreram como fontes para comentar fatos tratados nas reportagens.

Com base nesse trabalho prévio, foi composta uma lista preliminar de doze nomes, contatados por telefone, e assim agendadas as entrevistas. A partir das entrevistas e do contato realizado em campo, os primeiros informantes passaram a sugerir nomes de outras lideranças a serem contatadas, o que permitiu concluir essa fase dos trabalhos com 39 entrevistas (Apêndice D).

Considerando o fato de o pesquisador ter tido atuação relevante no processo de intervenção federal na região, o que foi lembrado por alguns dos entrevistados, procurou-se seguir as propostas de José Carlos Matos Pereira[1] no sentido de adotar uma conduta ética que incluísse "desnaturalizar" as eventuais relações estabelecidas anteriormente; esclarecer que se tratava de um projeto de pesquisa sem qualquer objetivo de intervenção; e adotar uma postura por parte do observante que evitasse influir no discurso do entrevistado.

O modelo escolhido foi o de entrevista semiestruturada, que combina perguntas abertas e fechadas, em que o informante tem a possibilidade de discorrer sobre o tema proposto. Como orientam Sílvia Jurema Quaresma e Valdete Boni[2], foi definido previamente um conjunto de questões, com as entrevistas conduzidas em um contexto muito semelhante ao de uma conversa informal. O entrevistador ficou atento para fazer perguntas adicionais a fim de elucidar aspectos que não ficaram claros ou ajudar a recompor o contexto da entrevista, favorecendo respostas espontâneas e a abordagem de assuntos mais complexos e delicados.

As entrevistas foram organizadas a partir de um questionário composto por 24 questões, conforme pode ser visto no Apêndice E, e duraram em média quarenta minutos. A sequência das perguntas foi definida com o intuito de estimular o entrevistado a discorrer inicialmente sobre suas origens e a decisão de mudança para a Amazônia, visto que a grande maioria das lideranças entrevistadas é composta de migrantes, notadamente de origem da região Sul do país. O intuito de estimular uma reflexão sobre as origens e as condições de chegada à região foi estabelecer um ambiente mais informal com o entrevistador, pois eram assuntos pessoais muito valorizados pelos entrevistados.

---

1 | J. C. M. Pereira, *Os modos de vida na cidade: Belterra, um estudo de caso na Amazônia brasileira*, Rio de Janeiro, 2012, tese (Doutorado em Ciências Sociais), Instituto de Filosofia e Ciências Humanas, Uerj, p. 24.
2 | S. J. Quaresma e V. Boni, Aprendendo a entrevistar: como fazer entrevistas em ciências sociais, *Em Tese*, Florianópolis, v. 2, n. 1, p. 68-80, jan./jul. 2005.

A partir dessa primeira etapa, buscou-se identificar o grau de conhecimento sobre algumas instituições públicas atuantes na região, suas funções e competências institucionais, bem como a avaliação que os entrevistados fazem delas, seu grau de conhecimento e sua avaliação de organizações não governamentais.

Em uma terceira etapa, os entrevistados foram estimulados a discorrer sobre os fatores responsáveis pelo incremento do desmatamento na Amazônia, notadamente nos períodos que antecederam os anos de 1995 e 2004, quando o Inpe registrou os dois recordes históricos nas taxas de desflorestamento, bem como os que levaram à sua redução a partir de 2005.

As entrevistas foram concluídas com perguntas sobre o grau de conhecimento dos ministros que estiveram à frente do MMA nos anos 2000 e sobre a visão dos entrevistados a respeito das ações e iniciativas implantadas na região no passado, seus efeitos e consequências, e as expectativas em relação ao futuro.

A fim de preservar o anonimato, garantido aos informantes-chave no início das entrevistas, as orientações de Graham Gibbs[3] guiaram o processo, retirando-se dos depoimentos, que serão apresentados adiante, as referências que pudessem identificar os entrevistados, tendo sido mantidas, em arquivo separado, todas as entrevistas gravadas e suas correspondentes transcrições com a identificação completa dos participantes.

Com o intuito de tornar as transcrições organizadas e mais adequadas à leitura e à interpretação, foram feitas correções gramaticais, visto que "a fala contínua muito raramente vem na forma de sentenças bem construídas [...], as pessoas interrompem uma linha de pensamento no meio da frase e muitas vezes a retomam sem seguir as regras gramaticais usadas na escrita".[4]

Caracterização do grupo de entrevistados

Como mencionado anteriormente, foram contatadas e entrevistadas 39 pessoas consideradas relevantes para a pesquisa, por possuir as características de informantes-chave. Quinze entrevistados tinham formação superior, sendo três em agronomia, dois em administração de empresas, dois em

---

3 | G. Gibbs, *Análise de dados qualitativos*, Porto Alegre, Artmed, 2009.
4 | Ibidem, p. 31.

direito e um em cada uma das seguintes áreas: zootecnia, odontologia, engenharia elétrica, engenharia ambiental e sanitária, pedagogia, engenharia florestal, geografia e biologia.

Com exceção de quatro entrevistados que nasceram na região, um no Pará e três em Mato Grosso, 28 migraram de outros estados do país, sendo oito do Paraná, sete de São Paulo, três de Minas Gerais, três de Mato Grosso do Sul, dois do Rio Grande do Sul e um da Bahia, um do Ceará, um de Goiás, um do Maranhão e um de Santa Catarina. Seis não informaram o local de nascimento e um havia nascido na França.

Quanto à idade, exceto um com 27 anos, todos os entrevistados tinham idade superior a 30 anos, distribuídos nas seguintes faixas etárias: seis entre 30 e 39, nove entre 40 e 49, nove entre 50 e 59 e sete entre 60 e 70. Sete não informaram a idade. Apenas dois estavam na região havia menos de dez anos, período de interesse da pesquisa. Todos os demais lá estavam havia mais de uma década, sendo a maioria, 26 pessoas, em período superior a trinta anos.

Quanto à atividade econômica, doze atuavam na agropecuária, três exclusivamente na agricultura, cinco exclusivamente na pecuária, três em extração e comercialização de madeira, três no garimpo e dois no comércio. Os demais entrevistados exerciam as seguintes funções: professor universitário, pesquisador da Embrapa, presidente e diretor da Empresa Mato-Grossense de Pesquisa, Assistência e Extensão Rural (Empaer), promotor público, três funcionários do Instituto Centro de Vida (ICV), advogado e secretários de Meio Ambiente de Itaituba e Novo Progresso.

O grupo formado pelos informantes-chave apresentou alta relevância para os objetivos da pesquisa, pois, além de estarem diretamente envolvidos em atividades econômicas de grande interesse para a análise das alterações ocorridas na região, a maioria ocupava ou havia ocupado cargos de representação importantes. Três haviam sido prefeitos (Itaituba, Novo Progresso e Alta Floresta); um exerce o cargo de vice-prefeito de Guarantã do Norte; catorze eram presidentes de sindicatos e associações de produtores rurais, madeireiros e garimpeiros; e onze exercem cargo em instituições públicas federal, estaduais e municipais, incluindo dois secretários de Meio Ambiente.

Em posições de representação ou exercendo cargos públicos, os informantes-chave não apenas tinham informações relevantes devido à atuação profissional direta, como mantinham contato com um amplo número de pessoas, sendo, portanto, conhecedores privilegiados da visão de seus representados ou de produtores por eles atendidos em programas de extensão rural e orientação técnica.

Análise dos resultados das entrevistas

Sobre o Inpe

Na primeira parte das entrevistas, buscou-se identificar o grau de conhecimento e a avaliação dos informantes-chave a respeito dos principais órgãos do governo federal atuantes na região.

O primeiro órgão público abordado foi o Inpe, que relevou ser conhecido por 32 dos 35 entrevistados que responderam a essa questão. Entre eles, dezenove conheciam em detalhes as atividades desenvolvidas pelo órgão: "É um instituto que tem uma importância grande devido às informações que consegue trazer pra gente, com mapas e tudo o mais" (conservacionista em MT). "Conheço o Inpe e até usei bastante material deles [...] para o planejamento das vicinais" (agricultor no PA). "O Inpe a gente usa bastante. É um instituto que consegue ver as coisas lá de cima e que ajuda bastante a gente nesse sentido" (funcionário público em MT). "O Inpe presta um serviço de informação de meio ambiente, tempo, estudos e pesquisas" (pecuarista em MT). "É um órgão que tem feito muitas pesquisas, especialmente combate a incêndio e coisa do gênero, [tem] boa credibilidade e boa repercussão" (pecuarista em MT).

Dos entrevistados que afirmaram conhecer bem as atribuições e ações do Inpe, dezenove possuíam uma avaliação muito positiva ou positiva sobre a sua atuação. Para a grande maioria, o órgão possui alta credibilidade, e as informações por ele produzidas são relevantes. "O Inpe é uma referência importante, uma bela referência na história do monitoramento. Minha opinião é a melhor possível" (funcionário público em MT).

Entretanto, mesmo reconhecendo sua importância, alguns fizeram ressalvas severas ao afirmar que há distorções em alguns dados divulgados pelo instituto. "Eles divulgam muitos dados com interesses que não são reais" (pecuarista em MT).

> O Inpe é uma instituição séria que a gente vê, tá aí a serviço do Brasil [...] com certeza, mas na hora parece que produz aquilo que se quer falar [...], eu fui

> uma vez e contestei um valor de desmatamento que não existia, nem de longe [passava] perto daquilo que estava sendo anunciado. (Agropecuarista no PA)

> A gente aqui pôde verificar que muitas coisas daquelas não eram queimadas e acabavam sendo jogadas na mídia como queimadas. E a gente, que estava aqui, sempre sofreu muito com isso. Na época do passado principalmente, teve um período [em] que o setor de base florestal foi muito perseguido pelo desmatamento, quando na verdade o setor de base florestal precisa da floresta em pé para manter a sua atividade, ele é ao contrário, a gente não é a favor do desmatamento. A gente é a favor do manejo sustentável. (Madeireiro em MT)

Além do questionamento dos dados apresentados, há repetidas reclamações de entrevistados sobre o fato de não ser separado o desmatamento autorizado (legal) do ilegal.

> Eu acho que é o instituto hoje que tem a maior credibilidade, embora, de acordo com alguns levantamentos que se tem no estado, na minha visão particular, não acredito que os dados levantados de desmatamento sejam todos eles efetivamente desmatamento. E a preocupação que eu tenho levado ao governo do nosso estado é também que a gente pudesse ter [...] levantado anualmente o que [...] é efetivamente legal e o que é ilegal. Muitas vezes, nós temos um dado de desmatamento que efetivamente não corresponde ao desmatamento ilegal que nós ajudamos [a] combater. Mas eu considero hoje o órgão com grande credibilidade. (Madeireiro em MT)

Houve, ainda, um questionamento importante a respeito da independência do órgão em relação a posições políticas do governo federal que levaram a recentes postergações no anúncio de dados que estavam prontos, mas apresentavam aumento do desmatamento. Também foi lembrada a restrição, a partir de 2012, do acesso público aos dados de desmatamento em tempo real produzidos pelo sistema Deter.

> O Inpe é uma instituição com uma contribuição fundamental pra questão da Amazônia. Está faltando um pouco de transparência mais recentemente, o que é uma pena, porque ele poderia ter mais independência do governo do que ele tem hoje, mas, de forma geral, é uma avaliação bem positiva. (Conservacionista em MT)

Sobre o Ibama

Na sequência das entrevistas, foi perguntado aos participantes se conheciam e como avaliavam o Ibama. Todos os 35 entrevistados que responderam a essa questão afirmaram que conheciam o órgão, dos quais 31 declararam conhecer de forma aprofundada.

As atribuições de fiscalização do Ibama são claras para todos que responderam às perguntas sobre o órgão. Para a maioria, o trabalho é realizado com competência, mesmo que discordem da forma como o instituto age. "O Ibama é um órgão que tem o papel dele, e diminuiu bastante o desmatamento graças ao seu trabalho" (advogado no PA). "Eu acho que eles têm um trabalho no Brasil, hoje, até muito ativo. Estão vestindo bem a camisa porque eles chegam com tudo. Chegam com metralhadora. Chegam armados" (agropecuarista em MT). "O Ibama continua tendo um papel de guardião em termos de fiscalização ambiental principalmente" (conservacionista em MT). "Eu acho que ele tem feito o trabalho dele, tem batido bastante" (empresário no PA). "O Ibama está bem atuante ultimamente na região. Temos muitos problemas de derrubada ilegal, então eles têm que fazer o papel deles e eles estão aqui na cidade fazendo" (funcionário público no PA).

> Acho que vai ser difícil encontrar um cidadão que não saiba sobre o Ibama ou que não tenha escutado falar sobre ele. A minha impressão pessoal é de muito respeito no sentido da importância e do desafio que eles enfrentam para exercer seu ofício no Mato Grosso. Deve ser um trabalho muito desafiador. (Funcionário público em MT)

> O Ibama é forte, sempre foi forte. Aqui na [BR-]163 da divisa [do Pará com Mato Grosso] até Itaituba, a atuação dele é muito forte. Força às vezes desnecessária, meio que desproporcional, em alguns casos. Por exemplo, um pequeno produtor que tá lá no assentamento, às vezes recebe a mesma medida [punitiva] de uma propriedade que tá desmatando aí 1.000 hectares ou 2.000 hectares. (Empresário no PA)

> Eu não concordo com as ações do Ibama. Ele precisa existir, sim, mas ele é um órgão muito repressor, e eu não concordo com as atitudes dele, porque eles se acham acima da lei, e eu não acho que eles estejam acima da lei, porque a lei é pra ser cumprida, é lógico, mas você tem que saber como chegar, porque todos nós

> temos os nossos direitos e os nossos deveres, mas eles não agem, na minha concepção, da forma correta. Eles reprimem o tempo inteiro [...]. (Pecuarista no PA)

> Acho que a violência só vai gerar violência, então a questão de queimar [equipamentos apreendidos], isso aí não é legal, e acho que o Ibama tinha que ter um pouco mais de poder de doar lá no campo mesmo. Pegou, prendeu, doa pra prefeitura com a condição de a prefeitura usar e não mais vender, usar mesmo pra fins específicos, e daí compensa um pouco essa falta de estrutura das cidades da Amazônia. Agora há pouco mesmo foram presos 3.000 [metros] cúbicos de tora, dava pra comprar pelo menos umas três ambulâncias, que resolveriam o problema de milhares de pessoas. (Comerciante em MT)

Muitas ressalvas em relação ao Ibama decorrem do fato de o órgão estar focado quase que exclusivamente na fiscalização e, por consequência, derivam também da falta de iniciativas dele para agilizar os licenciamentos de derrubadas e manejo florestal para os que teriam o direito legal de fazê-lo. Na opinião de muitos entrevistados, essa questão leva a um acirramento das relações com os produtores rurais, madeireiros e garimpeiros, que, mesmo que queiram, não conseguem agir de forma legal. "Você precisa de uma licença ambiental, você não consegue licença ambiental. Você quer fazer um projeto de manejo e você não consegue fazer um projeto de manejo" (agropecuarista no PA). "O governo pôs o pessoal aqui e não deu segurança jurídica, não falou o que pode e o que não pode" (agricultor no PA).

> O que acontece, aqui, é que não licencia. O Estado não licencia, e o Ibama, muito menos. Aí eu continuo trabalhando, e pra quem é bandido é bom, não deve satisfação a ninguém, faz a desgraça lá e não vai responder pelo crime. Se eu não tenho documento nenhum, tenho requerimento no DNPM [Departamento Nacional de Produção Mineral], pego um quilo de ouro, dá cento e poucos mil, eu ponho ele no bolso da camisa. São uns troços que não entram na minha cabeça. Eu continuo insistindo: me responsabilize. (Garimpeiro no PA)

> Aqui não tem ninguém mal-intencionado, que veio pra cá pra ser bandido, tanto é que os incidentes são raríssimos assim. Acontece que a gente tá com o intuito de ser legal e não consegue ser legal. (Agropecuarista no PA)

> O DNPM autoriza, te dá a aptidão pra fazer o licenciamento, ou seja, após fazer o estudo interno da área ele te torna apto. [...] Aí o DNPM diz: você tá apto a

> pegar o título de lavra, depende só de fazer a parte ambiental. Aí você esbarra nesse sistema burocrático que não consegue avançar de jeito nenhum. Então, o nosso problema com o Ibama, que não chega a ser um problema, é que a gente precisa que ele cumpra o seu papel, o de licenciador. Se ele, por um motivo ou outro, não tiver interesse de legalizar as atividades dentro da unidade de conservação, ele tem que passar a bola pra outro, porque senão vai continuar essa briga. Quem está perdendo? É a natureza, porque o garimpo continua ilegal. E se você me tornar legal, automaticamente eu assumo a responsabilidade da degradação ambiental. E hoje quem é o responsável? Não tem responsável. (Garimpeiro no PA)

Foi possível verificar também que muitas críticas ao Ibama advêm da cobrança de responsabilidades que não são de sua competência institucional, como a regularização fundiária e a emissão de licença para queima controlada em pequenas propriedades rurais. Como o instituto, com base no poder concorrente entre os órgãos do Sistema Nacional do Meio Ambiente, autua as atividades não licenciadas, mesmo que a atribuição de conceder a licença seja de instituições estaduais e municipais, a reclamação acaba recaindo sobre o órgão federal.

> O Ibama é um órgão, no meu ponto de vista é assim, ele tá aí com a missão de fiscalizar, a gente tem interesse em que haja fiscalização, não somos contra a fiscalização. Agora, o que tá errado nesse processo do Ibama é porque o governo prometeu legalizar e vir corrigir o que tá errado, mas ele nunca veio com a legalização, só veio com o Ibama. Quer dizer, o Ibama tem helicóptero, tem carro, tem veículo, tem dinheiro, tem diária, tem um monte de coisa. Para o homem que licencia, que faz as coisas, não tem nada, então ele não consegue. Então a nossa reclamação é que eu quero ser legal e não posso ser legal, essa é a grande dificuldade nossa. (Agropecuarista no PA)

> O agricultor não gosta do Ibama, porque que ele age de certa forma irregular como consequência da lei que leva ele, às vezes, a praticar a queima de pequenas roças sem a licença ambiental, porque hoje, aqui no município de Itaituba, pra pegar licença ambiental é uma burocracia imensa. O agricultor vai e pede a licença, aí eles precisam ir lá, *in loco*, ver como é que é, o tamanho realmente da área e tudo pra poder liberar a licença. É onde muitas vezes eles não vão. Teve agricultor que chegou aqui e falou: olha, eu passei cinco meses

> esperando, disseram que iam lá ver a propriedade pra poder autorizar a licença, e não foram. Ele veio e não foram de novo. Então assim, às vezes, o agricultor acaba perdendo a paciência, até porque também ele tem o tempo da queima, de fazer a sua roça, controlada, é claro, mas, às vezes, por conta dessa demora na documentação, ele faz e o Ibama vai e multa. (Agricultor no PA)

Outro aspecto levantado diz respeito às restrições previstas em lei, que são contestadas pelos produtores, mas exigidas pelo Ibama. Nesses casos, há uma reivindicação de que o órgão não exija que se cumpram determinados dispositivos legais, como se essa fosse uma opção viável para uma instituição pública.

> Nós vivemos hoje no lusco-fusco. Nós estivemos com cara do Ibama essa semana, porque eu tenho a licença de limpeza de pasto, mas só posso usar trator de pneu. Aí o cara do Ibama, muito educado, falou assim: eu sei que você não vai lá com a picareta pra arrancar o toco, também eu sei que plantar tem que arrancar o toco. A lei tá errada, mas eu não posso fazer nada, eu tenho que fazer valer a lei. Se eu for lá na tua propriedade e você tá usando uma esteira, que você tem que usar esteira, eu sou obrigado a apreender, te multar, porque a lei não permite que você faça isso. Então é assim, o governo não sentou com nós. Nas famosas audiências que eu participei, foram três, me arrependi de ter ido, porque do que nós falamos na audiência pública, não se fez nada, infelizmente. (Agricultor no PA)

> Ainda tem uma outra coisa que o Ibama faz que eu acho que é pra barrar: você faz um projeto de manejo e é obrigado, em seis meses, a tirar toda a madeira que tá no inventário. Eu acho um grande erro, um grande erro porque você tá tirando do cidadão o direito de ele preservar aquelas espécies que não têm comércio, não é viável tirar, eu deixo ele lá produzindo semente, eu não estou mexendo no meio ambiente nem nada. Não, eu sou obrigado a tirar por força de uma lei que não tem sentido. (Agropecuarista no PA)

Sobre o ICMBio

Quanto ao ICMBio, dos 30 entrevistados que responderam, 4 não conheciam, 5 conheciam muito pouco e 21 demonstraram conhecer com clareza as atribuições do órgão. A avaliação do desempenho do instituto foi significativamente baixa, com apenas 4 entrevistados tendo uma visão positiva.

"O ICMBio [...] é só pras reservas, é um órgão que fiscaliza exclusivamente as reservas da região" (agricultor no PA). "O ICMBio é mais recente [que o Ibama] e ainda não encontrou definitivamente o seu norte" (pecuarista em MT). "Tenho uma visão de um órgão que tá muito distante de conseguir cumprir seu papel. As unidades que eu conheço não estão conseguindo ser implementadas, falta total de recursos" (conservacionista em MT). "É muito novo e sem ideias claras do que seria. Acho meio perdido" (comerciante em MT). "O ICMBio, a gente vê eles uma, duas vezes ao ano por aqui [...]. A unidade de conservação foi criada, mas nunca foi implantada, foi criada no papel" (advogado no PA).

> O ICMBio é o que cuida das unidades de conservação. Nós aqui temos sete no nosso entorno, e ele é muito pouco eficiente. As unidades estão aí mal zeladas, abandonadas, os conselhos que deveriam estar funcionando junto com a sociedade não estão funcionando. O ICMBio tá longe de cumprir a missão dele. (Empresário no PA)

> Eu não sei se é por falta de estrutura ou falta de experiência, enfim, eu sei que quem acaba criando as operações de proteção à floresta pública que seriam da gestão do Chico Mendes [ICMBio] é o Ibama. Pelo menos aqui na região é o que acontece, o Chico Mendes a gente vê esporadicamente. (Madeireiro no PA)

Sobre o SFB

Na sequência, foi abordado o grau de conhecimento e a avaliação dos participantes acerca do Serviço Florestal Brasileiro (SFB). Dos trinta entrevistados que responderam a essa questão, nove nunca tinham ouvido falar a respeito do órgão; oito sabiam de sua existência, mas não souberam descrever as suas funções; e apenas treze tinham alguma informação e opinião sobre suas atividades. "Não, não tenho nenhuma informação" (advogado em MT). "Eles estiveram uma vez aqui em 2013, pra lançar o edital da Flona [Floresta Nacional] de Altamira, e não vi mais eles" (advogado no PA).

Mesmo reconhecendo a importância da existência de um órgão público voltado ao estímulo da exploração florestal na região, todas as avaliações a respeito do funcionamento do SFB foram negativas, principalmente devido à sua incapacidade de implementar as ações anunciadas quando foi criado, em 2006.

O SFB está ausente aqui há muito tempo. No início, eles tentaram viabilizar a [exploração da] floresta [Flona] do Jamanxim, mas pelo fato de ela ter litígio, ter ocupação que não foi observada na época da criação, acabou se desacreditando que poderia sair a concessão florestal. Nós não acreditamos que saia concessão florestal no Jamanxim. Havia a impressão [de] que Novo Progresso se estabilizaria como um polo madeireiro, inclusive foi a própria intenção do governo federal instalar aqui um distrito florestal sustentável, que nunca saiu do papel. (Madeireiro no PA)

O SFB é muito ausente, muito inoperante, você não acha resposta pra nada, sem estrutura. Uma coisa que foi criada como alternativa pra todos os dois lados e que não teve continuidade. Acho que de 95% a 99% das pessoas nem sabem o que que é isso. Eu falo com convicção que 98%, para não falar 100%, aqui da divisa do estado de Mato Grosso até chegar lá no quilômetro 30 na Transamazônica não sabe o que é um distrito florestal. Eu quero incluir nesse percentual os políticos, prefeitos, vereadores, que se você perguntar pra eles o que é o Distrito Florestal da BR-163, ninguém sabe. Se você perguntar o que é o Serviço Florestal Brasileiro, menos ainda. Quer dizer, uma coisa que não saiu do embrião ainda, ficou muito na casca. (Comerciante em MT)

O SFB eu conheço. Eu acho que é um serviço que evoluiu, mas ainda tem muita coisa a ser feita através do Serviço Florestal Brasileiro, principalmente no sentido de fomento da atividade florestal, que é uma das finalidades dele. Exatamente, fomento e pesquisa. A nossa região é carente de pesquisas, nós deixamos hoje de poder valorizar o nosso ativo florestal, porque a gente não tem dados [...] e, enquanto nós não mensuramos o nosso ativo, a gente não tem como [...] trabalhar essa grande riqueza que a gente tem. (Madeireiro em MT)

Nós temos a riqueza hoje, e o Serviço Florestal Brasileiro deveria ser o responsável por valorar essa riqueza. Nós temos crédito de carbono, nós temos o manejo florestal, que gera uma riqueza imensa, nós temos essa riqueza florestal e biodiversidade muito grande [...]. Eu acho que tem uma atribuição que ele [SFB] não está fazendo, que é justamente essa de poder promover e mostrar essa riqueza e organizá-la de maneira que o setor fique produtivo. (Madeireiro em MT)

O que estava proposto para as unidades de conservação, as concessões, muito pouco andou, atropelou nas próprias pernas. O próprio Ministério Público, às vezes, impediu ele de fazer alguma coisa devido ao marco legal, questões de legalidade. O SFB é o maior culpado hoje de nós não termos vários planos de manejo aqui na região. As áreas aptas para o manejo ele adjudicou, pegou, quer dizer, passou a cuidar daquilo e não fez uma coisa e nem outra. Já vai fazer oito anos que foi criado o SFB e até agora, aqui na nossa região, não tem uma unidade que está sendo explorada. (Empresário no PA)

Sobre as ONGs

Finalmente, foi abordado junto aos informantes-chave o conhecimento acerca das organizações não governamentais (ONGs) com atuação na região. A mais conhecida é o Imazon, entidade com sede em Belém que desenvolve estudos sobre desmatamento e faz análises de dados econômicos na Amazônia, na sua maioria voltados ao setor madeireiro. Além disso, essa ONG possui um mecanismo próprio de detecção de alertas de desmatamento e degradação florestal, denominado Sistema de Alerta de Desmatamento (SAD).

No total, 33 entrevistados responderam a questões envolvendo o trabalho de ONGs na região. O Imazon foi lembrado por 27 participantes, dos quais 16 têm sobre ele conhecimento detalhado. Dos que o conhecem, 9 avaliam positivamente o trabalho desenvolvido pela organização. "O Imazon é uma ONG, com alguns trabalhos em recuperação de pastagem e tentativa de entender um pouco disso que tá acontecendo na Amazônia. Tem credibilidade" (funcionário público em MT). "O Imazon conheço, vejo eles como pessoal sério, embora meio distante da realidade" (garimpeiro no PA). "O Imazon faz um monitoramento em tempo real" (pecuarista em MT). "O Imazon nós utilizamos como referência aqui. O Imazon tem uma grande respeitabilidade, eu gosto muito dele" (advogado em MT).

> O Imazon tem um papel na Amazônia como um todo, uma segunda opinião, uma fonte de informação independente sobre os números do desmatamento, um papel na sociedade que é fundamental. (Conservacionista em MT)

Outro aspecto avaliado como positivo no trabalho do Imazon é o apoio de capacitação e o apoio técnico prestados às secretarias municipais em capacitação.

> O Imazon é um parceiro grande nosso no PMV [Programa Municípios Verdes]. Ele é mais regionalizado, digamos assim, e é focado na região amazônica. E todo esse avanço que nós temos tido, não só Itaituba, como também outros municípios

que já são verdes, digamos assim, que controlaram desmatamento, fizeram CAR [Cadastro Ambiental Rural] e tudo, só foi possível com as ferramentas e as estratégias que eles fizeram e fazem até hoje. (Funcionário público no PA)

A gente é parceiro do Imazon. Utilizamos os alertas de desmatamento que eles emitem. Temos agora uma parceria com o Terras, que é uma empresa que nasceu dentro do Imazon, de monitoramento da pecuária. (Conservacionista em MT)

Eles [equipe do Imazon] estão numa parceria com a Secretaria de Meio Ambiente que o estado e o município fizeram para a implantação de um sistema de gerenciamento e licenciamento ambiental municipal. (Advogado no PA)

O Imazon dá um suporte bacana pra Secretaria [Municipal de Meio Ambiente]. Nós estamos habilitados desde o final de 2013 pra fazer licenciamento, e eles fazem capacitação dos nossos funcionários. (Funcionário público no PA)

As avaliações negativas sobre o Imazon geralmente são genéricas e decorrem do questionamento de dados que, para alguns, são manipulados para gerar interesse da mídia e do impacto das informações disponibilizadas pela ONG sobre a cobertura jornalística e o aumento da fiscalização na região.

No Mato Grosso, toda vez que o Imazon divulgou alguma informação, foi inflada pra criar polêmica, porque eles vivem de polêmica, eles vivem de marketing, dessa mídia positiva que fazem deles, e aí jogam números expressivos pra poder cair na mídia. (Agropecuarista no PA)

Eles vivem produzindo dados inverídicos a respeito da região. Não produz um dado verídico, só dados que têm o poder de ir pra mídia, e vai lá pra mídia falar aquilo que não é verdade. [...] Que há desmatamento, há, não vou negar esse fato, mas se há desmatamento ainda irregular é exatamente por culpa do governo. (Madeireiro em MT)

O Imazon já esteve aqui, nos procurou através do sindicato. Mas eu diria que, grosso modo, costumam colocar como desmatamento a reforma de pasto, quebra de juquira, qualquer alteração da floresta, mesmo que não seja desmatamento. Os dados do Imazon, digamos assim, não condizem com a total realidade. Então, a forma que coloca em algumas reportagens aumenta o índice de desmatamento na região, e por consequente reforço da fiscalização. São dados que teriam que ser questionados. (Madeireiro no PA)

Foram ainda mencionadas outras ONGs com trabalhos na região. A segunda mais lembrada foi o ICV, com dezesseis menções, principalmente de informantes-chave em Cuiabá e Alta Floresta, onde a organização é muito atuante. As outras citadas foram: The Nature Conservancy (TNC), com sete menções; Ipam, com seis; ISA, com cinco; WWF-Brasil, com quatro; Greenpeace, com três; e Instituto Ouro Verde (IOV) e Flora Nativa, com uma citação cada.

Sobre as causas do aumento do desmatamento e dos picos de 1995 e 2004

A questão sobre os fatores que os entrevistados consideravam responsáveis pelo aumento do desmatamento na Amazônia ao longo da década de 1990 e no início dos anos 2000 foi respondida por 36 participantes.

Em linhas gerais, a maioria identifica dois momentos na expansão do desmatamento. No primeiro, que compreende o período anterior ao pico de 1995, o aumento das derrubadas é atribuído basicamente ao estímulo direto do governo e da própria legislação que exigia a remoção das florestas, como comprovação do uso econômico da área, para garantir os direitos de posse, além da oferta de terras baratas. Todos os entrevistados que responderam a essa pergunta ressaltaram que foram para a região desempenhar um papel que era exigido pelo governo federal e que o desmatamento era obrigatório e uma condição para que recebessem o título de propriedade.

> Quando nós viemos pra cá, a gente tinha como regra, e isso até hoje é religião pra nós, o Incra dizia assim: abre a tua propriedade e eu venho aqui e vou titular o dobro do que você tem. A gente sabia que 50% tinha que preservar, todo mundo, ninguém pode dizer que não sabe disso, isso tá encravado na consciência das pessoas. Agora, os 50% ele precisa trabalhar, ele precisa comer, ele não pode viver sem trabalhar. (Agropecuarista no PA)

> O governo federal [é] que trouxe todo mundo, essa história vocês já estão cansados de ouvir, que foi o governo federal que nos trouxe pra cá, todos nós, pra abrir essa Amazônia, tanto é que, na época, tinha que abrir 50%. Vocês sabem disso, conhecem a história, conhecem as leis, tinha que derrubar 50%. (Comerciante em MT)

> A prática de quem [está] aqui na Amazônia, na verdade, foi uma indução do poder público, foi um incentivo, foi induzido por várias políticas públicas oficiais.

> Integrar pra não entregar era uma delas. Plante que o João garante era outra [...]. (Pecuarista em MT)

> O Mato Grosso era um estado novo, novo que foi ocupado mediante ações de planejamento do governo, então as pessoas foram colocadas aqui na década de 1970, foram abertas as principais rodovias do estado, e começaram a trazer populações do Sul e Sudeste pra ocupar essas regiões, desafogando conflitos lá do Sul. Se a gente olha as imagens [de satélite] do final da década de 1970 até meados da década de 1980, o Mato Grosso está praticamente intacto. Com a abertura das estradas e o assentamento dessas populações, essas pessoas vieram motivadas a converter, isso era uma regra. E aí você tem o primeiro *boom* do desmatamento. (Funcionário público em MT)

Vários entrevistados afirmaram que, mais do que a um incentivo do Estado, atenderam a um chamado para desempenhar o papel de desbravadores a serviço do desenvolvimento e da integração da Amazônia ao resto do país. Nesse sentido, muitos se sentem injustiçados pelo que consideram uma mudança repentina da posição do governo, que passou a tratá-los como desmatadores, que agiam de forma ilegal. "A gente era agente de expansão de fronteira agrícola, estava trazendo divisas [...], na verdade, a gente estava fazendo o que se propôs a fazer [...]" (pecuarista em MT).

> Quando eu vim para a região, estavam incentivando desmatar pra poder produzir, porque aqui precisava ter gente com coragem pra desmatar. Eu mesmo não produzo no mato, eu tenho que produzir na terra, na terra desmatada, então é por isso que a gente veio e desmatou. (Agropecuarista em MT)

> Eu tive a oportunidade de ir andando em Mato Grosso nos últimos cinco anos, [...] as pessoas têm o sentimento de que vieram pra essa região, deram a vida, tiveram malária, viram pessoas morrerem, viram a abdicação completa do que foi prometido do integrar para não entregar, e as coisas começam a mudar com uma canetada de um cara que não tem a menor noção agrícola ou pecuária, sentado numa cadeira bacana em Brasília. Então, pra quem tá aqui, é um sentimento muito forte e um sentimento de difícil entendimento, porque é muito fácil ficar sentado numa cadeira, metido num terno em Brasília, e dizer pra você agora: "Olha, mudou a regra do jogo, faz tudo diferente de hoje em diante porque nós decidimos que vai ser assim". (Funcionário público em MT)

A oferta de terras abundantes e baratas foi citada por dez entrevistados como um dos fatores importantes para o processo de migração para a região e a adoção de um modelo de ocupação baseados na expansão constante da fronteira, sem preocupação com as práticas agrícolas necessárias para manter a produtividade da terra. Nesse contexto, foi ressaltada a atuação de especuladores imobiliários na aceleração do desmatamento.

> Pessoas do Sul que tinham uma propriedade pequena enxergaram aqui uma possibilidade de ter uma propriedade maior pra produzir mais para ele e a família. (Empresário no PA)

> O que influía mais [no desmatamento], por exemplo, é que era muito mais viável para o agricultor desmatar, porque a terra fica nova e produz um capim de excelente qualidade nos primeiros anos, do que reparar, recuperar uma área degradada que já foi sugada naquilo que tinha de bom, que eram os nutrientes. Então, por isso que era melhor desmatar do que recuperar. (Agricultor em MT)

> Pessoas vieram pra cá à procura de terra barata, porque realmente era barata, ela despertou aí esse gigante que foi um atropelamento de uma forma geral que o mato caiu mesmo de forma desordenada. (Garimpeiro no PA)

> [...] com 1 ou 2 milhões de reais, você faz chover num lugar igual a esse aqui [...] a especulação imobiliária, ela foi muito forte em função também da [proposta de] pavimentação da BR-163. Então, os caras vinham, derrubavam tudo, vendiam e iam embora. Os atores da região não tinham essa percepção. O governo achava que quem financiava todo o desmatamento era o dinheiro do madeireiro e não era, era dinheiro de fora mesmo, dinheiro novo. (Comerciante em MT)

No que diz respeito aos fatores responsáveis pelo desmatamento no período anterior a 1995, há um consenso manifestado pelos entrevistados de que o principal deles foi a pecuária. Para a maioria, o setor madeireiro não promoveu grandes desmatamentos, pois, segundo afirmam, quem trabalha com madeira precisa da floresta, ao passo que a pecuária é o oposto, precisa da área aberta para produzir.

> Então, quem veio pra cá e derrubou 50%? Foram os pecuaristas, que eles podiam derrubar 50%, só que eles também não se conformavam: como, eu comprei mil alqueires, vou derrubar quinhentos e vou deixar esse mato aí pra

quem? Porque todo mundo veio pra cá pra ganhar dinheiro. [...] o grande pecuarista não veio aqui pra preservar a árvore, nada disso, o pecuarista veio aqui, saiu lá de São Paulo, pra ganhar dinheiro [...], veio aqui pra desmatar 50% que ele tinha que desmatar, mas ele não se conformava e aí ele foi desmatando mais [...], desmatou 50%, depois ele desmatou mais 10%, mais 20%. [...] O madeireiro nunca chegou numa mata e derrubou a mata, isso aí vocês têm que ter clareza sobre isso. (Comerciante em MT)

A pecuária e a soja andam sozinhas, não dependem de madeira pra nada. Eles nem fazem questão que tenha um madeireiro lá pra identificar e aproveitar a madeira antes da derrubada. (Madeireiro no PA)

Sobre a participação da atividade madeireira no crescimento do desmatamento: eu diria que a atividade madeireira foi prejudicada nesse processo, porque o pessoal da madeira depende da floresta em pé. Uma extração, digamos, não legalizada é de baixo impacto, porque tira uma árvore aqui, outra ali, e a floresta continua em pé. De certa forma, a atividade madeireira foi prejudicada, porque essas áreas foram desmatadas sem o aproveitamento da madeira, e a madeira foi pra mais longe, então você tem uma logística e um custo maior de extração. (Madeireiro no PA)

Desde 1978, a indústria madeireira tá aqui, quando eu cheguei, a indústria madeireira já estava, já tinha alguma coisa aqui, e ela se propagou numa velocidade muito grande. Chegamos a ter acho que 750 madeireiras aqui, na região de Sinop e nos entornos. Na década de 1990, começou a entrar a agricultura. A gente viu que, na região do cerrado, a agricultura estava indo muito bem, e as madeireiras começaram um certo declínio, aí começou entrar a agricultura. Então eu acredito que [o aumento do desmatamento] foi o fato da entrada da agricultura na região. (Agropecuarista em MT)

Por outro lado, mesmo afirmando que os madeireiros não fizeram as grandes derrubadas, muitos entrevistados descreveram as conexões entre a atividade de extração de madeira e a pecuária.

Na época aqui [décadas de 1970 e 1980], a madeira servia pra custear a atividade. Você vendia as toras para os madeireiros, eles escolhiam o que queriam, e aí você ia custeando as novas aberturas de área, a compra de gado e as coisas que precisava. Então a madeira era o capital, e você ia usando porque precisava sobreviver. Só do gado não dava, então você utilizava as madeiras da propriedade pra vender e poder ir sobrevivendo. Na época se perdeu muita madeira, porque as próprias serrarias não tinham interesse em certas madeiras. Como tinha muita abundância, eles escolhiam só as mais bonitas, mais grossas e as mais valiosas, e o resto queimava. Passava fogo pra limpeza, as que resistiam ficavam, as outras queimavam tudo, então foi perdida muita madeira, dava até dó. (Agropecuarista em MT).

Você explorava a madeira, sobrava uma floresta em pé que não tinha mais madeira comercial, toda aquela derrubada transformada em pasto, porque as pessoas vieram pra cá pra formar essa fazenda, e naquele momento eu acho que começou a dar esse *boom* porque foi acabando a madeira aqui na região, foi escasseando. [...] Na época não existiam regras, o desmatamento era 50% permitido, então as pessoas que tinham acabado de tirar a madeira queriam realmente formar fazenda. (Madeireiro em MT)

Finalmente, dois outros fatores foram apresentados pelos entrevistados como causas do aumento do desmatamento na década de 1980 e início da década de 1990: a falta de titulação das terras e a incoerência da legislação de conservação ambiental. Com relação à questão dos títulos, muitos argumentam que, sem eles, o agropecuarista que não possui a propriedade legalizada não é identificável pelo poder público e não tem compromisso com a legalidade.

Eu acho que o governo ajuda muito a ter esse progresso problemático de desmate na região, porque não existe titulação. Se a gente fosse contemplado com títulos, se o cara fosse dono da terra e tivesse ali a porcentagem ou pra reflorestar, ou pra poder derrubar e se sustentar, isso resolveria 90% dos problemas de derrubada ilegal no Brasil. Aqui, o problema é fundiário. Se titular todo mundo, pronto, acaba a confusão. (Funcionário público no PA)

O maior culpado dessa situação de desmatamento aqui é o Incra, que nunca trabalhou, nunca fez o papel dele, nunca titulou. No dia em que tiver dono e o cara puder desmatar só os seus 20%, ele vai respeitar a lei. O cara só está à margem da lei porque o governo criou essa situação nessa região. Se o governo titular as áreas aqui, acabam os aventureiros. (Madeireiro no PA)

No que diz respeito à inconsistência da legislação ambiental, o argumento mais utilizado é que não houve planejamento e não há base científica para implementar um processo adequado para a região. Para muitos, o correto seria liberar completamente as terras agricultáveis e proteger integralmente as inadequadas à agropecuária.

> Toda legislação ambiental não foi feita com base técnica e nem científica, ela é com base em ideologia, achismo, moda do momento, porque, se fosse mesmo feito com técnica, a gente tinha o levantamento do que são solos aptos à prática da agricultura, e isso a gente poderia abrir com técnica e tudo. Aqueles que não são aptos por condições de declividade, estrutura química do solo ou lugares em que o clima não é tão propício, deveriam preservar 100%, e os outros, onde são solos especiais, melhores terrenos, deveriam abrir 100% [...]. (Pecuarista em MT)

> Eu acho que muito desse erro tem realmente de ignorância científica, agronômica, do processo agrícola, que aliás foi criado nessa mesma época do final dos anos 1970. Então, quando isso aqui estava sendo iniciado, a gente sabia pouco sobre o cerrado, a gente sabia muito pouco sobre a Amazônia, [...] então, acho que muito do erro que foi cometido na década de 1980 é um erro por falta de conhecimento. A gente não sabia como é que fazia pra usar isso aqui. (Funcionário público em MT)

> Sobre desmatamento, a minha opinião sincera é que foi cometido um equívoco desde o princípio pelos órgãos estaduais e federais, quanto à avaliação de área útil. Foram liberadas áreas arenosas com declive acentuado para serem exploradas, e deixadas planícies com toda característica pra exploração de agricultura sem poder explorar. Então, acho que começou a limitar as pessoas, e as pessoas foram passando por cima de algumas leis. Não admito uma área 100% agricultável numa mesa onde sou obrigado a deixar de reserva. (Agropecuarista em MT)

> Nós estamos aqui há 35 anos na Amazônia, nós viemos pra cá sem uma informação, sem uma orientação, sem uma fórmula de como fazer produção da Amazônia. [...] Viemos pra Amazônia na década de 1980 integrar pra não entregar. (Pecuarista em MT)

O novo período de aumento de desmatamentos na região amazônica, iniciado a partir da retomada das derrubadas ocorridas após a queda das taxas, verificada em 1996, e que assume um ritmo crescente até atingir o segundo pico histórico de 2004, é atribuído, pela maioria dos informantes-chave, à entrada dos grãos no estado de Mato Grosso, impulsionada pela elevação do preço das *commodities* no mercado internacional. Há, portanto, na visão dos entrevistados, uma mudança no processo de financiamento do desmatamento, originalmente baseado nos incentivos do governo que viabilizaram a infraestrutura e as derrubadas para a implantação da pecuária, em associação com a extração de madeira, para um novo ciclo sustentado pela expansão em larga escala da soja.

> O pico de 2004, eu diria que é muito mais forte de interpretar, porque se nós pegarmos o câmbio e o agronegócio, ele veio crescendo, crescendo até 2004. [...]. Então, esse desmatamento que foi crescendo até 2004 com certeza era o agronegócio. (Madeireiro em MT)

> [O aumento do desmatamento] se deveu ao crescimento das lavouras no estado de Mato Grosso, Goiás, enfim, lá do Centro-Oeste, crescimento do mercado de grãos e a expansão da pecuária. Então, as áreas do Centro-Oeste ficaram insuficientes para atender à demanda do mercado de grãos, de carne, e essa atividade se estendeu a regiões que estavam com terras mais baratas, com mais condições de comprar. O próprio crescimento do agronegócio jogou o desmatamento pra cima da região da BR-163. (Madeireiro no PA)

> Foi reflexo da alta das *commodities* e da questão do desenvolvimento da agricultura na nossa região. Nós tivemos dois fatores nessa ocasião: nós tivemos uma semente que se adaptou à região do cerrado, juntamente com a valorização das *commodities*. Então, áreas planas e com teor de argila e de produtividade simplesmente foram desmatadas mesmo. (Madeireiro em MT)

> O Brasil, poucos anos atrás, era um pequeno produtor de grão. Com o grande avanço do grão no mundo, [...] quem mexe com grão tá por cima da carne-seca, exportando e produzindo bastante [...], e o grão tá vindo. O grão veio pra Guarantã, vamos dizer, há dez, vinte anos, veio para Castelo [dos Sonhos] há dois, três anos, já tem grande produtor em Castelo, já tem em Novo Progresso e Santarém. O crescimento [do desmatamento] foi [decorrente d]o grão, porque

a terra é barata, e uma saca de soja aqui nós vendemos por 16%, 17% mais caro. (Empresário no PA)

Depois de uns 25 a 30 anos [de uso], a terra fica fraca, e vem a hora de colocar calcário, adubar, e ele [produtor] não quer mais criar boi. É aí que entra no grão. Essa é a realidade que tá acontecendo na Amazônia. (Empresário no PA)

A falta de fiscalização e uma política deliberada de estímulo à expansão da soja sem respeito às restrições legais foram, para alguns, fatores que contribuíram de forma significativa para a expansão do desmatamento.

Em 2004, eu já estava morando em Alta Floresta. A sensação era de que não havia nada, nenhum tipo de controle. Podia acontecer desmatamentos gigantescos aqui e ali que não ia acontecer absolutamente nada. Era uma sensação de total vulnerabilidade. Então, os fatores, assim que a gente enxergava naquele momento, eram externos, mais macro, ligados à demanda por produtos agropecuários, pelas *commodities*. Naquele momento, esse segundo *boom*, teve uma coisa muito clara da soja, da expansão da soja aqui em Mato Grosso, que diretamente desmatou muitas áreas e indiretamente também levou a mais desmatamento. A gente identificou muito claramente como uma política do governo do estado de estimular o desmatamento enquanto era possível. O governador colocou na Secretaria do Meio Ambiente a pessoa menos capaz possível nessa questão ambiental. Foi um plano de governo, inclusive falado assim quase que abertamente. Dessa forma, [com] a pressão do mercado, a ausência de controle e um governo do estado com todas as lideranças locais alinhadas com essa visão, não tinha o que segurasse. A gente viu muito também o que era a economia do desmatamento, tudo girava em torno dessa atividade, as máquinas, tratores, pessoas e trabalhadores. A valorização extrema da terra depois de desmatada gerava um giro incrível de compra-venda. Então, pra quem tinha dinheiro, comprar uma área para desmatar era o melhor jeito possível de, sei lá, triplicar o patrimônio em um, dois anos, com um risco muito baixo. (Conservacionista em MT)

Eu penso que foi a questão de produzir sem ter a visão da consequência e a impunidade. Então, você queria produzir mais independentemente da questão da área, da produtividade, mas você pensava em produção, e o Estado estava ausente. O Ibama, muito distante, não fazia aquele controle, aquele monitoramento, não tinha esse poder de controle. (Funcionário público em MT)

Finalmente, alguns entrevistados alegaram que a ampliação do desmatamento decorreu também de uma ação preventiva por parte de produtores, ao perceberem a tendência de acirramento do controle e de aumento das restrições legais que estavam por vir. Alguns, que ocupavam posição de liderança de setores rurais, afirmam ter feito campanha alertando para que fossem realizados os desmatamentos o mais rápido possível, antes que se tornassem inviáveis.

> Em 2004, eu previ que iam acontecer algumas medidas drásticas do governo, eu fui o maior incentivador do desmatamento da Amazônia. Eu previ, porque quando eu ia pra Brasília, eu sentia a coisa forte, fortes tendências de organismos internacionais pressionando o Brasil pra criar unidade de conservação. Eu via que estava uma tendência de criação de unidade de conservação horrível. Eu dizia pra quem podia: desmatem o que vocês puderem agora porque não vai poder mais. Desmatem o que vocês puderem, eu gritava assim em voz alta pra todo mundo. Teve um sujeito aqui que fez 5 mil hectares de desmatamento num só ano. Então, eu estava vendo que isso ia acontecer. (Agropecuarista no PA)

> Quando o governo incentivou o pessoal a ir pra lá, todo mundo, era 50% [de Reserva Legal]. Aí veio a onda pra voltar pra 80%, e eles aproveitaram pra fazer as derrubadas, antes de fechar. [...] Foi aí que o pessoal apavorou e quis abrir. Porque você não toca uma propriedade com 20%. É muito difícil. Por isso que acho que aconteceu deles aproveitarem esse momento aí. (Agropecuarista em MT)

> Em alguns momentos, por exemplo, a turma desmatou por causa da lei dos 80%: vamos desmatar porque essa lei não vai vingar, e depois, [quem desmatou] mesmo com a lei dos 80%, acabou sendo meio que perdoado [pelo novo Código Florestal de 2012]. (Madeireiro em MT)

> O aumento se deu porque o assunto começou a ser discutido, e todo mundo ficou com medo de que ninguém mais poderia derrubar, então todo mundo correu pra derrubar a parte que era de direito dele e até avançou um pouco mais, porque o documento não saía. (Pecuarista em MT)

Por que se reduziu o desmatamento a partir de 2005

A terceira etapa da entrevista tinha como objetivo identificar junto aos informantes-chave, ou seja, junto aos atores locais, quais fatores teriam levado a uma redução tão rápida de um processo de desmatamento que vinha se consolidando de forma crescente havia quase uma década, a partir de 1996.

Essa questão foi respondida por todos os 39 entrevistados, e a opinião da quase totalidade (37) é de que a redução do desmatamento foi consequência da intensa fiscalização implementada na região. "Eu acho que a lei pegou" (Agropecuarista em MT). "Foi devido à fiscalização. Começaram a apertar" (Agropecuarista em MT). "Nesse período que começou a diminuir, houve uma pressão muito forte pela redução dos desmatamentos" (Pecuarista em MT).

> O Ibama vindo e multando, exigindo e embargando área, então não adiantava fazer irregular. Houve uma conscientização muito grande disso aí, porque no passado não existia fiscalização, não existia nada, era uma bagunça [...], isso tudo forçou as pessoas a enxergarem essa questão ambiental de uma outra forma. (Madeireiro em MT)

> Um momento decisivo foi no governo Lula, quando o Ministério do Meio Ambiente andou fazendo operações aqui em Mato Grosso. Eu não sei se pressionado por interesses internacionais ou por uma consciência interna, ou porque teve a presença de Marina e outros, realmente houve ações efetivas [...] no estado [de Mato Grosso]. (Advogado em MT)

> Mudou bastante por conta da repressão e controle. [...] Antes, a questão ambiental era piada; hoje, não. Hoje, a questão ambiental tá amarrando pela via legal, ela tá entranhada, e tem essa questão de você ter o conforto, quer ter tranquilidade. (Advogado no PA)

> O que eu ouço da conversa dos pecuaristas, que são o meu dia a dia, é a questão da lei, que realmente foi posta em cima da mesa. Aí entra um pouco da Marina, eu ouço bastante o nome dela nesse sentido, dizer que foi ela a pessoa que arrochou a questão ambiental. E aí desce helicóptero, desce avião com o pelotão do Exército, e o negócio começa a funcionar do ponto de vista da multa e da caneta. Eu acho que a grande redução de 2004 pra cá é feita pela aplicação da lei no chão mesmo. Foi a imposição da lei pelo governo federal, depois que o Lula anunciou que reduziria o desmatamento, e de fato o pelotão veio a campo fazer isso acontecer. (Funcionário público em MT)

Também foi dado muito destaque às operações implementadas pelo Ibama em parceria com a PF e o envolvimento da Força Nacional. "Com certeza, a Operação Curupira foi um divisor de águas. O próprio governador tomou um susto, tanto que, depois disso, você percebe que o comportamento dele mudou" (funcionário público em MT).

> Em 2005, houve a Operação Curupira, que foi um marco, um trauma para todos aqui. Revelou problemas de gestão e a necessidade de um novo modo de se considerar as questões ambientais. Eu lembro [...], quando aconteceu essa operação e várias pessoas foram presas. Eu acho que mudou aquela sensação de impunidade que existia e de que ninguém ia ficar sabendo que estava tudo correndo solto. (Funcionário público em MT)

> Foram as intervenções que vieram a partir do governo federal, acho que foi o Arco de Fogo e mais umas outras. Até então, o pessoal realmente estava desmatando meio exagerado, e aí, com essa intervenção, houve uma paralisação, porque uns e outros começaram a ficar com medo. [...] Houve revolta porque o pessoal aqui achava que tinha direito de fazer tudo que queria. Teve muita choradeira, o comércio mudou, acabou o dinheiro, foi uma paralisação que o pessoal falou: acabou a cidade, acabou porque estava girando muito, principalmente com os madeireiros. Então, teve aquela parada, e todo mundo ficou assustado. (Agropecuarista em MT)

> Foi a fiscalização, a multa, foi aquela operação violenta [Arco de Fogo] que teve e intimidou principalmente os grandes pecuaristas, que tinham um certo entendimento, e que eles sabiam, mesmo que quisessem, não dava pra ir contra a lei. (Comerciante em MT)

> O Ibama chegou com várias operações, como a Curupira e Arco de Fogo, prenderam muitas pessoas. Para mim, a redução do desmatamento não foi pela consciência, não foi pela sensibilização, foi pelo comando e controle firme e forte naquele momento. (Conservacionista em MT)

Outro aspecto levantado por vários informantes-chave foi o aumento da percepção do risco de manter as atividades de desmatamento ilegal. Segundo relatos coletados, mesmo os grandes agropecuaristas e madeireiros, que inicialmente resistiram às iniciativas de comando e controle, passaram a perceber que o risco de serem presos e perderem seus equipamentos se tornara muito alto.

> A gente assistiu [a] muitas audiências públicas em cidades do Mato Grosso, onde o fazendeiro falava assim: "Na minha terra, eu que mando, eu pego arma e faço isso!" A gente sabia que isso era pura bobageira deles, que eles não iam pegar em arma coisíssima nenhuma, porque eles não podiam com a Força Nacional e não podiam com o governo. Então, o que fez parar o desmatamento dos grandes pecuaristas foram as operações. Quando veio aquela operação realmente muito violenta [Arco de Fogo], todo mundo falou: "Não, realmente a gente não pode com o governo e a gente vai ter que parar". (Comerciante em MT)

> Acho que deu um choque na sociedade de que, opa, não é bem assim, eu tenho que mudar minha conduta, eu posso ser preso. Isso tudo abalou. O secretário de Estado [do Mato Grosso] sendo preso, chefe do Ibama sendo preso, causaram um choque e uma mudança, uma nova forma de ver as questões ambientais. (Funcionário público em MT)

> Tenho uns amigos madeireiros, não produtor, mas madeireiro, que foram presos. Foi em 2005 e 2006, quando teve uma punição pesada aqui, pesada mesmo, forte. Teve uma aqui em Alta Floresta em que foram uns quinze, dezesseis presos e levados pra Cuiabá. (Agropecuarista em MT)

> Aumentou a sensação de risco, inclusive porque fecharam as madeireiras. Eram setecentas e poucas em Sinop e caiu pra duzentas, e hoje eu não sei se a gente tem trinta ou quarenta na cidade. (Funcionário público em MT)

> Os grandes sabiam que, se fizessem, continuassem com aquele desmatamento desenfreado, o que já tinha acontecido com alguém poderia acontecer com eles. (Agricultor em MT)

Muitos entrevistados apontaram o aprimoramento dos processos de monitoramento e a disponibilização das informações como fatores de alta relevância para o sucesso das ações de fiscalização e punição dos responsáveis por desmatamentos ilegais. "Foi a disponibilização do Prodes, das informação do desmatamento" (Conservacionista em MT).

> Aumentou o risco, porque hoje você não consegue mais driblar o monitoramento. Isso é natural, a pessoa sabe disso, que hoje, via satélite, qualquer um pode observar o que nós estamos fazendo aqui. [...] Então hoje ficou bem complicada a ampliação de derrubada. (Garimpeiro no PA)

> O controle da atividade madeireira se aperfeiçoou. Eles têm condições de ver se o manejo está sendo executado só com imagem de satélite, coisa que só se fazia até 2005 indo a campo. Hoje é fácil eles observarem se o projeto está sendo executado. (Madeireiro no PA)

> Hoje você vê, acontece um desmate lá em Vila Rica, extremo norte no estado, na divisa com o Pará, e no outro dia, ou instantaneamente, a imagem de satélite já mostra. Antes não tinha esse controle, hoje o pessoal tem medo, tem receio. (Funcionário público em MT)

A constância das ações de fiscalização, o uso de inteligência no seu planejamento, assim como o aprimoramento das medidas necessárias para tornar as multas e apreensões de produtos e equipamentos mais efetivas, também foram percebidos como elementos importantes pelos entrevistados.

> A atuação da fiscalização constante, repetida e feita de forma estratégica foi fundamental. Tinha uma inteligência de controle que estava informada, sabendo com antecedência e intervindo. Não acabou com todo o crime organizado, mas desmantelou fortemente as operações maiores de grilagem. (Conservacionista em MT)

> Isso [redução do desmatamento] se deve à Força Nacional, que não sai mais daqui. Eles estão direto aqui, fiscalizando, olhando, punindo, multando. Então eu acho que essa é a maneira que conseguiu parar o desmatamento por enquanto. (Agropecuarista em MT)

> Eu acho que foram as leis, que foram apertando. Eu não sei quantas mil cabeças de gado já tem confiscado pela Justiça, mas acredito que atinge mais de 300 mil, já com fiel depositário definido. Eu acho que essa situação aí foi a que mais paralisou. (Empresário no PA)

> Antes muita gente falava assim: você nunca vai ser preso, você não paga as multas do Ibama. O cara era multado em 30 milhões e não pagava. Agora não, os processos burocráticos de formalizar essa multa estão mais corretos, então a questão de fazer só por fazer hoje mudou, hoje a sociedade tá cobrando essa ação mais efetiva do Estado. (Funcionário público em MT)

A criação de unidades de conservação e o reconhecimento e a homologação de terras indígenas também foram apontados como iniciativas de grande importância no processo de controle do desmatamento. Isso porque, segundo os entrevistados, as terras inseridas nessas áreas protegidas perdem o valor para os interessados em obter títulos a partir da invasão de áreas públicas, pois eles sabem que essa titulação se torna impossível. "O que diminuiu também foi a instalação das Flonas, grande parte das pessoas preferiu abandonar as posses que tinham lá dentro" (madeireiro no PA). "[A queda do desmatamento] foi com a chegada do zoneamento, com a implantação e demarcação das reservas indígenas" (agricultor no PA). "As ações que interditaram tudo. As Flonas e parques" (garimpeiro no PA).

> Eu me considero um capitalista, mas o cara que travou o desmatamento na Amazônia foi o Lula, quando ele criou os parques. No dia [em] que ele deu a canetada, eu acho que foi na administração da Marina, foi na hora certinha. Quem vai fazer filho na mulher do outro? Ninguém vai fazer derrubada em cima de uma coisa que não pode ser legalizada. (Empresário no PA)

> E aí, é claro, a fiscalização, a partir da criação da reserva, passou a acontecer com maior intensidade. Também passou a ser um crime no âmbito federal. Então era um crime ambiental fora da reserva, e digamos que tinha lá uma tolerância, porém [...] derrubar em áreas de floresta nacional o crime passou a ser maior. (Madeireiro no PA)

> Algumas áreas protegidas criadas foram fundamentais também para segurar, algumas áreas que estavam indo muito rápido seriam as próximas ameaçadas, como no nosso caso o [Parque Nacional do] Juruena e a [Reserva Biológica] Nascentes do Cachimbo. Foi colocado um freio nas áreas que estavam sob pressão ou que iriam estar sob pressão mais rapidamente. Por mais que o ICMBio até hoje não deu conta realmente de assumir, aquelas áreas já não são mais interessantes como alvo de investimento para desmatamento e especulação. (Conservacionista em MT)

> Em 2006, quando o governo criou as unidades de conservação, foi um freio. O governo fez aquelas limitações [Limitações Administrativas], que eu achei forte, quando a irmã Dorothy morreu, e depois anunciou as unidades de conservação e aquelas coisas todas, eu achei forte a medida do governo, foi bem forte mesmo. Então, pegou aqui, pegou moendo mesmo. Aquilo lá ajudou bastante, segurou bastante. (Empresário no PA)

> No início se derrubava imaginando que conseguiria o título que possibilitaria que o banco pudesse financiar com taxas de juros baixas. A falta de documento, digamos assim, desmotivou as pessoas de vir pra cá, e esse desmatamento foi caindo. (Madeireiro no PA)

Os fatores econômicos, como a queda do preço das *commodities* nos anos de 2004 a 2006, foram apontados como importantes, porém secundários, por três entrevistados. Isso porque, após a recuperação dos preços no mercado internacional, o desmatamento não voltou a crescer, o que é atribuído por eles às ações de controle elencadas anteriormente.

> Em 2004, o dólar despencou, e deu uma crise aqui na região muito grande, porque os maiores negócios eram a madeira e a agricultura e pecuária, que também estão atreladas na exportação. Despencou o dólar, despencou tudo. (Madeireiro em MT)

> Se você ver essa queda drástica de 2005, você pode ver que a grande crise da agricultura foi 2006-2007, quando o preço caiu muito e os agricultores quebraram e pediram refinanciamento pra dez anos. Então essa queda foi diretamente ligada também à questão econômica da agricultura. Tanto que, em 2008, quando se estabilizou, teve uma nova alta do desmatamento pela valorização, mas os níveis se mantiveram, porque a fiscalização se deu com uma maior incidência na região. Aí se manteve num nível estável, e eu acho que isso aí é mérito do trabalho feito pelos órgãos ambientais. (Madeireiro em MT)

> Obviamente, a Operação Curupira, a entrada do governo federal de uma forma conjunta sobre esse assunto, fazendo acontecer as operações, foi uma coisa excepcional que aconteceu exatamente no momento de crise do mercado das *commodities* e que teve um problema da pecuária com um surto de febre aftosa, levando os mercados internacionais a se fecharem para as nossas exportações. O Blairo mesmo falava: "Olha, não vai ter dinheiro para os próximos dois ou três anos." (Conservacionista em MT)

Com relação a medidas econômicas, como a redução do acesso ao crédito rural pelos bancos públicos e privados e de mercado, como a moratória da soja, apenas um informante-chave considerou que tiveram algum impacto na redução do desmatamento. Mesmo para os agricultores atuantes no estado de Mato Grosso, a moratória não foi mencionada, e, quando questionados, não souberam avaliar se teria tido algum impacto na redução da expansão da leguminosa sobre áreas de florestas. Foram citados apenas dois casos em que houve cancelamento de compra de produtos em virtude de irregularidade ambiental. Um deles se referia a uma carga de madeira e outro, à venda de gado para um frigorífico.

Visão de futuro

No que diz respeito à visão de futuro, há uma avaliação comum entre os entrevistados de que a fiscalização e a punição não serão suficientes para manter o desmatamento em baixa por muito tempo.

> Se o governo trabalhar da forma que ele está trabalhando, só com multa, a Amazônia será destruída, eu não vejo como. Não segura. Nós temos 20 milhões de pessoas dentro da Amazônia já, e está aumentando a cada dia. Isso é como uma bomba. (Agropecuarista no PA)

Foram citadas várias iniciativas concretas que o governo deveria implementar para resolver questões estruturais da região e controlar o desmatamento, como o ordenamento territorial, a regularização fundiária, o pagamento por serviços ambientais, o incentivo ao manejo florestal sustentável e o apoio à agricultura familiar e aos assentamentos.

> É necessário ter políticas públicas para os pequenos, os assentamentos hoje, porque os assentamentos estão desmatando e vão continuar desmatando, se nós não tivermos uma estratégia muito bem pensada para as pequenas propriedades, para a agricultura familiar também. Então, há muito o que fazer. O futuro da Amazônia, pra mim, exige uma estratégia bem desenhada no combate ao desmatamento e de políticas públicas para produção com um baixo impacto. Eu tenho esperança, eu acredito que a gente é capaz de reverter essa situação, porque as pessoas vão percebendo que podem aumentar a sua capacidade de produção, podem ganhar dinheiro, sem precisar avançar na floresta. (Conservacionista em MT)

> Eu acho que um risco muito grande que tem nessa história é do CPF [ter que] pagar os 80% [de reserva legal a ser preservada]. Essa é uma coisa que eu discuto bastante com os produtores em palestras em que o tema sempre aparece. Se você pensar do ponto de vista do CPF, quem tem R$ 10 milhões e resolve comprar terra para ser agropecuarista em Sinop só vai poder explorar 20%

dela. Então, por que alguém vai pegar R$ 8 milhões para comprar floresta e ficar olhando pra ela... sem usar, sem gerar renda, deixando 80% do patrimônio dele parado? (Funcionário público em MT)

Primeiro, eu acho que se você quer pensar no futuro, você tem que ter regras definidas. Segundo, você tem que ter mecanismos que te possibilitem fiscalizar ou exigir o cumprimento dessas regras. Terceiro, você tem que dar o verdadeiro valor nesse ambiente; não é transferir única e exclusivamente a responsabilidade para o detentor da terra. [...] O Estado brasileiro tem que ser mais responsável na conservação do ambiente. Não são apenas os proprietários, os detentores das áreas, que são os responsáveis. Toda a sociedade é responsável. (Pecuarista em MT)

Não sei, se você retirar a fiscalização ostensiva, não dá um pique no desmatamento. Eu acho que falta um pagamento pelos serviços ambientais da floresta. É preciso valorizar esses serviços de absorção de carbono, de biodiversidade, de evapotranspiração. A gente está com um lapso aí de pelo menos vinte anos. Então, falta uma política consistente para mudar a lógica de desmatamento. Nessa lógica, a gente tinha uma expectativa grande com REDD [Redução das Emissões por Desmatamento e Degradação Florestal], mas o governo federal tá muito reticente. Quantas vezes foi reduzido o IPI pra carro aqui nesse país? Isso é uma fábula. E não teve nem um pouquinho para conservar floresta. A política de comando e controle foi efetiva, reduziu as emissões, mas isso é pouco. A floresta é importante demais para não ser melhor trabalhada. (Funcionário público em MT)

Nos depoimentos sobre o futuro da Amazônia, há uma nítida diferença entre as respostas dos entrevistados nos estados de Mato Grosso e do Pará. Os primeiros consideram que os recentes avanços tecnológicos que vêm permitindo o aumento da produtividade da agricultura e da pecuária são conquistas que podem ajudar a manter o desmatamento sob controle, sem comprometer a renda. "O campo está buscando tecnologias, aumentando a sua produtividade, percebendo que não precisa desmatar pra triplicar a produção" (conservacionista em MT).

Foi uma quebra de paradigmas. Hoje eles começaram a perceber que eles devem cuidar da terra, devem colocar o calcário, devem colocar o adubo, devem piquetear melhor as suas áreas e trabalhar lotes de animais pertinentes a cada tipo de pastagem que eles têm. [...] Eu acho que, se a gente conseguir aliar essa produtividade que tá vindo e a necessária segurança ambiental, aí a gente conseguiu ficar no mundo ideal. (Conservacionista em MT)

O futuro da Amazônia? A mata que está em pé continua em pé, [...] a integração lavoura, pecuária e floresta já se comprovou que é viável. [...] Todo produtor tá isolando suas APPs [Áreas de Preservação Permanente], tá aumentando floresta nas APPs e tá plantando árvores. (Pecuarista em MT)

A gente percebe que as fazendas de pecuária estão cedendo espaço para as áreas de soja, mas mesmo assim não estão perdendo produtividade na pecuária, justamente por essas tecnologias que estão sendo implantadas, onde você consegue intensificar as pastagens, criar mais animais, girar mais esses lotes de gado produzindo mais do que você produzia na área toda só de gado. (Conservacionista em MT)

Novas tecnologias. A Amazônia já tem hoje várias fazendas aí com quatro, cinco cabeças por hectare. (Conservacionista em MT)

A pressão por não abertura de novas áreas fez retornar a agricultura em áreas de pastagens degradadas. Mas não são necessariamente degradadas, são áreas de pastagens antigas, áreas de terras menos férteis, e que você, de um modo ou de outro, tem que inserir tecnologias para elas recuperarem produtividade. Quando a pessoa insere tecnologia, ela não retorna para a pecuária. (Pecuarista em MT)

Diminuiu o desmatamento e aumentou a produção. Além da melhoria genética que vai melhorando a qualidade, vai aproveitando mais as áreas, vai zelando mais das áreas que tem, vai tendo mais cabeça de gado em cima de menos área, e assim por diante. (Empresário no PA)

Houve justamente por essas técnicas que estão implementando, [...] você é capaz de produzir mais com menos, sem precisar de tanta terra. Você consegue produzir mais do que você vinha produzindo sem nenhuma técnica, sem nenhum trabalho em cima da terra. (Agricultor em MT)

A visão mais pessimista sobre o futuro foi apresentada pelos entrevistados do estado do Pará, para os quais a questão da falta de ações concretas no campo da regularização fundiária é o maior problema e a causa dos principais conflitos, e não há muita esperança entre eles de que essa questão venha a ser efetivamente resolvida. "Eu vejo muitas impossibilidades. Eu vejo um engessamento. Eu não sou otimista em relação à Amazônia, não" (pecuarista no PA). "O futuro da Amazônia que a gente percebe, assim, pelo cenário que tá hoje, é um futuro triste" (agricultor no PA).

> Eu acho que aqui o problema sempre vai ser o título. A hora [em] que titulou, definiu as reservas, acaba o problema, ninguém em sã consciência vai fazer besteira. Pensa nisso, você tem tanto aventureiro que vai correr esse risco, mas depende de titulação. Então eu acho que a base de tudo é título. (Madeireiro no PA)

> Nós só queremos a legalidade. Hoje nós não temos coragem de plantar uma árvore. Porque, se não temos documento, como é que eu vou plantar uma árvore e depois não poder tirar ela? Hoje é mais fácil você derrubar do que você fazer um projeto pra plantar uma árvore. (Agricultor no PA)

O mesmo sentimento de desânimo vem do setor madeireiro, que não acredita na efetiva implementação da Lei de Gestão de Florestas Públicas e, por consequência, não vê iniciativas concretas para viabilizar as licitações das florestas nacionais e a implantação do Distrito Florestal Sustentável da BR-163. Há ainda uma avaliação de que, se as licitações saírem de fato, as empresas de fora da região deverão vencê-las, pois possuem maior capacidade do que as locais.

> Levando em consideração a condição financeira do madeireiro aqui da região, se saírem as concessões das Flonas do Jamanxim, de Altamira e outras, não vai significar nada. Virão outras empresas de fora que já são especialistas em licitação e vão ganhar. Existe um total descrédito em relação ao Serviço Florestal Brasileiro, ao governo federal, ao Ibama. As coisas demoram demais para acontecer. Eu, na verdade, eu já arrendei parte do meu equipamento. (Madeireiro no PA)

Grau de conhecimento e opinião sobre os ministros do Meio Ambiente da década de 2000

A última questão apresentada tratou do grau de conhecimento, por parte dos informantes-chave, acerca dos ministros que estiveram à frente do MMA nos anos 2000, período de interesse da pesquisa. O objetivo da pergunta foi identificar se o principal ocupante de cargo público do governo federal, no que concerne às políticas públicas de controle do desmatamento na Amazônia, era conhecido e qual era a avaliação do seu desempenho.

No total, 26 entrevistados responderam a essa pergunta. O nome mais conhecido entre os ministros foi o de Marina Silva, que ocupou o cargo entre 2003 e 2008, com 25 afirmando conhecê-la, sendo 24 de forma aprofundada, e apenas 1 alegando não ter nenhum conhecimento a respeito dela. Na sequência, aparece o nome de Carlos Minc, ministro de 2008 a 2010, conhecido por 24 entrevistados, 19 dos quais indicando conhecê-lo bem. Izabella Teixeira, que assumiu em abril de 2010 e permanecia à frente do MMA na época das entrevistas, era conhecida por 20 dos entrevistados, dos quais 7 afirmaram conhecê-la bem. O menos conhecido dos ministros foi José Sarney Filho, que ocupou o cargo entre 1999 e 2002, com 11 citações, das quais apenas 5 afirmando que o conheciam bem.

As avaliações sobre o trabalho de Marina Silva são as mais enfáticas e variam da crítica ao excesso de radicalismo nas ações de combate ao desmatamento, passando pela qualificação como sonhadora e inimiga da Amazônia, até a avaliação como a pessoa que teve a coragem de enfrentar o modelo predatório como nenhuma outra. "O ministro que mais feriu a Amazônia de fato foi a Marina Silva. Ela foi a precursora de toda essa mudança" (agropecuarista no PA). "As políticas da Marina Silva me soam extremamente protecionistas, ambientalistas, não têm a visão [de] que o Brasil precisa pra se tratar a Amazônia" (madeireiro em MT). "A Marina mudou várias legislações, foi um marco" (funcionário público no PA). "Muito radical, muito radical mesmo" (empresário no PA).

> Eu diria que quem mais radicalizou essa questão ambiental foi a Marina Silva. Eu não vou te citar exemplos, que qualquer um sabe que quem deu subsídio, quem melhorou a fiscalização foi a Marina Silva, não foi nenhum outro. A partir da Marina Silva, deram sequência. (Madeireiro no PA)

> Os outros passaram. Quem deixou marca foi a Marina, embora eu tenha um terror muito grande a respeito dela, e é muito difícil de tirar isso, porque ela é pura em excesso. (Garimpeiro no PA)

> A que teria sido um pouquinho melhor, ainda seria no caso da Marina Silva, mas eu tenho medo da pessoa quando ela é fanática. A Marina Silva é uma fanática. Eu até gosto de muitas opiniões dela, muitas ideias dela eu até acho interessantes, mas eu não gosto de radicalismo. (Pecuarista em MT)

Muitos entrevistados se referem a Marina Silva como alguém que teve capacidade de planejamento e agiu de forma estratégica, sendo pioneira na implantação de políticas que levaram a uma ruptura no modelo predatório que vigorava antes dela. Nesse sentido, há quem afirme que a rejeição ao seu nome por produtores e políticos da região foi uma reação às ações enérgicas adotadas na época, mas que, gradativamente, as principais lideranças passaram a reconhecer sua contribuição para o redirecionamento do desenvolvimento da Amazônia.

> A Marina faz a diferença nessa história, ela teve uma estratégia bem pensada, ela pensou, planejou, ela tinha um plano de ação. Marina ainda vai ser lembrada, a gente vê várias pessoas aqui que, na época, falavam muito mal dela, de uma forma até pejorativa, e hoje reconhecem que graças à estratégia dela [...] é que a gente conseguiu ter um divisor de águas, a gente pegou outra direção. (Conservacionista em MT)

> Naquela época, as pessoas não tinham a consciência que passaram a ter depois de um determinado tempo, e precisou acontecer tudo isso pras pessoas enxergarem. Eu vejo como positivo e vejo ela [Marina] como uma grande defensora do meio ambiente, que é de fundamental importância. (Pecuarista em MT)

> Marina teve que enfrentar a coisa de frente, mas mostrando outras formas de como é que a gente produz com baixo impacto, como é que a pecuária de baixo carbono é possível na Amazônia. Se todos eles [ministros] continuam nessa linha [...], a nossa história poderia ser totalmente diferente, [...] tenho certeza, não tenho dúvida disso e hoje eu já escuto fazendeiros, madeireiros falando isso. (Conservacionista em MT)

> A Marina [...] tinha um fundamento, ela tinha um objetivo, ela tinha um olhar e uma visão, e as vezes que ela atropelou porque realmente não tinha como, ela tinha que atropelar. Eu acho que faltou estabilidade política pra ela fazer as coisas de uma maneira mais calma, faltou a segurança da continuidade, e aí, muitas das vezes, ela teve que atropelar mesmo e passar por cima, até porque não sabia o dia de amanhã. (Comerciante em MT)

> A Marina trouxe muita coragem na ação política na questão do meio ambiente, de forma geral, mas especialmente no combate ao desmatamento, uma coisa que não tinha um antecedente na história do Brasil. Junto com a coragem, veio a eficácia das medidas que foram tomadas e que chegou até um ponto de ruptura,

no momento em que, enfim, a liderança política do país não aceitou mais aquela ação, e ela teve que se retirar. (Conservacionista em MT)

A Marina paga o preço desse impacto negativo muito forte que se causou na região, mas eu acho que, de fato, isso foi necessário lá atrás, naquele momento, pra que a gente viva o que a gente vive hoje. Acho que a imagem dela é muito negativa na região, por conta de ter sido a pessoa que deu a canetada. (Funcionário público em MT)

A passagem de Carlos Minc pelo MMA é lembrada como a de alguém que deu continuidade aos processos de combate ao desmatamento e por sua grande capacidade de mobilização da mídia. Este último aspecto é considerado positivo por alguns, mas muito criticado por outros. "Minc tinha uma boa capacidade de relação com a mídia" (conservacionista em MT).

Eu gostei muito do trabalho do Minc, porque eu vejo que é interessante a gente mostrar o resultado de um trabalho que é feito, transformar isso politicamente. (Funcionário público no PA)

O Minc sitiou e mudou a história de Paragominas. Mas atuou muito de forma pontual, sem uma ação estratégica. (Conservacionista em MT)

O Carlos Minc já entrou dando uma declaração complicada, mas também teve uma função importante na questão dos embargos. Ele era mais midiático. (Funcionário público em MT)

A gestão da ministra Izabella Teixeira é a mais bem avaliada por produtores rurais e representantes do setor madeireiro, principalmente por identificarem nela uma posição menos radical, comparada com as de Marina Silva e Carlos Minc. As críticas se referem à falta de estratégia para avançar nas políticas ambientais e a uma atuação identificada como carreirista, com baixa disposição para contrariar interesses econômicos e falta de transparência e capacidade de diálogo com ONGs e movimentos sociais.

A Izabella, eu acho que tem feito um trabalho bem interessante, tá lá há muito tempo já, não é tida como uma pessoa de medidas insanas ou intempestivas, mas numa tentativa de controle, numa tentativa de fiscalização, no entendimento do que é melhor para o país. Acho que a Izabella é uma pessoa que contribui bastante. (Funcionário público em MT)

Eu particularmente acho a Izabella Teixeira a mais proativa e a que tem trabalhado mais eficientemente na visão global da Amazônia, não só na parte ambiental, mas também na parte produtiva. [...] Nós tivemos umas reuniões com ela, o setor de base florestal se propôs a auxiliar isso, criar um grupo de trabalho pra que a gente pudesse rever algumas questões simples [...], e não conseguimos esse avanço ainda. Eu, particularmente, achei ela um pouco intransigente. (Madeireiro em MT)

Ela tem tido uma visão diferente, porque não é possível você preservar meio ambiente se não tiver também o lado econômico junto, porque eu acho que houve aquele amadurecimento que eu falei que houve no Ibama, ao longo dos anos foi acontecendo isso. Izabella Teixeira, inclusive, é funcionária do Ibama, se eu não me engano, ela vem de carreira. Então ela acompanhou todas as besteiras que foram feitas, então eu diria que hoje é uma pessoa que tem uma visão muito boa e coerente. Ela, pra nós, é positiva. (Madeireiro em MT)

A Izabella é uma funcionária de carreira ali sentada no seu lugar, assinando o que precisa assinar, então não tem também uma estratégia para o meio ambiente. (Conservacionista em MT)

A Izabella faz a política ambiental do agronegócio. Ela muito abertamente despreza as ONGs, não tem nenhum interesse em parcerias, em abrir informações, dar acesso à informação. Alguns espaços de diálogo que o MMA tinha foram fechados. (Conservacionista em MT)

7 | Repercussão das ações de controle do desmatamento na Amazônia na década de 2000 nos veículos de comunicação com abrangência nacional e regional

Nesta etapa do desenvolvimento deste trabalho, foi realizada uma análise de notícias[1] veiculadas em jornais, TVs e emissoras de rádio, sobre desmatamento na Amazônia. O objetivo desse levantamento foi verificar se houve variação na cobertura da mídia nacional e regional sobre o tema e, em caso positivo, como essa variação ocorreu ao longo da década de 2000.

A primeira iniciativa desenvolvida foi uma análise preliminar da quantidade de notícias publicadas em três importantes jornais de circulação nacional: *O Estado de S.Paulo*, *O Globo* e *Folha de S.Paulo*. Para tanto, foi realizada uma pesquisa condicional nos sites desses veículos, em que as palavras "desmatamento" e "Amazônia" constassem juntas na mesma matéria, artigo ou reportagem, nas décadas de 1970, 1980, 1990 e 2000.

Os resultados obtidos revelaram que o número de notícias veiculadas nos três jornais pesquisados variou muito pouco nas três primeiras décadas e aumentou de forma intensa na de 2000. Esse aumento foi da ordem de 620% em *O Estado de S.Paulo*, 400% na *Folha de S.Paulo* e 300% em *O Globo*, em relação à média das décadas anteriores, conforme pode ser visto na Tabela 13 e na Figura 49.

---

[1] | "Notícia: relato de fatos e acontecimentos, recentes ou atuais, ocorridos no país ou no mundo, veiculado em jornal, televisão, revista etc.", segundo uma das definições do dicionário Houaiss.

Tabela 13 | Notícias sobre desmatamento na Amazônia veiculadas em três jornais de circulação nacional nas décadas de 1970, 1980, 1990 e 2000

Década	OESP	FSP	O Globo
1970	319	188	267
1980	206	253	391
1990	327	181	293
2000	2.048	1.038	1.272

Fontes: Sites *O Estado de S. Paulo* (2015); *Folha de S. Paulo* (2015); *O Globo* (2015). Elaborada pelo autor.

Figura 49 | Quantidade de notícias veiculadas pelos jornais *O Estado de S. Paulo*, *Folha de S. Paulo* e *O Globo* nas décadas de 1970, 1980, 1990 e 2000

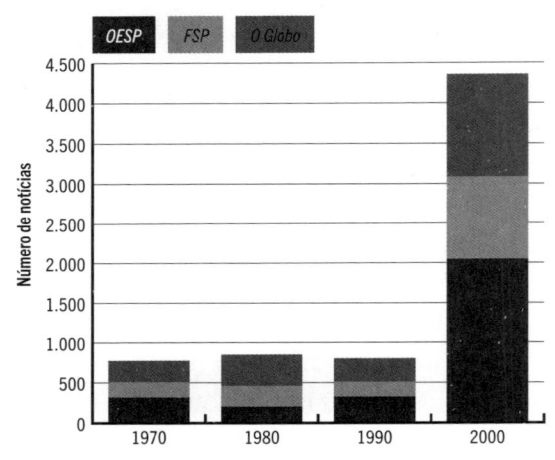

Fontes: Sites *O Estado de S. Paulo* (2015); *Folha de S. Paulo* (2015); *O Globo* (2015). Elaborada pelo autor.

Na sequência, foi realizada uma pesquisa detalhada de notícias veiculadas especificamente na década de 2000. O trabalho envolveu, novamente, os três jornais de circulação nacional (*O Globo*, *O Estado de S. Paulo* e *Folha de S. Paulo*); cinco jornais da região líderes em número de leitores, sendo dois no estado do Pará (*O Liberal* e *Diário do Pará*) e três no estado de Mato Grosso (*A Gazeta*, *Diário de Cuiabá* e *Folha do Estado*); sete emissoras de televisão (TV Assembleia, TV Brasil Oeste, TV Centro América — Globo, SBT regional, RedeTV! local, Record regional e Record nacional); e emissoras de rádio (Cultura AM, Cuiabana FM, CBN AM e Eldorado FM).

As buscas foram feitas diretamente nos sites mantidos pelos veículos pesquisados; no site da Agência de Monitoramento de Informações (AFPL), empresa localizada em Cuiabá (MT), que realiza o monitoramento de notícias em veículos de comunicação em âmbito regional; e na hemeroteca da Fundação Cultural do Pará (FCP), sediada em Belém. Os detalhes das fontes de pesquisa para cada veículo de comunicação e o número de matérias selecionadas para estudo constam na Tabela 14.

Tabela 14 | Notícias sobre desmatamento na Amazônia identificadas e analisadas em veículos de comunicação de âmbitos nacional e regional no período de 2000 a 2010

Veículo de comunicação	Quantidade de notícias
Jornais de âmbito nacional	**2.533**
Folha de S. Paulo impressa[1]	783
O Globo impresso[1]	609
O Estado de S. Paulo digital[1]	455
O Estado de S. Paulo impresso[1]	686
Jornais de âmbito regional	**1.488**
Diário de Cuiabá[1]	323
A Gazeta (Cuiabá)[1]	843
Folha do Estado (MT)[2]	50
Diário do Pará[3]	24
O Liberal (Pará)[3]	248
Televisão	**1.062**
TV Assembleia[2]	21
Brasil Oeste[2]	60
Centro América (Globo)[2]	565
SBT regional (inclui TV Cidade)[2]	85
Rede TV! local (antiga Rondon até 7/2009)[2]	80
Record regional[2]	205
Record nacional[2]	46
Rádio	**252**
Cultura AM[2]	98
Cuiabana FM[2]	24
CBN AM[2]	54
Eldorado FM (Território Eldorado)[2]	76
Total	**5.335**

Fontes: (1) Sites próprios dos veículos na internet (2016); (2) Agência de Monitoramento de Informações (AFPL); (3) hemeroteca na Fundação Cultural do Pará (FCP). Elaborada pelo autor.

O critério de seleção das notícias nos sites citados e na hemeroteca da FCP foi o mesmo utilizado no levantamento preliminar anteriormente exposto, ou seja, pesquisa condicional em que as palavras "desmatamento" e "Amazônia" constassem juntas na mesma matéria, artigo ou reportagem. Feita a seleção, as notícias foram copiadas e introduzidas em uma planilha no programa Microsoft Excel, com os seguintes campos: data, veículo de comunicação, formato (impresso, digital, TV, rádio), nome do jornalista principal, nome do jornalista colaborador, título, link da notícia no site e resumo.

Após análise do conteúdo das matérias e verificação da sua coerência com o objeto da pesquisa, foram selecionadas 5.335 notícias entre os anos de 2000 e 2010, organizadas por veículo: 609 do jornal *O Globo*; 1.141 do jornal *O Estado de S.Paulo*; 783 da *Folha de S.Paulo*; 323 do *Diário de Cuiabá*; 843 de *A Gazeta*; 50 da *Folha do Estado*; 248 de *O Liberal*, do Pará; 24 do *Diário do Pará*; 1.314 da AFPL, sendo 1.062 de veículos de televisão e 252 de emissoras de rádio (Tabela 14).

A fim de viabilizar a análise do expressivo volume de notícias, elas foram classificadas de acordo com os seguintes critérios:

a. principais fatos abordados (prisão, autuação, embargo de áreas, fiscalização, ação do Ministério Público, da PF e do Ibama);
b. relato de apreensões de produtos (fauna, flora, recursos florestais, recursos pesqueiros, grãos, cabeças de gado);
c. relato de apreensões de equipamentos (tratores, caminhões, correntes, colheitadeiras, armas de fogo, documentos, esteiras, veículos, artigos de pesca, motosserras);
d. fatos envolvendo unidades de conservação, terras indígenas, assentamentos rurais e zoneamento;
e. destaque para avanços ou retrocessos nas ações de conservação.

A análise da evolução das notícias veiculadas na década de 2000 revela uma estreita correlação com os principais fatos envolvendo as ações do governo federal por meio, principalmente, do PPCDAm (Tabela 15 e Figura 50). O primeiro aumento significativo do número de matérias ocorreu no ano de 2005, concentrando-se a maioria delas em três fatos que mobilizaram o noticiário: o envio de dois mil soldados do Exército para conter os conflitos entre lideranças locais e grileiros, acirrada após o assassinato da freira Dorothy Stang, em 12 de fevereiro; a interdição administrativa de toda a região do entorno da BR-163, desde a divisa com o estado de Mato Grosso à sua intersecção com a BR-230 (Rodovia Transamazônica), e a criação de um conjunto significativo de unidades de conservação, incluindo a Estação Ecológica da Terra do Meio (3,3 milhões de hectares) e o Parque Nacional da Serra do Pardo (445 mil hectares), abrangendo uma área equivalente a duas vezes o estado de Sergipe, em fevereiro; e a Operação Curupira, em junho, considerada uma das maiores operações realizadas pela PF.

A partir de 2005, as matérias na imprensa nacional e regional se mantêm em número bem superior ao do período que precedeu o PPCDAm (2000 a 2003), ocorrendo o segundo pico em 2008, com forte cobertura sobre o aumento do desmatamento verificado no final de 2007 e as novas medidas de controle impostas à região com o Decreto nº 6.321, que estabelece a lista de municípios prioritários para controle e fiscalização; o embargo obrigatório de áreas ilegalmente desmatadas; a responsabilização da cadeia de produção e comercialização por produtos oriundos de áreas irregularmente desmatadas; e o condicionamento da liberação de crédito agropecuário à comprovação de adimplência ambiental pelo tomador. Também mobilizam a imprensa a polêmica envolvendo a contestação dos dados do Inpe pelo governador Blairo Maggi, do estado de Mato Grosso, e a renúncia da ministra Marina Silva em maio, devido às tentativas de alteração do Decreto nº 6.321.

Tabela 15 | Evolução anual do número de notícias sobre desmatamento na Amazônia no período de 2000 a 2010

Ano	Número de notícias
2000	91
2001	114
2002	123
2003	169
2004	231
2005	482
2006	288
2007	536
2008	1.706
2009	1.000
2010	597

Fonte: Resultados da pesquisa. Elaborada pelo autor.

Figura 50 | Evolução anual do número de notícias sobre desmatamento na Amazônia no período de 2000 a 2010

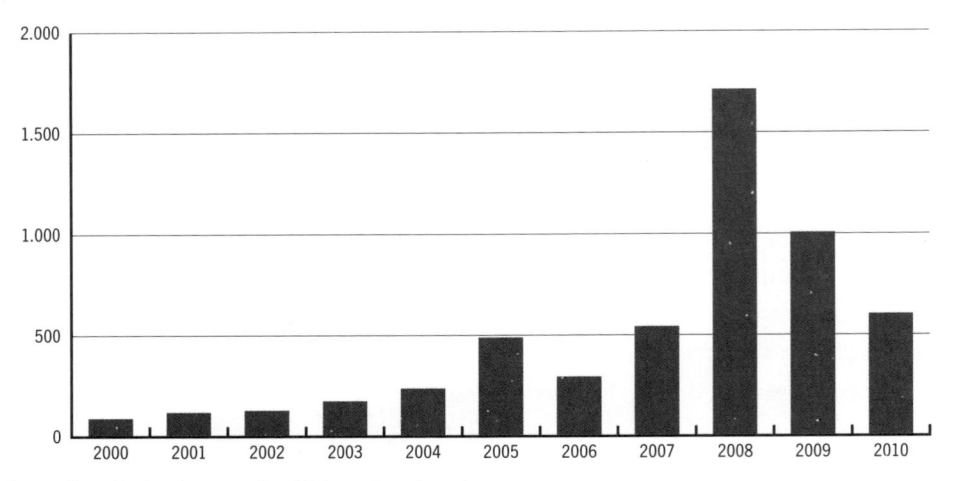

Fonte: Resultados da pesquisa. Elaborada pelo autor.

As figuras 51 a 56, com a distribuição anual das notícias analisadas em diferentes veículos de comunicação, reforçam a forte conexão entre a sua frequência e a evolução da implantação de medidas de controle do desmatamento na Amazônia.

Figura 51 | Quantidade de notícias veiculadas pelos jornais *O Estado de S. Paulo*, *Folha de S. Paulo* e *O Globo* por ano no período de 2000 a 2010

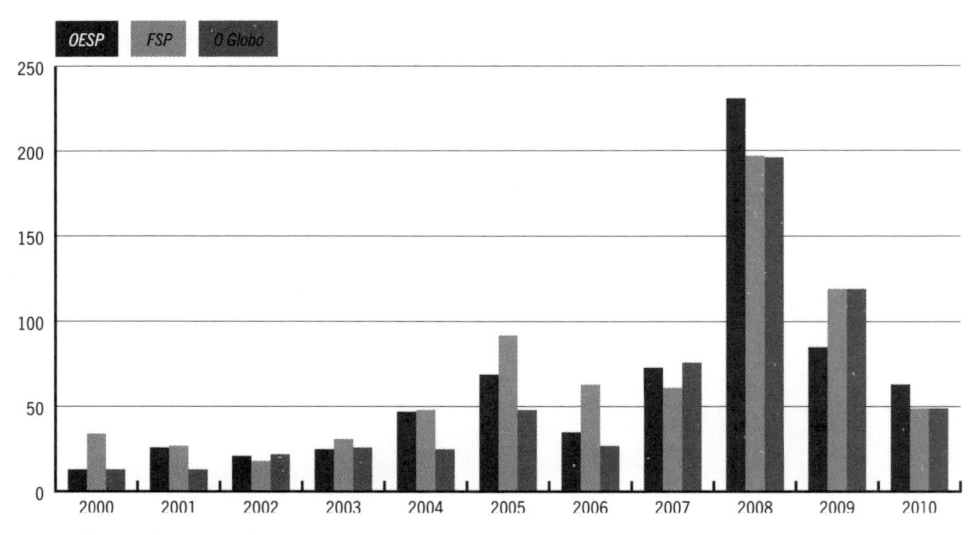

Fontes: Sites *O Estado de S. Paulo* (2015); *Folha de S. Paulo* (2015); *O Globo* (2015). Elaborada pelo autor.

Figura 52 | Número de matérias sobre desmatamento na Amazônia veiculadas pelos canais televisivos no estado de Mato Grosso por ano no período de 2000 a 2010

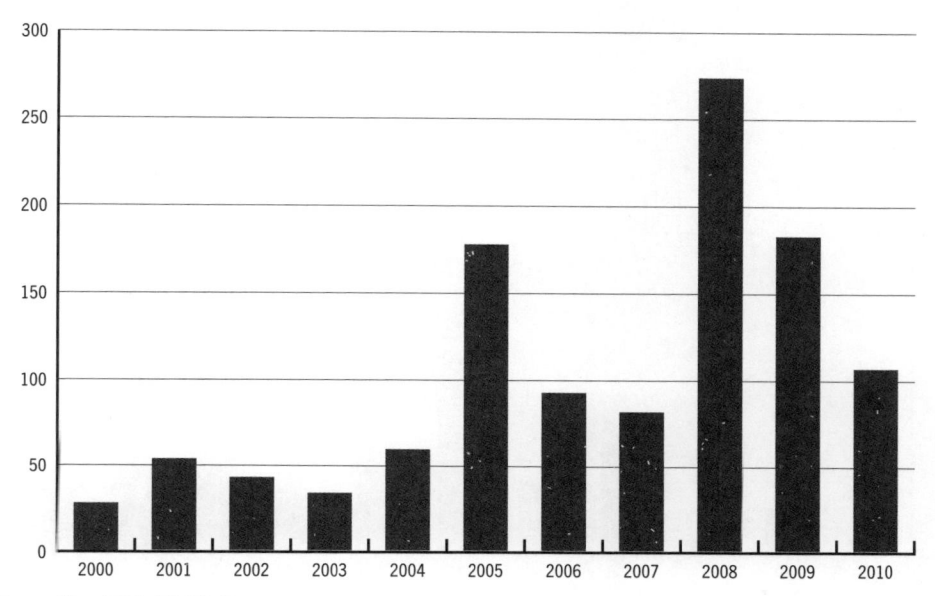

Fonte: Site APFL (2015). Elaborada pelo autor.

Figura 53 | Número de matérias sobre ações de punição ao desmatamento ilegal na Amazônia veiculadas pelos canais televisivos no estado de Mato Grosso por ano no período de 2000 a 2010

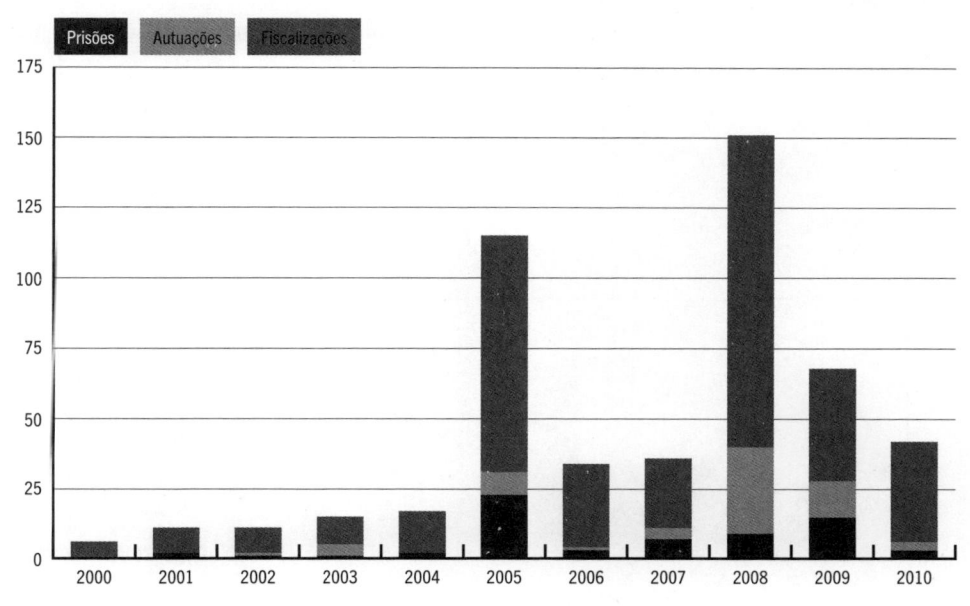

Fonte: Resultados da pesquisa. Elaborada pelo autor.

Repercussão das ações de controle do desmatamento na Amazônia na década de 2000 nos veículos... | **163**

Figura 54 | Número de reportagens sobre desmatamento na Amazônia veiculadas em programas especiais da Rede Globo por ano no período de 2000 a 2010

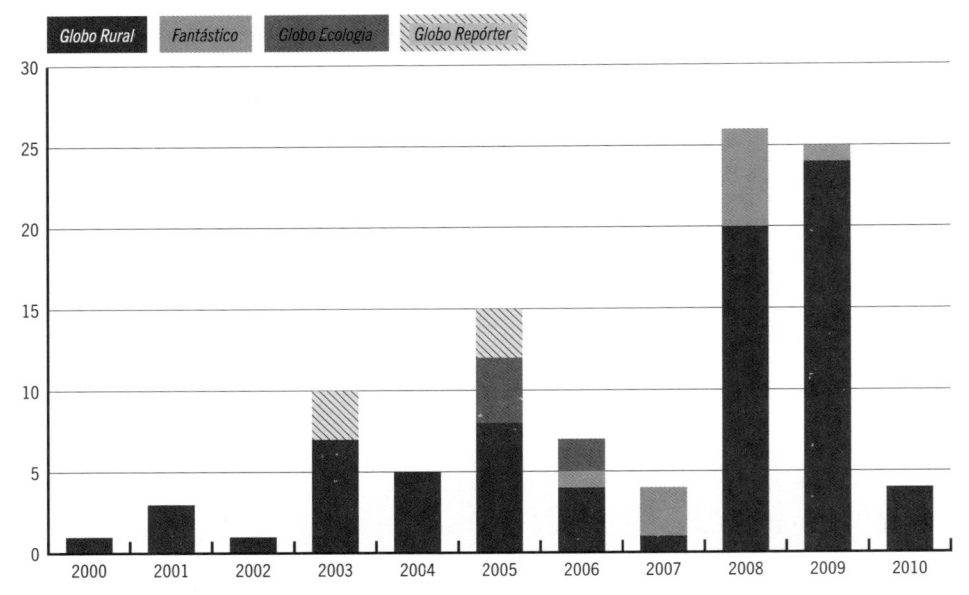

Fonte: Site APFL (2015). Elaborada pelo autor.

Figura 55 | Número de matérias sobre desmatamento na Amazônia veiculadas pelo jornal televisivo *Bom Dia Mato Grosso* (Rede Globo) por ano no período de 2000 a 2010

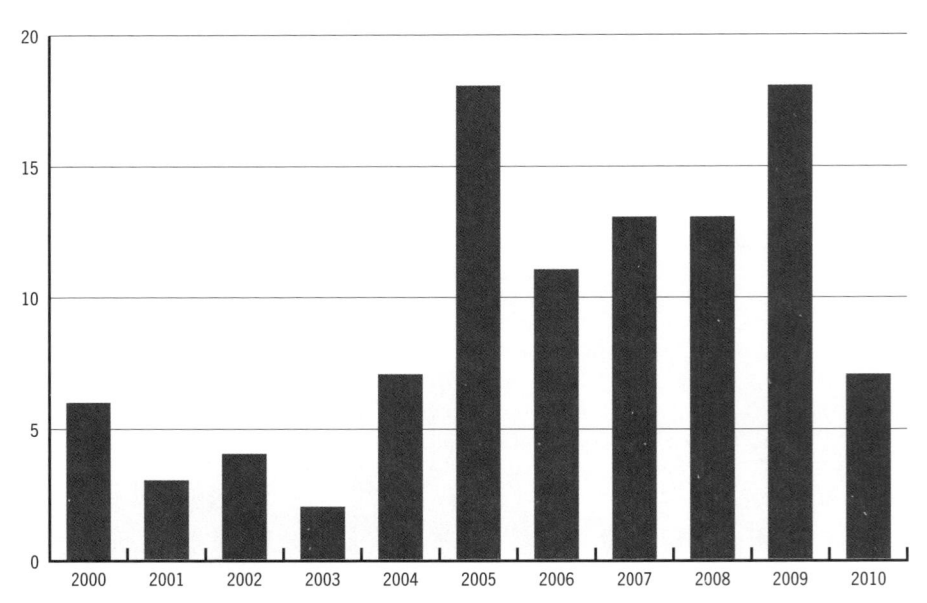

Fonte: Site APFL (2015). Elaborada pelo autor.

Figura 56 | Número de matérias sobre desmatamento na Amazônia veiculadas nos principais jornais televisivos de âmbito nacional por ano no período de 2000 a 2010

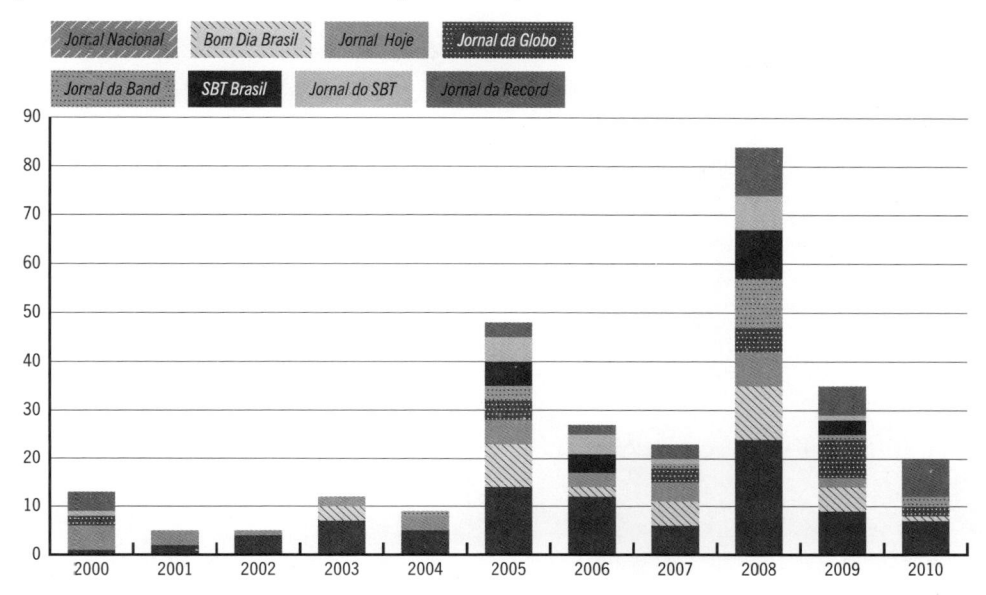

Fonte: Site APFL (2015). Elaborada pelo autor.

Tabela 16 | Temas/assuntos mais noticiados no universo de artigos, matérias e reportagens analisado

Ações de comando e controle	2.126
Prisão	139
Autuação	185
Embargo de áreas	90
Fiscalização do Ibama	688
Atuação do Ministério Público	156
Atuação da PF	687
Apreensão de produtos agropecuários e florestais	121
Apreensão de equipamentos	60
Unidades de conservação	263
Terras indígenas	165
Assentamentos rurais	128
Zoneamento	81
Avanços no controle do desmatamento	1.078
Retrocessos no controle do desmatamento	506

Forte: Resultados da pesquisa. Elaborada pelo autor.

8 | Como o governo federal reduziu gradativamente o protagonismo no controle do desmatamento e promoveu profundos retrocessos nas políticas socioambientais na Amazônia

O ano de 2008 marca o início de uma nova etapa na atuação do governo federal nas políticas de intervenção na Amazônia, caracterizada pela gradativa redução de protagonismo na liderança de políticas de controle do desmatamento, desestruturação das iniciativas implementadas no ciclo anterior, desarticulação entre órgãos de governo e fragilização da legislação socioambiental.

Final do governo Lula e governo Dilma

O primeiro movimento de mudança nos procedimentos verificados desde 2003, de punir com severidade a ilegalidade ambiental na Amazônia, foi o adiamento — em dezembro de 2008 — dos efeitos do Decreto nº 6.514, de 22 de julho de 2008[1], que regulamentou a Lei de Crimes Ambientais (Lei nº 9.605/98), dispondo sobre as sanções e infrações administrativas aplicadas àqueles que degradarem o meio ambiente, estabelecendo também o processo administrativo para apurar tais infrações.

No que diz respeito ao controle do desmatamento, esse decreto teve enorme importância, pois regulamentou as sanções administrativas para danos à fauna (artigos 24 a 42), à flora (artigos 43 a 60-A) e às unidades de conservação (artigos 84 a 93). Dessa forma, estabeleceu critérios e valores para a aplicação de multas, conferindo maior rapidez para que as irregularidades ambientais fossem apuradas e punidas na própria esfera administrativa, sem necessariamente recorrer ao Poder Judiciário.

---

1 | Disponível em: http://www.planalto.gov.br/ccivil_03/_Ato2007-2010/2008/Decreto/D6514.htm. Acesso em: 15 jul. 2020.

Ao ser festejado como uma medida importante para avanço da consolidação do controle ao desmatamento, especialmente por definir multas e outras penalidades pelo descumprimento da obrigação do proprietário rural em averbar a reserva legal, a Presidência da República sucumbiu à pressão de parlamentares do setor rural e passou a editar anualmente decretos para adiar a aplicação de dispositivos previstos no Decreto nº 6.514. Esse fato se repetiu até 2012, quando foi aprovada a Lei nº 12.651/12, conhecida como novo Código Florestal.

A segunda iniciativa considerada controversa em relação ao processo de combate ao desmatamento foi a Medida Provisória nº 458, de 10 de fevereiro de 2009. Convertida na Lei nº 11.952 em 25 de junho de 2009[2], deu origem ao Programa Terra Legal, concebido para agilizar a regularização fundiária das ocupações incidentes em terras situadas em áreas da União, no âmbito da Amazônia Legal.

A meta inicial para o programa, estipulada no Plano Plurianual (PPA) 2008-2011, era beneficiar cerca de 150 mil posseiros em nove estados da Amazônia Legal, transferindo para o domínio privado uma área de 67,4 milhões de hectares. A lei estabeleceu a titulação gratuita de áreas contínuas de até um módulo fiscal[3], e onerosa, sem necessidade de licitação, para as de um a quinze módulos fiscais, desde que inferiores a 1.500 hectares.

Embora o programa tivesse o objetivo de regularizar ocupações legítimas, priorizando os pequenos produtores e as comunidades locais, evitando a regularização de áreas griladas, foram apontados riscos de gerar um efeito contrário. Isso porque a transferência de terras públicas a preço abaixo do valor de mercado ou de graça, como no caso das terras de até cem hectares, foi considerada um estímulo a novas invasões.

As preocupações quanto aos problemas que o programa enfrentaria foram confirmadas em avaliação realizada em 2014, quando foi constatado que, nos primeiros cinco anos, menos de 6% do objetivo havia sido

---

2 | Disponível em:http://www.planalto.gov.br/ccivil_03/_Ato2007-2010/2009/Lei/L11952.htm. Acesso em: 15 jul. 2020.
3 | Módulo fiscal é uma unidade de medida agrária, expressa em hectares, criado para fins fiscais. Os módulos fiscais foram estabelecidos pelo Incra e variam de 5 a 110 hectares, conforme o município onde está localizada a propriedade. O tamanho do módulo fiscal na Amazônia varia de 55 a 110 hectares.

alcançado.[4] Auditoria realizada pelo Tribunal de Contas da União (TCU) em 2014 revelou vários outros problemas, como: (i) baixo cumprimento dos objetivos e das metas operacionais; (ii) existência de 887 (11%) beneficiários que não atendiam aos requisitos do programa, e 2.931 (36,86%) beneficiários que apresentaram indícios de não enquadramento no programa, além de falhas formais em processos de titulação; (iii) descumprimento das cláusulas resolutivas previstas no programa, sem a adoção de providências pelo Ministério do Desenvolvimento Agrário (MDA) para a retomada das áreas; (iv) ausência de controles internos para impedir cadastramentos realizados por um mesmo procurador para mais de três beneficiários e/ou para áreas superiores a quinze módulos fiscais ou 1.500 hectares; e (v) risco de fomento do mercado irregular de posse de terra devido à ausência de inibição de emissão de Certificado de Cadastro de Imóvel Rural (CCIR) para posseiros que não tiveram processo de titulação concluído.[5]

No início de 2012, uma terceira iniciativa da presidenta Dilma Rousseff surpreendeu a sociedade, com a inédita utilização de uma medida provisória[6] para alterar a delimitação de oito unidades de conservação na Amazônia, muitas delas criadas no âmbito do PPCDAm. O objetivo da MP foi o de liberar parte dessas áreas, antes protegidas, para a construção de megaprojetos hidrelétricos e satisfazer a demanda de mineradoras, sem a realização dos estudos exigidos pela legislação e de consultas públicas com a população e as autoridades políticas regionais e locais. Com isso, a presidenta contrariou a Lei do Sistema Nacional de Unidades de Conservação (SNUC), que demanda a aprovação de Lei Ordinária para a desafetação de unidades de conservação, adotando um método condenável que abriu um precedente altamente perigoso para a estabilidade das áreas protegidas do país.[7]

---

4 | B. Brito e D. Cardoso Jr., *Regularização fundiária no Pará: afinal, qual é o problema?*, Belém, Instituto do Homem e Meio Ambiente da Amazônia (Imazon), 2015.
5 | Tribunal de Contas da União (TCU), Relatório de Auditoria do Programa Terra Legal, Brasília, jul. 2014. Disponível em: https://tcu.jusbrasil.com.br/jurisprudencia/354339651/relatorio-de-auditoria-ra-1585920142/inteiro-teor-354339658?#. Acesso em: 15 jun. 2018.
6 | Medida Provisória nº 558, convertida na Lei nº 12.678/12.
7 | Em 5 de abril de 2018, o Plenário do Supremo Tribunal Federal (STF), no julgamento da Ação Direta de Inconstitucionalidade (ADI) 4.717, decidiu por unanimidade que é inconstitucional a diminuição, por meio de medida provisória, de espaços territoriais especialmente protegidos. Os ministros, contudo, não declararam a nulidade da norma questionada nos autos, uma vez que os efeitos da medida provisória, posteriormente convertida em lei, já se concretizaram, incluindo a construção de usinas que já estão em funcionamento.

A quarta e mais desmobilizadora das ações de controle do desmatamento foi, sem sombra de dúvidas, a aprovação das modificações do Código Florestal pelo Congresso Nacional com apoio direto da Presidência da República e do próprio Ministério do Meio Ambiente. Foram mais de dois anos de discussões e intensos debates que consumaram a fragilização da legislação de proteção à vegetação nativa no Brasil, cujos instrumentos foram essenciais para o sucesso do PPCDAm.

A aprovação do novo Código Florestal, entre outros pontos: (i) anistiou 47 milhões de hectares desmatados ilegalmente até 2012; (ii) reduziu a obrigação de recomposição de matas ciliares e da vegetação de proteção de nascentes desmatadas ilegalmente até 2008; (iii) desprotegeu cerca de 400 mil quilômetros quadrados de áreas úmidas na Amazônia; (iv) anistiou ocupações agropecuárias em topo de morros, bordas de chapadas e margens de rios; (v) desobrigou a recomposição de Reserva Legal (área no interior de uma propriedade rural que deve ser mantida com a sua cobertura vegetal nativa) em mais de 90% dos imóveis rurais do Brasil; (vi) anistiou ocupações em manguezais ocorridas até 2008, além de permitir novas explorações em 35% dos manguezais na Mata Atlântica e 10% na Amazônia para o cultivo de camarão; e (vii) eliminou o dispositivo que determinava investimento do setor energético para a recomposição de áreas de preservação permanente.

O processo de debates que levou à modificação do Código Florestal gerou efeitos negativos para o controle do desmatamento no Brasil e, em especial, na Amazônia, pois favoreceu os proprietários rurais que agiram ilegalmente ao longo de anos, em detrimento dos que seguiram a lei, e sinalizou a possibilidade de novas anistias futuras. Consistiu-se, nesse sentido, em um duro golpe na percepção de que não haveria impunidade para crimes ambientais, que vinha sendo consolidada nos anos de implementação do PPCDAm. Os resultados considerados negativos para a conservação levaram ao ajuizamento de quatro Ações Diretas de Inconstitucionalidade (ADIs), apresentadas pela Procuradoria-Geral da República e pelo Partido Socialismo e Liberdade (PSOL) contra a lei, em 2013. O julgamento dessas ações pelo Supremo Tribunal Federal (STF), considerado um dos mais complexos e polêmicos sobre meio ambiente da história do país, foi concluído em 28 de fevereiro de 2018, quase seis anos após a aprovação da Lei nº 12.651/12. Em sua decisão, o STF considerou constitucionais 18 dispositivos dos 23 questionados.

Posteriormente, consolidando a inflexão do governo federal rumo a um crescente relaxamento das ações de controle do desmatamento, o PPCDAm perdeu seu status de plano estratégico para a Presidência da República, e sua coordenação foi transferida da Casa Civil para o Ministério do Meio Ambiente em 2013. Esse fato reduziu de forma radical o apoio do centro do governo e dos demais ministérios às ações de controle da degradação florestal na Amazônia, apoio esse considerado uma das principais razões do sucesso do plano por dez anos consecutivos.

Governo Temer

Com a posse de Michel Temer, em setembro de 2016, devido ao *impeachment* de Dilma Rousseff, o processo de desarticulação das ações do governo federal teve continuidade, e novos atos contraditórios em relação às políticas de conservação da Amazônia foram implementados.

O primeiro deles, de autoria do novo presidente, foi a Medida Provisória nº 759/2016, convertida na Lei nº 13.465/2017, que alterou profundamente o controvertido Programa Terra Legal, aumentando seu caráter de estimulador de ocupação fraudulenta de terras públicas. Atendendo à pressão de grandes grileiros de terras na Amazônia, o limite da área dos imóveis passíveis de regularização passou de 1.500 para 2.500 hectares, e foi autorizada a titulação de terras invadidas até o ano de 2008, enquanto a lei anterior restringia a titulação às áreas ocupadas até 2004.

Posteriormente, em 19 de dezembro de 2016, foram editadas as medidas provisórias nº 756 e nº 758, para a redução da Floresta Nacional do Jamanxim e do Parque Nacional do Jamanxim, e alteração dos limites da Área de Proteção Ambiental do Tapajós, no Pará. Essa iniciativa gerou enorme repercussão, pois significou um golpe adicional na proteção do meio ambiente e no combate ao desmatamento crescente na Amazônia.

Essas unidades de conservação foram criadas em fevereiro de 2006, na região do entorno da rodovia BR-163, que liga Cuiabá, em Mato Grosso, a Santarém, no Pará. Junto com outras unidades, formaram uma barreira verde com mais de 64 mil quilômetros quadrados, com o objetivo de conter o maior surto de desmatamento já verificado na Amazônia e dar uma resposta à sociedade pela passagem de um ano do brutal assassinato da freira Dorothy Stang, em meio aos conflitos por terras no Pará. A estratégia funcionou. Foi interrompido o crescimento avassalador de mais de 650% do desmatamento registrado ao longo da BR-163 entre os anos de 2001 e 2004, provocado pela aceleração da especulação imobiliária de terras públicas, estimulada pela expectativa de asfaltamento da rodovia, anunciada no final do governo FHC.

Com as mudanças, o Ministério do Meio Ambiente beneficiou especuladores que ocuparam as terras públicas e se recusaram a se retirar ou decidiram invadir, mesmo depois de elas serem destinadas para a proteção da natureza e a produção sustentável. Essa atitude pôs em risco os ganhos obtidos no controle do desmatamento dessa região e levou a mais invasões, fazendo com que a Floresta Nacional do Jamanxim liderasse o ranking das UCs mais degradadas.

Relatório do ICMBio, órgão federal responsável pela gestão das UCs, evidenciava que a ocupação na Flona do Jamanxim era recente, ao afirmar que 67,7% dos que lá estavam entraram pouco antes ou logo após sua criação. Para o Ministério Público Federal, esse dado confirmou que se tratava de ocupações especulatórias, o que o levou a solicitar formalmente a imediata suspensão do trâmite de qualquer processo administrativo ou requerimento que tenha por objeto a recategorização e/ou desafetação da reserva. Após intensa discussão pública e forte pressão da sociedade, o presidente Temer decidiu vetar a lei que resultou na conversão da MP 756, tornando-a sem efeito.

Logo o governo federal investe novamente contra as unidades de conservação, editando o Decreto nº 9.147, de 28 de agosto de 2017, que extingue a Reserva Nacional do Cobre e Associados (Renca). Criada no governo do presidente João Figueiredo, em 1984, a Renca possuía uma área de aproximadamente 47 mil quilômetros quadrados entre os estados do Pará e do Amapá, caracterizada por elevado patamar de conservação e rica biodiversidade.

Embora não se tratasse de uma área de conservação ambiental propriamente dita, pois o objetivo do governo ao criá-la foi o de garantir a preservação dos bens minerais existentes na região, colocando-os sob exploração exclusiva pelo poder público, ela tinha grande importância ambiental. A Renca fazia parte de um corredor contínuo de 320 mil quilômetros quadrados, envolvendo unidades de conservação de proteção integral e de desenvolvimento sustentável, além de terras indígenas e quilombolas. Com a extinção da Renca e a liberação da exploração mineral para o setor privado, cresceram os riscos de ampliação dos garimpos ilegais, que já operavam na região, e do aumento da degradação em uma área de altíssimo valor socioambiental. Mais uma vez, após intensa mobilização social, o presidente Temer voltou atrás e editou o Decreto nº 9.159, em 26 de setembro de 2017, revogando o anterior que havia extinguido a Renca.

Mesmo que os atos contra as unidades de conservação não tenham se consumado, já que a pressão popular fez com que o governo os revogasse, as consequências dessas iniciativas são sentidas até os dias de hoje, pois sinalizaram que há possibilidade de o governo federal rever unidades de conservação mesmo quando ilegalmente ocupadas, estimulando os atos de invasão que vêm se intensificando ano após ano na Amazônia.

Governo Bolsonaro

As iniciativas do governo Jair Bolsonaro, contrárias à questão ambiental e à manutenção das ações de prevenção e controle do desmatamento na Amazônia, tiveram início ainda em 2018, no processo de transição, com o cancelamento da realização da 25ª Conferência das Partes (COP) do Clima no Brasil, que havia sido aprovada pelas Partes da Convenção sobre Mudanças do Clima, na COP-24, ocorrida na Polônia em 2018, e a possibilidade de deixar o Acordo de Paris. A justificativa para essas ações seria a ameaça aos interesses nacionais da suposta formação de um corredor ecológico internacional que ligaria os Andes ao Atlântico, denominado de "Triplo A".[8] Proposta que nunca foi discutida, não constava nos compromissos assumidos pelo Brasil no Acordo de Paris, nem fez parte das discussões oficiais das COPs do Clima.

Ao assumir, o presidente aprovou a reestruturação do Ministério do Meio Ambiente, que ameaçara fechar, extinguindo a Secretaria de Mudanças Climáticas e, por consequência, o Departamento de Políticas para o Combate ao Desmatamento, a ela subordinado. Dessa forma, o Ministério do Meio Ambiente perdeu de imediato a capacidade para coordenar ações de combate às ilegalidades na Amazônia. Ato esse que foi reforçado pela abrupta diminuição do orçamento do Programa de Políticas e Estratégias de Prevenção e Controle do Desmatamento e de Manejo e Recuperação Florestal no Âmbito da União, estados e municípios que, em 2019, receberam a irrisória dotação de R$ 253.650,00, sendo que, até o mês de agosto daquele ano, apenas 7,56% (R$ 19.188,54) dela tinha sido empenhada. Como consequência, foram reduzidas em 81% as operações de fiscalização do Ibama no mês de agosto de 2019, no auge do desmatamento e das queimadas, na comparação com o mesmo mês de 2018.

---

8 | O "Triplo A", ou "Corredor AAA", é uma proposta de formação de um grande corredor ecológico abrangendo 135 milhões de hectares de floresta tropical, dos Andes ao Atlântico, passando pela Amazônia — o que deu origem ao nome de três "A".

Em abril de 2019, por meio do Decreto nº 9.760/19[9], o presidente criou a chamada "conciliação" de multas ambientais, tornando possível converter multas simples em serviços de preservação do meio ambiente ou obter descontos de até 60% no valor da multa nas audiências de conciliação. Criou ainda um Núcleo de Conciliação Ambiental, com a função de realizar a análise preliminar da autuação e, quando for o caso, declarar nula a infração que apresentar vício e decidir sobre a manutenção da aplicação das medidas administrativas.

Entre os muitos problemas do decreto, está o fato de abrir a possibilidade de o infrator optar pela conciliação, suspendendo automaticamente a instrução do processo até que a audiência seja realizada. Se a conversão da multa for negada, o autuado ainda poderá apresentar recurso à autoridade julgadora e a instâncias superiores, retardando o pagamento da multa a que estava sujeito.

Ainda em abril de 2019, o governo federal publicou o Decreto nº 9.759/2019, extinguindo todos os conselhos, comitês, grupos e fóruns da administração pública federal. Entre eles, o Comitê Orientador do Fundo Amazônia (Cofa), formado por representantes da sociedade civil e dos governos federal e estaduais, levando à paralisação da aplicação dos recursos do fundo.

A criação do Fundo Amazônia, em 2008, na gestão do presidente Lula, foi resultado de uma longa e bem-sucedida negociação conduzida pelo governo brasileiro, que demandou três anos de planejamento e intensas discussões internas, até que seu modelo fosse considerado apto à apresentação internacional. Primeiro, em um seminário científico sobre redução de emissões decorrentes de desmatamento, promovido pela FAO, em Roma, em agosto de 2006, seguido de uma exposição preliminar na COP-12 do Clima, em Nairóbi, no final do mesmo ano. Duas etapas necessárias ao seu aperfeiçoamento para, finalmente, chegar à COP-13 de Bali em 2007, quando, com o título "Incentivos positivos para a redução de emissões de desmatamento em países em desenvolvimento", foi apresentado e recebido de forma extremamente positiva pela comunidade mundial.

A viabilidade de uma proposta absolutamente inovadora só foi possível com a comprovação do sucesso obtido pelo PPCDAm, que levou, para surpresa dos líderes mundiais, à redução de 58% na derrubada da floresta entre 2004 e 2007, ano em que a ideia do Fundo Amazônia foi apresentada. Um sucesso incontestável que se transformou na maior contribuição individual até

---

9 | Disponível em: http://www.planalto.gov.br/ccivil_03/_ato2019-2022/2019/decreto/D9760.htm. Acesso em: 15 jun. 2020.

então registrada por um único país na mitigação das mudanças climáticas. Foram 16.121 quilômetros quadrados de florestas poupados, correspondendo a uma estimativa de aproximadamente 660 milhões de toneladas de gases de efeito estufa que deixaram de ser emitidos para a atmosfera.[10]

A comprovação desses resultados, graças à divulgação dos dados de uma das maiores autoridades em monitoramento de florestas do mundo, o Inpe, e a clara demonstração do compromisso do Brasil em seguir com o PPCDAm fizeram do fundo um sucesso imediato. No mesmo ano de sua criação, a Noruega fez o aporte inicial de US$ 20 milhões e se comprometeu a aumentar em até US$ 1 bilhão nos anos seguintes. Representa a maior doação já conquistada pelo Brasil em seu longo relacionamento com a cooperação internacional na área do meio ambiente.

Chegar a esse momento, no entanto, não foi um caminho fácil. Havia forte resistência de vários setores do governo brasileiro à inclusão do tema da conservação das florestas naturais na Convenção do Clima. Para eles, essa vinculação poderia levar à aprovação de medidas restritivas e com caráter vinculante ao desmatamento, deixando o Brasil sob o risco de sanções internacionais e perda de soberania sobre o destino de parte de seu território.

Para evitar esses riscos, o mecanismo proposto se baseou em uma alternativa que havia anos circulava entre organizações científicas e da sociedade civil, que defendiam uma recompensa financeira pelo desmatamento evitado. Ou seja, as doações ao fundo seriam definidas pelo montante de floresta não desmatada, calculado com base em uma média de derrubadas registrada em anos anteriores.

Dessa forma, a contribuição internacional seria proporcional a um resultado já concretizado, por decisão e iniciativa autônoma do Brasil, sem gerar qualquer vinculação ou obrigação futura. E mais, nenhum centavo transferido ao fundo poderia ser utilizado como compensação pelas emissões dos países doadores, pondo por terra outro argumento contrário, o de que essas doações serviriam apenas para diminuir as obrigações dos países ricos em reduzir suas próprias emissões.

A desvinculação de qualquer possibilidade de interferência internacional seguiu com a implantação de um inédito mecanismo de internalização e gestão dos recursos doados. A operação do Fundo Amazônia ficou a cargo de um banco público nacional, o BNDES, sob a coordenação de um conselho constituído por brasileiros.

---

10 | Centro de Ciência do Sistema Terrestre (CCST/Inpe). Disponível em: http://inpe-em.ccst.inpe.br/. Acesso em: 15 set. 2020.

Estabelecia-se naquele momento um modelo de relacionamento com a comunidade internacional, que subordinava a cooperação à autodeterminação do Brasil em construir as melhores soluções para desenvolver a maior floresta tropical do planeta, de forma socioambientalmente justa e sustentável.

Em seus dez anos de atividades, entre 2008 e 2018, quando foi abruptamente paralisado, o fundo apoiou 102 projetos e ações com R$ 1,83 bilhão que, somados aos valores de contrapartida, significaram um investimento de R$ 2,11 bilhões na conservação e promoção do desenvolvimento sustentável na Amazônia. Até então, a maior dúvida em relação ao fundo era sobre até quando as doações voluntárias continuariam a fluir ao longo do tempo. O que ninguém imaginava é que partiria do próprio governo brasileiro a decisão de paralisar a sua operação, com dinheiro em caixa e mais recursos aguardando para serem aportados.

Em junho de 2019, o presidente Jair Bolsonaro investiu contra o Inpe, alegando que o instituto estaria divulgando dados errados, ameaçando contratar uma empresa privada para monitorar a Amazônia. Concomitantemente a esses atos, o Palácio pressionou o Ministério da Ciência, Tecnologia e Inovações a demitir o diretor-geral do órgão, Ricardo Galvão, por discordar dos dados sobre a elevação das taxas de desmatamento, o que ocorreu em agosto do mesmo ano.

Com a estrutura governamental de controle do desmatamento do Ministério do Meio Ambiente totalmente desmontada, o presidente decreta a Garantia da Lei e da Ordem (GLO) em 24 de agosto de 2019, no auge da crise causada pelo aumento do número de queimadas na Amazônia, como uma resposta à grande repercussão negativa nacional e internacional. No entanto, a tendência de alta da degradação florestal não se alterou mesmo durante ou após a intervenção das Forças Armadas, com a participação de mais de oito mil pessoas, entre militares e civis, segundo o Ministério da Defesa. Nos meses de agosto, setembro e outubro de 2019, o desmatamento cresceu 225,78%, 94,79% e 5,46%, respectivamente, segundo dados do Deter. Pior, com a saída dos soldados, o desmatamento continuou crescendo a taxas superiores a 100%, ou seja, dobrando a cada mês em relação ao mesmo mês do ano anterior, até fevereiro de 2020, quando as chuvas se intensificaram.

Em 11 de fevereiro de 2020, Bolsonaro consolida a retirada das competências do Ministério do Meio Ambiente na Amazônia, assinando um decreto que transfere o Conselho Nacional da Amazônia Legal desse ministério para a vice-presidência, passando a ser presidido pelo general Hamilton Mourão, com a supressão da participação dos governadores dos estados da Amazônia, como previa o decreto original de 1995.

A fragilização dos órgãos ambientais é agravada por constantes atos de desautorização de funcionários de Ibama e ICMBio e estrangulamento financeiro. No Projeto de Lei do Orçamento Anual (LOA) para 2020 enviado pelo governo ao Congresso, o corte no Ibama foi de R$ 256 milhões (31%), levando a uma redução de 25% dos recursos para fiscalização, em comparação com 2019. Enquanto isso, a operação da GLO na Amazônia teve um custo mensal de R$ 60 milhões, pouco abaixo do orçamento de fiscalização do Ibama para todo o ano de 2020, de R$ 77 milhões.

Para além do inaceitável desastre socioambiental do crescimento acelerado do desmatamento, com suas consequências para o agravamento das mudanças climáticas e os impactos na regularidade das chuvas essenciais para a economia e o abastecimento de milhões de pessoas, o aumento da fumaça das queimadas que surgem após o desmatamento provocou um dano adicional. Prejudicou diretamente o atendimento às vítimas da covid-19, que se multiplicam rapidamente pela região. Segundo pesquisa da Fiocruz, no auge das queimadas de 2019, as internações de crianças por problemas respiratórios na Amazônia dobraram, chegando a ocupar 12% dos leitos nos hospitais.

Como é possível verificar, o quadro piorou muito a partir de 2019. Mesmo com os erros cometidos nos mandatos de Dilma e Temer, a posição do governo federal se manteve afirmativamente contra o desmatamento, e o MMA se mobilizou para contê-lo. Essa postura mudou de forma radical com o advento do atual governo. O discurso contra a conservação parte do próprio presidente e de seus ministros, Ricardo Salles, exonerado em junho de 2021, e seu substituto, Joaquim Alvaro Pereira Leite, que segue com as articulações para minar as medidas de proteção ambiental.

Essas iniciativas, juntamente com as ações para flexibilizar o licenciamento ambiental, mudar os procedimentos de reconhecimento das terras indígenas e quilombolas, estimular a grilagem de terras públicas e interromper os processos de criação de novas unidades de conservação, configuram um quadro de retrocessos sem precedentes no Brasil.

Simultaneamente a essa agenda negativa, verifica-se uma paralisia na implementação dos mecanismos para viabilizar o cumprimento dos compromissos assumidos na Conferência de Paris em 2015, festejados, interna e externamente, como um posicionamento exemplar do Brasil ante o agravamento das mudanças climáticas.

As consequências desses fatos impactam diretamente as taxas de desmatamento na Amazônia. Em 2019, primeiro ano do governo Bolsonaro, a taxa foi 34,49% superior à de 2018, o maior percentual de aumento anual registrado desde 1995. É importante ressaltar que, embora parte do desmatamento computado no ano de 2019 tenha ocorrido no segundo semestre de 2018, ainda sob responsabilidade do governo Temer, foi nos meses de maio, junho e julho de 2019 que ele aumentou de forma abrupta.

Em 2020, em meio a uma inédita profusão de declarações equivocadas do presidente e do vice-presidente da República e do então ministro do Meio Ambiente, associadas à redução das ações de fiscalização e punição dos crimes ambientais, a destruição na Amazônia prosseguiu em ascensão com a eliminação de mais 10.851 quilômetros quadrados de florestas. Com essa nova taxa, subiu para 19,22% a área destruída do bioma, índice perigosamente próximo dos 25% de desmatamento que, segundo renomados cientistas, levaria ao chamado ponto de não retorno — um processo irreversível de autodestruição em função da ruptura dos ciclos biogeoquímicos que mantêm a Amazônia como o mais complexo e diverso sistema ecológico do planeta.

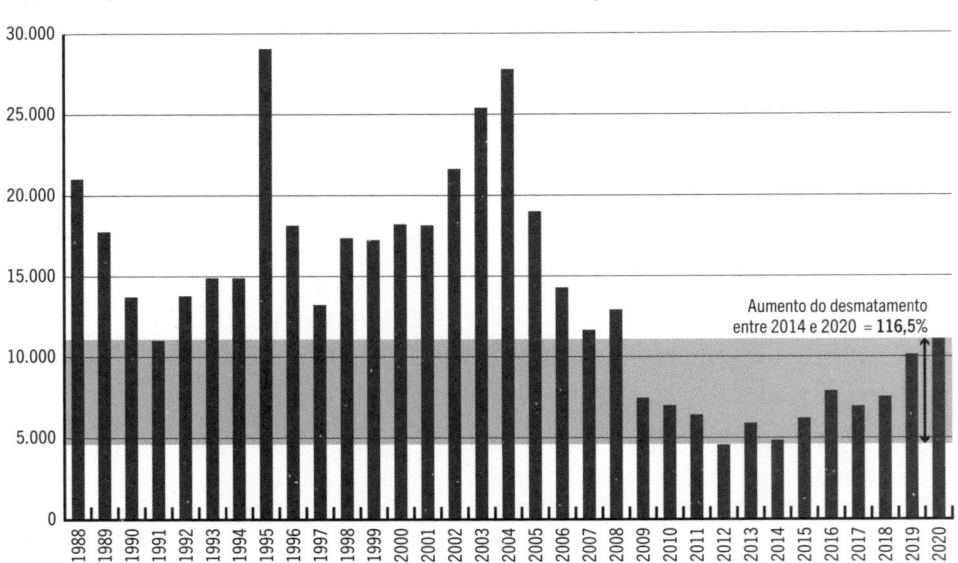

Figura 57 | Taxa anual de desmatamento na Amazônia no período de 1988 a 2020 (em km^2)

Fonte: Inpe (2021). Elaborada pelo autor.

9 | Conclusões

As análises dos dados compilados e produzidos no presente trabalho sinalizam que o esforço empreendido pelo governo federal nos sete primeiros anos de operação do PPCDAm se concentrou, principalmente, nos eixos de ordenamento fundiário e territorial e monitoramento e controle ambiental. A ação pública foi marcada pela intersetorialidade, com vários ministérios e órgãos vinculados agindo de forma sinérgica. Essa atuação foi inédita em relação aos governos anteriores tanto do ponto de vista da forma — intersetorial — como no grande volume de iniciativas implementadas.

As ações empreendidas no âmbito do PPCDAm inovaram de forma significativa em relação ao verificado no período anterior (1990 a 2002), tanto no número de medidas adotadas como nas categorias de concentração, ganhando destaque as voltadas à melhoria de processos de gestão, integração intergovernamental, transparência e monitoramento. As diversas iniciativas de abertura de dados e o envolvimento direto de setores da academia, institutos de pesquisa e organizações da sociedade civil estabeleceram um ambiente colaborativo virtuoso para as análises de cenários, proposição de políticas públicas e aperfeiçoamento de mecanismos de governança socioambiental.

Ficou demonstrado também que a redução constante e consistente do desmatamento na Amazônia Legal, no período de execução do PPCDAm, não apresentou relação de causa e efeito com a evolução das principais *commodities* presentes na região, contrariando o verificado em períodos anteriores. Segundo os dados analisados, a flutuação nos preços da soja e da carne e as variações cambiais, em alguns momentos desfavoráveis à exportação de produtos brasileiros, foram fatores secundários no controle da degradação florestal, ainda que se possa afirmar que a conjuntura econômica, no que se refere ao mercado agropecuário nacional e internacional, tenha sido favorável à redução da pressão por abertura de novas áreas, no início da primeira fase do programa (2004 a 2006). A partir de 2008, no entanto, verificou-se um aumento constante da área plantada e da produção de soja e milho, assim como o aumento do rebanho bovino na Amazônia, com a simultânea redução anual das taxas de desflorestamento.

O mesmo processo de reversão de expectativas ocorreu em relação à disponibilidade de crédito agropecuário. Considerado um dos principais vetores de estímulo ao desmatamento regional, o crescente acesso aos financiamentos destinados a custeio, investimentos e comercialização das safras agrícolas e atividades de pecuária, verificado a partir de 2010, após redução de oferta entre 2006 e 2009, tampouco foi acompanhado de aumento do desflorestamento. Ao contrário, mesmo com o crescimento significativo da participação da Amazônia Legal no montante do crédito agropecuário nacional em 2012, de 41,7% em relação a 2005, o desmatamento seguiu em queda.

Foi demonstrado ainda que os resultados esperados de importantes ações empreendidas pelo governo federal na região não foram alcançados. A interrupção da disponibilização de crédito agropecuário para propriedades irregulares perante a legislação ambiental e para os municípios incluídos na lista de prioritários para o controle do desmatamento teve efeito em alguns anos, mas deixou de ser, como já registrado, um fator importante a partir de 2009. As multas aplicadas pelo Ibama, que cresceram de forma acentuada após o início do PPCDAm, não tinham sido efetivamente cobradas, e os infratores não sofreram punição até a conclusão desta pesquisa. As unidades de conservação ambiental, criadas em grande quantidade em pontos estratégicos da frente de expansão da fronteira agrícola predatória, não foram implantadas ou dotadas de fiscais para garantir efetiva proteção.

Entretanto, a despeito desses e de outros fatos correlatos, a presença do Estado aumentou sensivelmente na Amazônia em decorrência do grande volume de iniciativas de amplo alcance, coligidas, documentadas e analisadas no presente trabalho, e as taxas de desmatamento caíram de forma consistente e contínua durante todo o período, com exceção do ano de 2007, que registrou um pequeno aumento.

Considerando o exposto e as análises realizadas, é possível concluir que as várias ações adotadas no âmbito do PPCDAm, especialmente as de grande impacto local — como, embora não somente, as operações de fiscalização com prisão de centenas de pessoas, entre produtores, empresários e funcionários corruptos; a criação de unidades de conservação em territórios em franco processo de invasão para especulação imobiliária; e a suspensão de milhares de títulos de terra e posses irregulares, que tiveram grande visibilidade na mídia regional e nacional —, geraram o efeito não planejado de um inédito e significativo aumento da percepção de risco no descumprimento da legislação ambiental, decorrente de maior presença do Estado e da redução da impunidade.

Essa conclusão é fortemente apoiada pelos depoimentos dos informantes-chave entrevistados na pesquisa de campo detalhada neste trabalho. Conforme pudemos verificar, 37 dos 39 participantes da pesquisa definem a fiscalização constante e intensa e as ações de ordenamento territorial (suspensão de títulos e criação de unidades de conservação) como os principais fatores responsáveis pela queda do desmatamento. Também ficou evidente, nas respostas oferecidas, o elevado grau de conhecimento das ações implementadas pelo PPCDAm e seus efeitos, que, mesmo quando criticados por alguns, são amplamente reconhecidos como de grande eficiência.

A repercussão na imprensa nacional e regional também surge como um fator de destaque, visto o crescimento extremamente significativo da cobertura dos fatos associados ao desmatamento na Amazônia registrado a partir do início da década de 2000 e acelerado a partir de 2005, quando o PPCDAm passa a implementar iniciativas de forma mais contundente.

A postura firme do governo federal nas medidas implementadas e a comunicação precisa sobre o rigor no cumprimento da legislação socioambiental contribuíram para a instauração de um ambiente de "tolerância zero" com o desmatamento ilegal e predatório. Esse efeito teria, inclusive, estimulado a criatividade e o aumento do número de iniciativas de governos estaduais, municipais e da sociedade em geral que contribuíram para esse resultado. Entre essas iniciativas, podemos citar o aumento sem precedentes da criação de unidades de conservação por governos estaduais na Amazônia, que chegaram a superar as criadas pelo governo federal[1], a moratória da soja[2], as negociações entre o Ministério Público Federal e pecuaristas que levaram

---

[1] No período de 2003 a 2009, foram incorporados 37.363.113 hectares ao sistema estadual de unidades de conservação na Amazônia Legal, mais, portanto, do que os cerca de 25 milhões adicionados pelo governo federal (F. Toni, Descentralization and REDD+ in Brazil, *Forests*, Basileia, v. 2, n. 1, p. 66-85, 2011).

[2] O plantio da soja na Amazônia cresceu, no período de 2001 a 2006, a uma média anual de 1 milhão de hectares à custa de novos desmatamentos, ao passo que, em 2006, a expansão da leguminosa continuou sobre mais 1,3 milhão de hectares em áreas já convertidas (Azevedo et al., op. cit.).

ao início da moratória da carne em 2012[3] e a iniciativa da criação do Programa Municípios Verdes (PMV) no estado do Pará.[4]

A estabilização das taxas de desmatamento no patamar de cinco mil quilômetros quadrados a partir de 2012, quando foi interrompida a curva descendente iniciada em 2005, e o recente aumento dos índices de desmatamento registrados nos anos de 2014 e 2015 também geram argumentos que podem vir a reforçar essas conclusões. Isso porque a reversão da eficiência do PPCDAm se dá após a aprovação da flexibilização da legislação de regularização fundiária e de proteção florestal, com apoio explícito do governo federal e do próprio MMA, e a retirada da Casa Civil da posição de coordenação do programa, até então elementos-chave para a sua eficácia.

---

3 | K. Brasil, Empresas fazem acordos da moratória da carne, *Amazônia Real,* 28 out. 2013. Disponível em: https://amazoniareal.com.br/empresas-fazem-acordos-da-moratoria-da-carne/. Acesso em: 15 set. 2016.
4 | Instituído pelo governo do estado do Pará em parceria com o Ministério Público Federal no Pará em março de 2011, como resposta às medidas definidas pelo Decreto Federal nº 6.321/07, voltado ao incentivo aos municípios para reduzir o desmatamento, promover o ordenamento ambiental e apoiar a produção sustentável (Neves, *O processo de municipalização da estratégia de prevenção e combate ao desmatamento na Amazônia,* op. cit.).

Referências bibliográficas

ALBERT, B. *Terras indígenas, política ambiental e geopolítica militar no desenvolvimento da Amazônia: a propósito do caso Yanomami.* Belém: Museu Paraense Emílio Goeldi, 1991 (Coleção Eduardo Galvão).

ALMEIDA, O. T. de (Org.). *A evolução da fronteira amazônica: oportunidades para um desenvolvimento sustentável.* Belém: Imazon, 1996. 147 p.

ANDERSEN, L. E. et al. *The Dynamics of Deforestation and Economic Growth in the Brazilian Amazon.* Cambridge: Cambridge University Press, 2002. 259 p.

ARENDT, H. *A condição humana.* Rio de Janeiro: Forense Universitária, 2007. p. 182.

ARIMA, E. Y. et al. Statistical Confirmation of Indirect Land Use Change in the Brazilian Amazon. *Environmental Research Letters,* Bristol, v. 6, n. 024010, 2011.

ARNT, R. O tesouro verde. *Exame,* São Paulo, n. 739, 2 maio 2001.

ASSOCIAÇÃO BRASILEIRA DAS INDÚSTRIAS DE ÓLEOS VEGETAIS (Abiove). *Moratória da Soja — Relatório do 9º ano.* 2016. 30 p. Disponível em: https://abiove.org.br/relatorios/moratoria-da-soja-relatorio-do-9o-ano/. Acesso em: 20 set. 2016.

ASSUNÇÃO, J.; GANDOUR, C.; ROCHA, R. *Crédito afeta desmatamento? Evidência de uma política de crédito rural na Amazônia.* Núcleo de Avaliação de Políticas Climáticas, PUC-Rio, jan. 2013. 6 p. Disponível em: https://climatepolicyinitiative.org/wp-content/uploads/2013/01/Does-Credit-Affect-Deforestation-Executive-Summary-Portuguese.pdf. Acesso em: 17 jun. 2020.

AZEVEDO, A. et al. *Produção de commodities no Brasil: desmatamento zero e ilegalidade zero.* Ipam, 2015. 8 p. Disponível em: http://ipam.org.br/wp-content/uploads/2015/12/produção_de_commodities_no_brasil.pdf. Acesso em: 15 dez. 2015.

BANCO CENTRAL DO BRASIL (Bacen). *Anuário estatístico do crédito rural, 1999-2012.* [s.d.]. Disponível em: http://www.bcb.gov.br/?RELRURAL. Acesso em: 15 abr. 2014.

BARBOSA, F. A. et al. *Cenários para a pecuária de corte amazônica.* Belo Horizonte: Ed. IGC/UFMG, 2015. 29 p.

BECKER, B. K. *Geopolítica da Amazônia: a nova fronteira de recursos.* Rio de Janeiro: Zahar, 1982.

BECKER, B. K. "Reflexões sobre políticas de integração nacional e de desenvolvimento regional". In: KINGO, M. D. (Org.). *Reflexões sobre políticas de integração nacional e de desenvolvimento regional.* Brasília: Ministério da Integração Nacional, 2000. p. 71-138.

BECKER, B. K. Geopolítica da Amazônia. *Estudos Avançados*, São Paulo, v. 19, n. 53, p. 71-86, 2005.

BECKER, B. K. Novas territorialidades na Amazônia: desafio às políticas públicas. *Boletim do Museu Paraense Emílio Goeldi Ciências Humanas*, Belém, v. 5, n. 1, p. 17-23, jan./abr. 2010.

BRASIL. Agência Nacional de Águas. Conjuntura dos Recursos Hídricos no Brasil. Edição especial. Brasília, 2015. Disponível em: http://www2.ana.gov.br/Paginas/portais/bacias/amazonica.aspx. Acesso em: 15 jul. 2015.

BRASIL. Casa Civil da Presidência da República. Constituição da República Federativa do Brasil de 1988. 1988. Disponível em: http://www.planalto.gov.br/ccivil_03/constituicao/constituicaocompilado.htm. Acesso em: 10 dez. 2014.

BRASIL. Ministério do Meio Ambiente. *Primeiro Relatório Nacional para a Convenção sobre Diversidade Biológica*. Brasília, 1998.

BRASIL. Ministério do Meio Ambiente. *Causas e dinâmica do desmatamento na Amazônia*. Brasília, 2001. 436 p.

BRASIL. Ministério do Meio Ambiente. *Avaliação e ações prioritárias para a conservação, utilização sustentável e repartição de benefícios da biodiversidade do bioma Amazônia*. Brasília, 2002.

BRASIL. Casa Civil da Presidência da República. *Plano de Ação para Prevenção e Controle do Desmatamento na Amazônia Legal (PPCDAm)*. Brasília, 2004. 156 p. Disponível em: http://redd.mma.gov.br/images/publicacoes/PPCDAM_fase1.pdf. Acesso em: 12 fev. 2014.

BRASIL. Ministério do Meio Ambiente. *Sistema de Licenciamento Ambiental em Propriedades Rurais do Estado de Mato Grosso: análise de lições na sua implementação — Relatório final*. Brasília, 2005.

BRASIL. Casa Civil da Presidência da República. *Plano de Desenvolvimento Regional Sustentável para a Área de Influência da Rodovia BR-163*. Brasília, 2006a. 195 p.

BRASIL. Ministério do Meio Ambiente. *Avaliação do programa piloto para proteção das florestas tropicais do Brasil — Resumo executivo*. Brasília, 2006b.

BRASIL. Ministério do Meio Ambiente. *Política ambiental integrada para o desenvolvimento sustentável — Relatório de gestão 2003-2006*. Brasília, 2007. 132 p.

BRASIL. Ministério do Meio Ambiente. *Plano Amazônia Sustentável: diretrizes para o desenvolvimento sustentável da Amazônia brasileira*. Brasília, 2008a.

BRASIL. Ministério do Meio Ambiente. *Plano de Ação para Prevenção e Controle do Desmatamento na Amazônia Legal (PPCDAm) — Documento de avaliação 2004-2007*. Brasília, 2008b. 99 p.

BRASIL. Casa Civil da Presidência da República. *Plano de Ação para Prevenção e Controle do Desmatamento na Amazônia Legal (PPCDAm) 2ª Fase 2009-2011*. Brasília, 2009. 153 p. Disponível em: http://redd.mma.gov.br/images/publicacoes/PPCDAM_fase2.pdf. Acesso em: 22 maio 2014.

BRASIL. Ministério do Meio Ambiente. Cadastro Nacional de Unidades de Conservação. Unidades de Conservação por Bioma. [s.d.]a. Disponível em: http://www.mma.gov.br/images/arquivo/80112/CNUC_Biomas_Out14.pdf. Acesso em: 15 dez. 2014.

BRASIL. Ministério do Meio Ambiente. i3Geo. Catálogo de Mapas. Áreas Especiais. [s.d.]b. Disponível em: http://mapas.mma.gov.br/i3geo/mma/openlayers.htm?nc981qhng7mduvh5fsf766gqd7. Acesso em: 15 fev. 2015.

BRASIL, K. Empresas fazem acordos da moratória da carne. *Amazônia Real*, 28 out. 2013. Disponível em: https://amazoniareal.com.br/empresas-fazem-acordos-da-moratoria-da-carne/. Acesso em: 15 set. 2016.

BRITO, B.; BARRETO, P. A eficácia da aplicação da lei de crimes ambientais pelo Ibama para proteção de florestas no Pará. *Revista de Direito Ambiental*, São Paulo, n. 46, p. 35-45, 2006.

BRITO, B.; CARDOSO JR., D. *Regularização fundiária no Pará: afinal, qual é o problema?* Belém: Instituto do Homem e Meio Ambiente da Amazônia (Imazon), 2015.

CALDAS, E. L.; ÁVILA, M. L. Continuidade de políticas públicas e o caso do Programa Nacional de Alimentação Escolar (PNAE). *Revista Espaço Acadêmico*, Maringá, v. 13, n. 148, p. 77-84, 2013.

CAPOBIANCO, J. P. R. (Org.). *Biodiversidade na Amazônia brasileira*. São Paulo: Estação Liberdade; Instituto Socioambiental, 2001.

CAPOBIANCO, J. P. R. "Biomas brasileiros". In: CAMARGO, A.; CAPOBIANCO, J. P. R.; OLIVEIRA, J. A. P. (Orgs.). *Meio ambiente Brasil: avanços e obstáculos pós-Rio-92*. São Paulo: Estação Liberdade; Instituto Socioambiental; Rio de Janeiro: Fundação Getulio Vargas, 2002.

CAPOBIANCO, J. P. R. A fragilização da política ambiental do Brasil em crescimento econômico na era das mudanças climáticas. *Interesse Nacional*, São Paulo, v. 2, n. 5, p. 42-51, 2009.

CAPOBIANCO, J. P. R. "Gestão socioambiental na Amazônia no período 2003 a 2010: da geopolítica de integração desenvolvimentista ao Plano de Prevenção e Controle do Desmatamento". In: VI CONGRESO IBEROAMERICANO DE ESTUDIOS TERRITORIALES Y AMBIENTALES, São Paulo, 2014. Anais do VI Congreso Iberoamericano de Estudios Territoriales y Ambientales. São Paulo: USP, 2014. p. 3078-3093.

CELENTANO, D.; VERÍSSIMO, A. *O avanço da fronteira na Amazônia: do boom ao colapso*. Belém: Instituto do Homem e Meio Ambiente da Amazônia, 2007.

CENTRO DE CIÊNCIA DO SISTEMA TERRESTRE (CCST/Inpe). Disponível em: http://inpe-em.ccst.inpe.br/. Acesso em: 15 set. 2020.

CENTRO DE ESTUDOS AVANÇADOS EM ECONOMIA APLICADA/ESCOLA SUPERIOR DE AGRICULTURA LUIZ DE QUEIROZ (Cepea/Esalq). Indicador da Soja Cepea/BM&F Bovespa — Paranaguá. [s.d.]a. Disponível em: http://cepea.esalq.usp.br/soja/. Acesso em: 20 nov. 2014.

CENTRO DE ESTUDOS AVANÇADOS EM ECONOMIA APLICADA/ESCOLA SUPERIOR DE AGRICULTURA LUIZ DE QUEIROZ (Cepea/Esalq). Indicador Esalq/BM&F Bovespa. [s.d.]b. Disponível em: http://cepea.esalq.usp.br/boi/. Acesso em: 5 jan. 2015.

COCHRANE, M. A. O significado das queimadas na Amazônia. *Ciência Hoje*, Rio de Janeiro, v. 26, n. 157, p. 26-31, jan./fev. 2000.

COMISSÃO PRÓ-ÍNDIO DE SÃO PAULO. Observatório Terras Quilombolas. [s.d.]. Disponível em: https://cpisp.org.br/direitosquilombolas/observatorio-terras-quilombolas/. Acesso em: 1 dez. 2020.

COSTA, W. M. da. *O futuro da Gran Amazonía: um desafio para os sul-americanos*. 2008. 8 p. Disponível em: https://geopousp.files.wordpress.com/2008/12/artigo_gran_amazonia2.pdf. Acesso em: 9 ago. 2015.

FEARNSIDE, P. Soybean Cultivation as a Threat to the Environment in Brazil. *Environmental Conservation*, Cambridge, v. 28, n. 1, p. 23-28, 2001.

FERREIRA, F. S. S. *Políticas públicas de ordenamento territorial no Baixo Amazonas (PA): uma análise a partir das políticas e programas dos governos federal e estadual na área de influência da rodovia BR-163 (Cuiabá-Santarém)*. Rio de Janeiro, 2010. 266 f. Dissertação (Mestrado em Ciências Sociais) — Instituto de Ciências Humanas e Sociais, Universidade Federal Rural do Rio de Janeiro.

FERREIRA, L. V.; VENTICINQUe, E.; ALMEIDA, S. O desmatamento na Amazônia e a importância das áreas protegidas. *Estudos Avançados*, São Paulo, v. 19, n. 53, p. 1-10, 2005.

FERREIRA, M. D. P. *Impactos dos preços das commodities e das políticas governamentais sobre o desmatamento na Amazônia Legal*. Viçosa, 2011. 90 f. Dissertação (Mestrado em Economia Aplicada), Universidade Federal de Viçosa.

FONTES, C. Marina Silva e Ciro Gomes encerram o Encontro BR-163 Sustentável. *Instituto Socioambiental*, 24 nov. 2003. Disponível em: https://www.indios.org.br/pt/noticias?id=10365. Acesso em: 10 jun. 2016.

FOOD AND AGRICULTURE ORGANIZATION OF THE UNITED NATIONS (FAO). *Global Forest Resources Assessment 2010 — Main Report*. Forestry Paper 163. Roma, 2010. 378 p.

FOOD AND AGRICULTURE ORGANIZATION OF THE UNITED NATIONS (FAO). *Global Forest Resources Assessment 2015 — Desk Reference*. Roma, 2015. 245 p.

FOOD AND AGRICULTURE ORGANIZATION OF THE UNITED NATIONS (FAO). *Global Forest Resources Assessment 2020 — Main Report*. Roma, 2020.

FUNDAÇÃO SOS MATA ATLÂNTICA (Sosma); INSTITUTO NACIONAL DE PESQUISAS ESPACIAIS (Inpe). *Atlas dos remanescentes florestais da Mata Atlântica período 2011-2012 — Relatório técnico*. São Paulo, 2013.

FUNDAÇÃO SOS MATA ATLÂNTICA (Sosma); INSTITUTO NACIONAL DE PESQUISAS ESPACIAIS (Inpe). *Atlas dos remanescentes florestais da Mata Atlântica período 2018-2019 — Relatório técnico*. São Paulo, 2020.

GIBBS, G. *Análise de dados qualitativos*. Porto Alegre: Artmed, 2009.

HADDAD, C. F. B. "Biodiversidade de anfíbios no estado de São Paulo". In: JOLLY, C. A.; BICUDO, C. E. de M. (Orgs.). *Biodiversidade do estado de São Paulo: síntese do conhecimento ao final do século XX*. Vertebrados. v. 6. São Paulo: Fapesp, 1998. p. 15-26.

HECK, E. et al. Amazônia indígena: conquistas e desafios. *Estudos Avançados*, São Paulo, v. 19, n. 53, 2005.

HOGAN, D. J. Demographic Dynamics and Environmental Change in Brazil. *Ambiente e Sociedade*, Campinas, v. 4, n. 9, p. 43-73, 2001.

HUERTAS, D. M. *Da fachada atlântica à imensidão amazônica: fronteira agrícola e integração territorial*. São Paulo: Annablume; Fapesp; Belém: Banco da Amazônia, 2009. 344 p.

INSTITUTO BRASILEIRO DE GEOGRAFIA E ESTATÍSTICA (IBGE). Amazônia Legal. [s.d.]c. Disponível em: https://www.ibge.gov.br/geociencias/organizacao-do-territorio/estrutura-territorial/15819-amazonia-legal.html?=&t=o-que-e. Acesso em: 15 jul. 2020.

INSTITUTO BRASILEIRO DE GEOGRAFIA E ESTATÍSTICA (IBGE). Áreas Especiais — Cadastro dos municípios brasileiros localizados na Amazônia Legal. [s.d.]a. Disponível em: http://www.ibge.gov.br/home/geociencias/geografia/amazonialegal.shtm?c=2. Acesso em: 15 jan. 2015.

INSTITUTO BRASILEIRO DE GEOGRAFIA E ESTATÍSTICA (IBGE). Censo demográfico 2010: resultados preliminares do universo. 2011. Disponível em: https://sidra.ibge.gov.br/pesquisa/censo-demografico/demografico-2010/universo-resultados-preliminares. Acesso em: 15 fev. 2016.

INSTITUTO BRASILEIRO DE GEOGRAFIA E ESTATÍSTICA (IBGE). Censo Demográfico, séries históricas, [s.d.]d. Disponível em: https://www.ibge.gov.br/estatisticas/sociais/populacao/9663-censo-demografico-2000.html?edicao=9773&t=series-historicas. Acesso em: 15 set. 2020.

INSTITUTO BRASILEIRO DE GEOGRAFIA E ESTATÍSTICA (IBGE). Estimativa da população residente no Brasil e unidades da Federação com data de referência em 1º de julho de 2020. Disponível em: https://ftp.ibge.gov.br/Estimativas_de_Populacao/Estimativas_2020/POP2020_20201030.pdf. Acesso em: 15 set. 2020.

INSTITUTO BRASILEIRO DE GEOGRAFIA E ESTATÍSTICA (IBGE). Mapa de biomas e de vegetação. 2004. Disponível em: http://www.ibge.gov.br/home/presidencia/noticias/21052004biomashtml.shtm. Acesso em: 10 dez. 2014.

INSTITUTO BRASILEIRO DE GEOGRAFIA E ESTATÍSTICA (IBGE). Produção agrícola municipal. [s.d.]b. Disponível em: http://www.sidra.ibge.gov.br/bda/agric/default.asp?z=t&o=11&i=P. Acesso em: 10 jul. 1014.

INSTITUTO BRASILEIRO DO MEIO AMBIENTE E DOS RECURSOS NATURAIS RENOVÁVEIS (Ibama). Consulta de autuações ambientais e embargos. [s.d.]. Disponível em: https://servicos.ibama.gov.br/ctf/publico/areasembargadas/ConsultaPublicaAreasEmbargadas.php. Acesso em: 15 jul. 2014.

INSTITUTO DE PESQUISA ECONÔMICA APLICADA (Ipea); DEUTSCHE GESELLSCHAFT FÜR INTERNATIONALE ZUSAMMENARBEIT (GIZ) [Agência Alemã de Cooperação Internacional]; COMISSÃO ECONÔMICA PARA A AMÉRICA LATINA E O CARIBE (Cepal). *Avaliação do Plano de Ação para Prevenção e Controle do Desmatamento na Amazônia Legal (PPCDAm) 2004-2010*. Brasília, 2011.

INSTITUTO NACIONAL DE COLONIZAÇÃO E REFORMA AGRÁRIA (Incra). Cadastro rural. [s.d.]. Disponível em: http://www.incra.gov.br/tree/info/directory/36. Acesso em: 15 mar. 2016.

INSTITUTO NACIONAL DE PESQUISAS ESPACIAIS (Inpe). *Monitoramento do desmatamento da Floresta Amazônica brasileira por satélite: Prodes*. São José dos Campos, 2014-2021. Disponível em: http://www.obt.inpe.br/prodes/index.html. Acesso em: 10 dez. 2014.

INSTITUTO NACIONAL DE PESQUISAS ESPACIAIS (Inpe). TerraBrasilis Plataforma de Dados Geográficos. [s.d.]. Disponível em: http://terrabrasilis.dpi.inpe.br/app/dashboard/deforestation/biomes/legal_amazon/increments. Acesso em: 15 ago. 2020.

INSTITUTO SOCIOAMBIENTAL (ISA). *Mato Grosso: Amazônia (i)Legal*. Brasília, 2005.

KOHLHEPP, G. Conflitos de interesse no ordenamento territorial da Amazônia brasileira. *Estudos Avançados*, São Paulo, v. 16, n. 45, p. 37-61, 2002.

KRUG, T. "O quadro de desflorestamento da Amazônia". In: BRASIL. Ministério do Meio Ambiente. Causas e dinâmica do desmatamento na Amazônia. Brasília, 2001.

LAURANCE, W. F. et al. Deforestation in Amazonia. *Science*, Washington, n. 304, p. 1109-1111, 2004.

LIANO JR., N. Lula discute desenvolvimento da Amazônia com governadores. *UOL*, 9 maio 2003. Disponível em: http://noticias.uol.com.br/inter/reuters/2003/05/09/ult27u35085.jhtm. Acesso em: 15 ago. 2016.

LIMA, M. G. M.; PEREIRA, E. M. B. Populações tradicionais e conflitos territoriais na Amazônia. *Geografias*, Belo Horizonte, v. 3, n. 1, p. 107-119, 2007.

LIMBERGER, L.; SILVA, M. E. S. Precipitação na bacia amazônica e sua associação à variabilidade da temperatura da superfície dos oceanos Pacífico e Atlântico: uma revisão. *Geousp: Espaço e Tempo* (on-line), v. 20, n. 3, p. 657-675, 2016.

LIRA, S. R. B. *Morte e ressurreição da Sudam: uma análise da decadência e extinção do padrão de planejamento regional na Amazônia*. Belém, 2005, 252 p. Tese (Doutorado em Desenvolvimento Sustentável do Trópico Úmido) — Núcleo de Altos Estudos da Amazônia, Universidade Federal do Pará.

LOUREIRO, V. R. Amazônia: uma história de perdas e danos, um futuro a (re)construir. *Estudos Avançados*, São Paulo, v. 16, n. 45, p. 107-121, 2002.

MADEIRA, W. V. Plano Amazônia Sustentável e desenvolvimento desigual. *Ambiente & Sociedade*, São Paulo, v. XVII, n. 3, p. 19-34, jul./set. 2014.

MARGULIS, S. Causas do desmatamento da Amazônia brasileira. Brasília: Banco Mundial, 2003. 100 p.

MEIJER, K. S. A Comparative Analysis of the Effectiveness of Four Supply Chain Initiatives to Reduce Deforestation. *Tropical Conservation Science*, Menlo Park, v. 8, n. 2, p. 564-578, 2015.

MELLO-THÉRY, N. A. de. *Políticas territoriais na Amazônia*. São Paulo: Annablume, 2006.

MELLO-THÉRY, N. A. de. *Território e gestão ambiental na Amazônia: terras públicas e os dilemas do Estado*. São Paulo: Annablume; Fapesp, 2011.

MMA anuncia "maior investida" antidesmatamento na Amazônia. *Folha de S.Paulo*, Caderno Ciência, 16 mar. 2004. Disponível em: http://www1.folha.uol.com.br/fsp/ciencia/fe1603200402.htm. Acesso em: 12 de jul. 2016.

NEPSTAD, D. et al. *Avança Brasil: os custos ambientais para a Amazônia*. Belém: Instituto de Pesquisa Ambiental da Amazônia, 2000.

NEPSTAD, D. et al. Road Paving, Fire Regime Feedbacks, and the Future of Amazon Forests. *Forest Ecology and Management*, Nova York, v. 154, n. 3, p. 395-407, 2001.

NEPSTAD, D. et al. Inhibition of Amazon Deforestation and Fire by Parks and Indigenous Lands. *Conservation Biology*, Cambridge, v. 20, n. 1, p. 65-73, 2006.

NEPSTAD, D. et al. Interactions among Amazon Land Use, Forests and Climate: Prospects for a Near-Term Forest Tipping Point. *Philosophical Transactions of the Royal Society B: Biological Sciences*, Londres, v. 363, n. 1498, p. 1737-1746, 2008.

NEPSTAD, D. et al. The End of Deforestation in the Brazilian Amazon. *Science*, Washington, v. 326, n. 5959, p. 1350-1351, 2009.

NEPSTAD, D. et al. Slowing Amazon Deforestation through Public Policy and Interventions in Beef and Soy Supply Chains. *Science*, Washington, v. 344, n. 6188, p. 1118-1123, 2014.

NEPSTAD, D. C.; STICKLER, C. M.; ALMEIDA, O. T. Globalization of the Amazon Soy and Beef Industries: Opportunities for Conservation. *Conservation Biology*, Malden, v. 20, n. 6, p. 1595-1603, 2006.

NEVES, E. G. *Arqueologia da Amazônia*. Col. Descobrindo o Brasil. Rio de Janeiro: Zahar, 2006. p. 65 (e-book).

NEVES, E. M. S. C. (Coord.). *O processo de municipalização da estratégia de prevenção e combate ao desmatamento na Amazônia: estudos de casos sobre municípios integrantes da lista de municípios prioritários do Ministério do Meio Ambiente*. Revisão 1, Rio de Janeiro, 2015. Disponível em: https://www.municipiosverdes.pa.gov.br/docs_nepmv/publicacoes/Estudo_%20Processo%20de%20municipaliza%C3%A7ao%20combate%20ao%20desmatamento%20na%20Amazonia.pdf. Acesso em: 15 set. 2016.

NOBRE, A. D. *O futuro climático da Amazônia: relatório de avaliação científica*. Articulación Regional Amazónica (ARA), 2014. Disponível em: http://www.ccst.inpe.br/o-futuro-climatico-da-amazonia-relatorio-de-avaliacao-cientifica-antonio-donato-nobre/. Acesso em: 12 jan. 2015.

NOBRE, C. A.; NOBRE, A. D. O balanço de carbono da Amazônia brasileira. *Estudos Avançados*, São Paulo, v. 16, n. 45, p. 81-90, 2002.

OLIVEIRA, L. L. "O Brasil de JK: a conquista do Oeste". In: *Os anos JK — O governo de Juscelino Kubitschek*. Centro de Pesquisa e Documentação de História Contemporânea do Brasil (CPDOC), Fundação Getulio Vargas, Rio de Janeiro, [s.d.]. Disponível em: http://cpdoc.fgv.br/producao/dossies/JK/artigos/Brasilia/ConquistaOeste. Acesso em: 15 ago. 2020.

OMETTO, J. P. et al. (Orgs.). "Amazon Forest Biomass Density Maps: Tackling the Uncertainty in Carbon Emission Estimates". In: UNCERTAINTIES IN GREENHOUSE GAS INVENTORIES. [s.l.]: Springer International Publishing, 2015. p. 95-110.

PEREIRA, J. C. M. *Os modos de vida na cidade: Belterra, um estudo de caso na Amazônia brasileira*. Rio de Janeiro, 2012, 256 f. Tese (Doutorado em Ciências Sociais) — Instituto de Filosofia e Ciências Humanas, Universidade do Estado do Rio de Janeiro.

PFAFF, A. S. P. What Drives Deforestation in the Brazilian Amazon? MIT Joint Program on the Science and Policy of Global Change, Cambridge, 1996. 32 p. Disponível em: http://web.mit.edu/globalchange/www/rpt16.html. Acesso em: 20 abr. 2015.

PFAFF, A. S. P. et al. "Road Impacts in Brazilian Amazonia". In: BUSTAMANTE, M. et al. (Orgs.). *Amazonia and Global Change*. Washington: American Geophysical Union, 2009 (Geophysical Monograph Series 186).

PRADO, H. M.; MURRIETA, R. S. S. Domesticação de plantas e paisagens culturais na Amazônia pré-histórica. *Revista Ciência Hoje*, ed. 326, v. 55, 2015.

QUARESMA, S. J.; BONI, V. Aprendendo a entrevistar: como fazer entrevistas em ciências sociais. *Em Tese*, Florianópolis, v. 2, n. 1, p. 68-80, jan./jul. 2005.

RED AMAZÓNICA DE INFORMACIÓN SOCIOAMBIENTAL GEORREFERENCIADA (Raisg). *Amazonía bajo presión*. São Paulo: Instituto Socioambiental, 2012.

SAATCHI, S. S. et al. Distribution of Aboveground Live Biomass in the Amazon Basin. *Global Change Biology*, Malden, v. 13, n. 4, p. 816-837, 2007.

SCHMITT, J. *Crime sem castigo: a efetividade da fiscalização ambiental para o controle do desmatamento ilegal na Amazônia*. Brasília, 2015. 188 p. Tese (Doutorado em Desenvolvimento Sustentável) — Centro de Desenvolvimento Sustentável, Universidade de Brasília.

SHIMABUKURO, Y. E. et al. Roraima: o incêndio visto do espaço. *Ciência Hoje*, Rio de Janeiro, v. 26, n. 157, p. 32-34, jan./fev. 2000.

SILVA, J. H. G. *Economic Causes of Deforestation in the Brazilian Amazon: an Empirical Analysis of the 2000s*. Freiburg, 2009. Dissertação (Mestrado em Economia e Política) — Universidade de Freiburg.

SILVA, L. R. T. et al. Rios voadores: como a dinâmica natural do fenômeno pode ser afetada pelo desequilíbrio ambiental na floresta amazônica. XVIII Simpósio Brasileiro de Geografia Física Aplicada, Fortaleza, UFCE, 2019.

SISTEMA DE ESTIMATIVAS DE EMISSÕES DE GASES DE EFEITO ESTUFA (Seeg). Emissões totais de gases de efeito estufa no Brasil. *Observatório do Clima*, 2016. Disponível em: http://plataforma.seeg.eco.br/total_emission#. Acesso em: 12 dez. 2016.

SOARES-FILHO, B. S.; NEPSTAD, D. C.; CURRAN, L. Cenários de desmatamento para a Amazônia. *Estudos Avançados*, São Paulo, v. 19, n. 54, p. 137-152, 2005.

SUPERINTENDÊNCIA DO DESENVOLVIMENTO DA AMAZÔNIA (Sudam). Legislação da Amazônia. [s.d.]. Disponível em: https://www.gov.br/sudam/pt-br/acesso-a-informacoes/institucional/legislacao-da-amazonia. Acesso em: 12 dez. 2015.

TARDIN, A. T. et al. *Subprojeto desmatamento — convênio IBDF/CNPq-Inpe*, Relatório técnico. Inpe, São José dos Campos, 1980.

TONI, F. Descentralization and REDD+ in Brazil. *Forests*, Basileia, v. 2, n. 1, p. 66-85, 2011. Disponível em: http://www.mdpi.com/1999-4907/2/1/66/htm. Acesso em: 15. fev. 2016.

TRIBUNAL DE CONTAS DA UNIÃO (TCU). Relatório de Auditoria do Programa Terra Legal. Brasília, jul. 2014. Disponível em: https://tcu.jusbrasil.com.br/jurisprudencia/354339651/relatorio-de-auditoria-ra-1585920142/inteiro-teor-354339658#. Acesso em: 15 jun. 2018.

VALENTIM, J. F; ANDRADE, C. M. S. de. Tendências e perspectivas da pecuária bovina na Amazônia brasileira. *Amazônia: Ciência & Desenvolvimento*, Belém, v. 4, n. 8, p. 273-283, 2009.

VALERIANO, D. de M. et al. *Dimensões do desmatamento na Amazônia brasileira*. Instituto Nacional de Pesquisas Espaciais (Inpe), 2012. Disponível em: http://www.dpi.inpe.br/Miguel/UrbisAmazonia/Harley/INPE_Desmatamento_ABEP_Rio+20_Mar_2012_Revisado.pdf. Acesso em: 15 ago. 2020.

Igarapé do Arapixuna, canal do Jari, Santarém, Pará (2015)

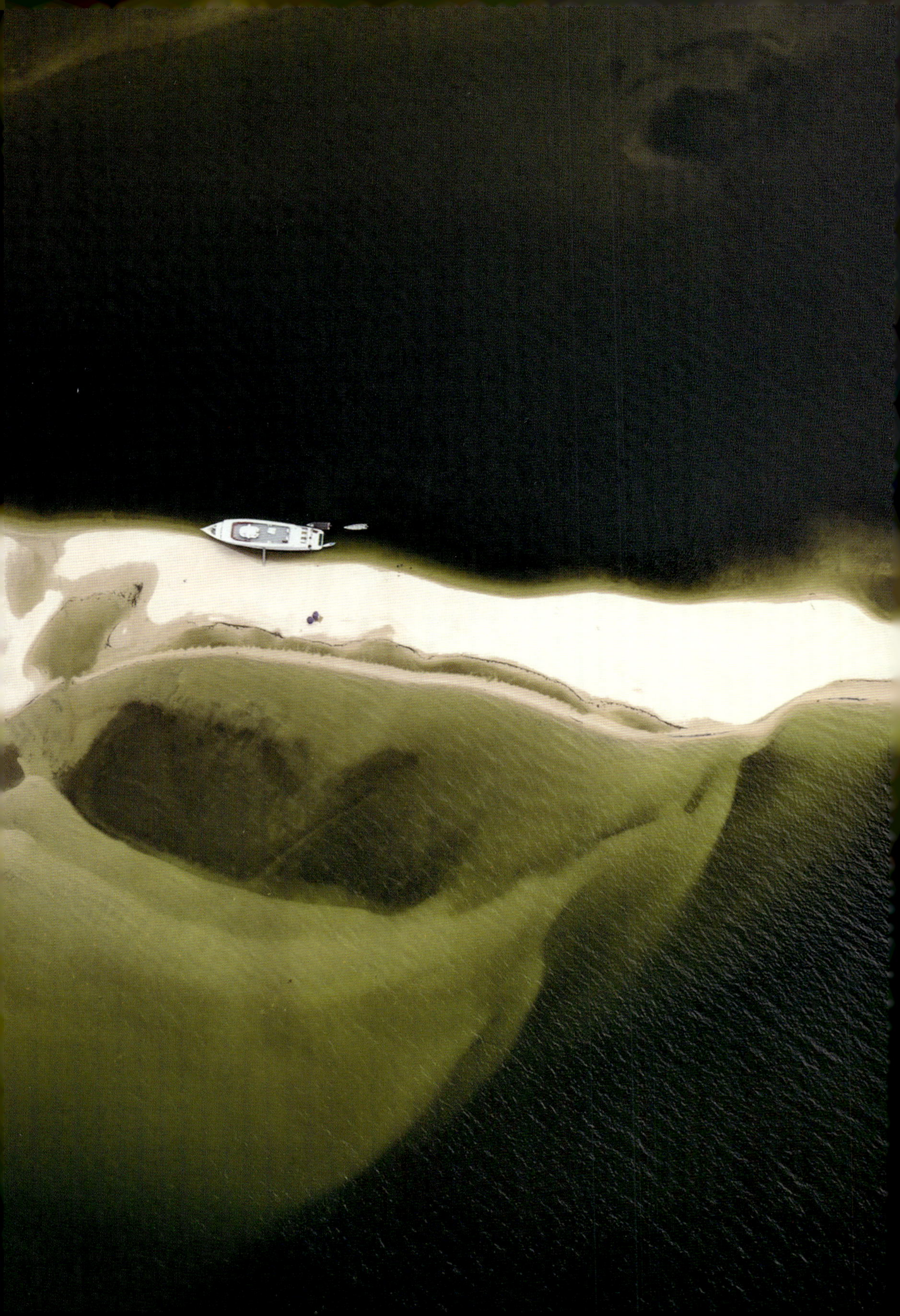

Rio Arapiuns, Pará (2020)

Palmeira de açaí na margem da baía do Marajó, Pará (2015)

Ribeirinho na comunidade do porto do Arari, ilha do Marajó, Pará (2012)

Travessia do rio Carará, Pará (2012)

Ribeirinho no rio Arapiuns, Pará (2015)

Garoto de comunidade ribeirinha no canal do Jari, Santarém (2015)

São Gabriel da Cachoeira, município com a maior predominância de indígenas no Brasil, localizado na fronteira com Colômbia e Venezuela (1998)

O cacuri, armadilha de pesca instalada em afluente do rio Negro, Amazonas (1998); ao lado, indígenas baré em aldeia no rio Curicuriari, Terra Indígena Médio Rio Negro, Amazonas (1998)

Abaixo, canoa indígena no rio Negro, Amazonas (1998)

Garotos da comunidade de Anã, rio Arapiuns, Pará (2020)

Casa de farinha; ao lado, processamento da massa de mandioca para retirada da manipuera (2020)

Abaixo, artesã prepara cesta na comunidade de São Marcos, Reserva Extrativista Tapajós-Arapiuns, Pará (2015)

Comunidade de São Marcos,
Reserva Extrativista Tapajós-
-Arapinuns, Pará (2015)

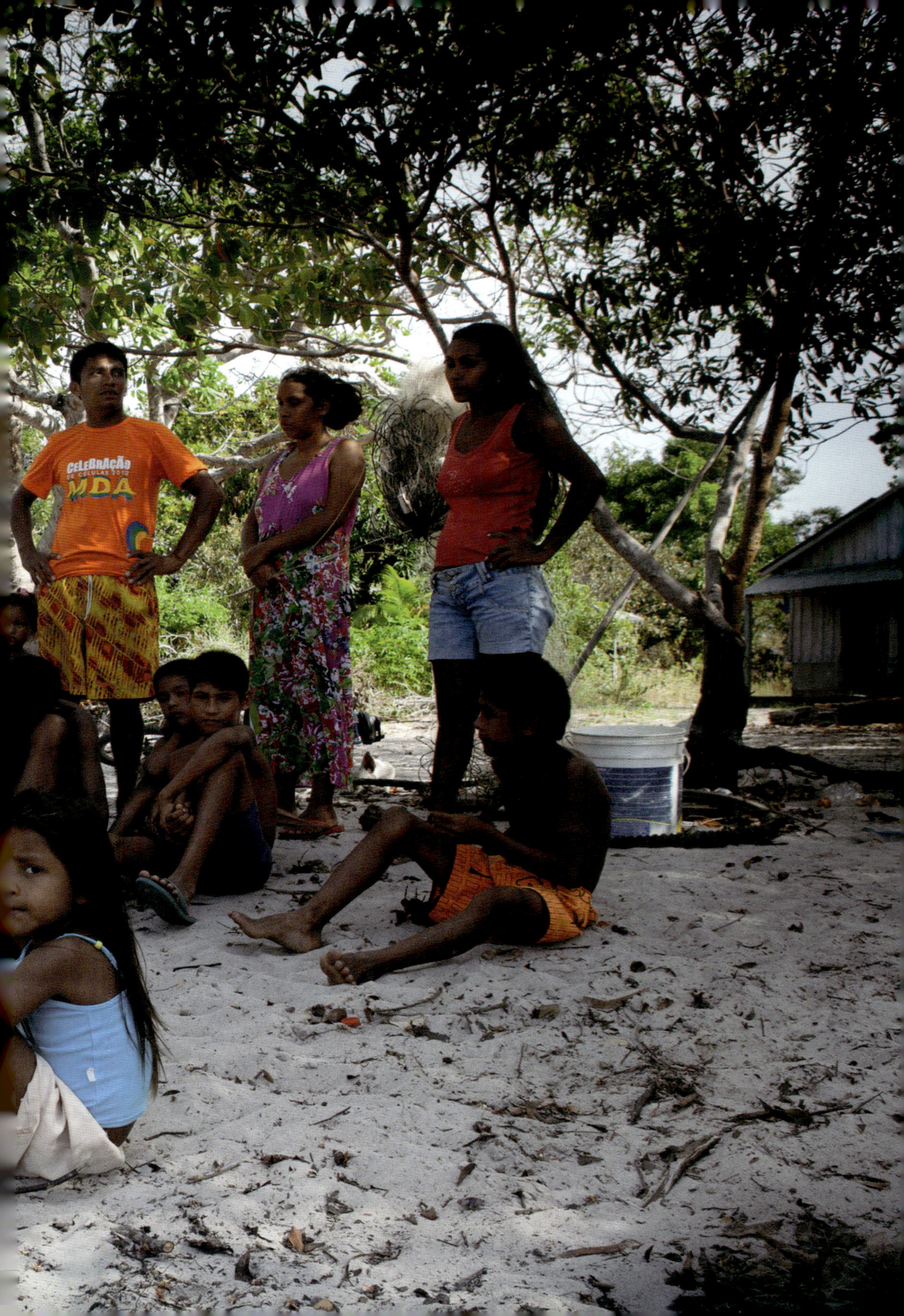
CELEBRAÇÃO
MDA

Trabalho do grupo de artesãos Tramas e Cores de cestaria e pigmentação natural, premiado como design sustentável. Comunidade de Urucureá, Santarém (2020)

Parque Nacional de Anavilhanas, Amazonas (2016)

Barco cruza o encontro das águas dos rios Negro e Solimões, que formam o rio Amazonas (2006)

Abaixo, família em travessia, rio Amazonas, Pará (2006)

Nascer do sol no rio Tapajós, Parque Nacional da Amazônia, Amazonas (2015)

Praia no rio Negro, Amazonas (1996)

Peixe moqueado, uma das principais técnicas de conservação de carne para alimentação. Alto Rio Negro, Amazonas (1998)

Abaixo, beiju feito com a tapioca (fécula extraída da mandioca) e abacaxi, mercado de São Gabriel da Cachoeira, Amazonas (1998)

Sumaúma no rio Solimões, Amazonas (1996)

Rio Amazonas, Pará (2006)

Cheia no canal do Jari, Santarém, Pará (2020)

Rio Tapajós, Belterra, Pará (2015)

Ribeirinho trabalhando com palha de babaçu, vila Rayol, Itaituba, Pará (2015)

Outro, com tipiti para processamento de mandioca. Comunidade Anumã, Pará (2015)

Construção com palha de inajá, vila de Boa Vista, ilha do Marajó, Pará (2012)

Família em barco na comunidade Rayol, Itaituba, Pará (2015)

Meio de transporte típico, em Soure, ilha do Marajó, Pará (2012)

Vereda de buritis na ilha do Marajó, Pará (2012)

Barqueiro na ilha do Marajó, Pará (2012)

Barco com petrechos de pescador no rio Arapiuns, Pará (2015)

Pescadores no rio Paracauari, ilha do Marajó, Pará (2012)

Jovem liderança sem-terra aguarda assentamento no Acampamento Pablo Neruda, margem da rodovia BR 163, Itaúba, Mato Grosso (2015)

Família de agricultores no Assentamento São Pedro, criado pelo Incra em 1997 no município de Paranaíta, Mato Grosso (2015)

Acampamento Pablo Neruda na margem da BR 163 em Itaúba, Mato Grosso. Na época da fotografia (2015), 180 famílias de sem-terra já aguardavam havia cinco anos pela reforma agrária

Formação rochosa na região das grutas do Madadá, Parque Nacional de Anavilhanas, Amazonas (2016)

Raízes no barrando do rio Negro, Amazonas (2016)

Garotos de comunidade ribeirinha na Reserva de Desenvolvimento Sustentável do Rio Negro, Amazonas (2016)

Barco no rio Negro, Novo Airão, Amazonas (2016)

Jardim de vitórias-régias, canal do Jari, Santarém, Pará (2020)

Criação de abelhas sem ferrão do projeto Melipomel, desenvolvido pela comunidade de Anã, Santarém, Pará (2020)

Pirarucu no rio Solimões (1995), e, ao lado, boto-cor-de-rosa no rio Negro, Novo Airão, Amazonas (2016)

Extração de látex de seringueira, Floresta Nacional do Tapajós (2015)

Crianças de comunidades ribeirinhas no rio Solimões, Amazonas (1996)

Castanheira derrubada ao longo da estrada MT 208, Alta Floresta, Mato Grosso (2015)

Balsa com toras de madeira no rio Tapajós, Pará (2016)

Áreas desmatadas para plantio de soja ao longo da BR 163, Guarantã do Norte, Mato Grosso (2015)

Armazém de grãos em Altamira, Pará (2015)

Agricultor em Alta Floresta, Mato Grosso (2015)

Empresa de sementes em Sinop, Mato Grosso

Depósito de serragem em serraria nas cercanias de Sinop, Mato Grosso (2015)

Sumaúma em Alta Floresta, Mato Grosso (2015)

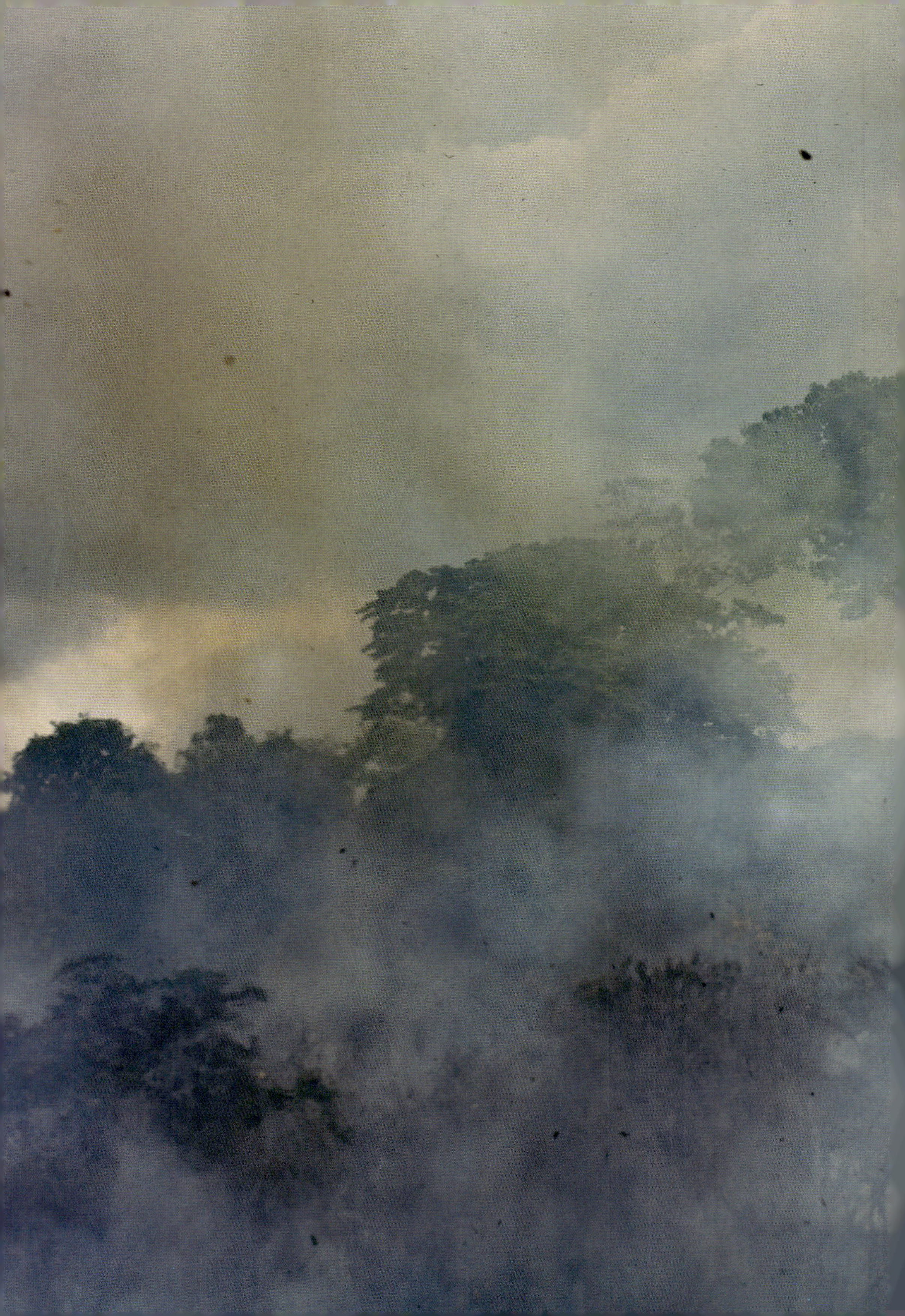

Incêndio florestal ao longo da BR 163, próximo ao Parque Nacional do Jamanxim, Trairão, Pará (2015)

Queimadas para implantação de pastagens ao longo da BR 163, Castelo dos Sonhos, Altamira, Pará (2015)

Castanheira "imune ao corte",
queima em Castelo dos Sonhos,
Altamira, Pará (2015)

Queimadas ao longo da BR 163, entre Guarantã do Norte (Mato Grosso) e Novo Progresso (Pará) (2015)

Pecuária extensiva em Guarantã do Norte, Mato Grosso (2015)

Curtidor de couro em curtume próximo a Cuiabá, Mato Grosso (2012) e pecuarista em Alta Floresta, Mato Grosso (2015)

Boiadeiro em Novo Progresso, Pará (2015)

Búfalos na ilha do Marajó, Pará (2012)

Trecho da rodovia Transamazônica, BR 320, Itaituba, Pará (2015)

Trecho da rodovia BR 163 próximo a Novo Progresso, Pará (2015)

Comerciante em Jardim do Ouro,
vila de garimpeiros no rio Jamanxin,
Itaituba, Pará (2015)

Jardim do Ouro, vila de garimpeiros no rio Jamanxin, Itaituba, Pará (2015)

Campo de petróleo e gás natural de Urucu, município de Coari, interior do estado do Amazonas (1995)

Apêndice A | Lista não exaustiva das principais iniciativas institucionais, jurídicas e operacionais adotadas pelo governo federal para implementar ações de governança na Amazônia, a maioria formuladas no âmbito do PPCDAm

Gestão territorial e ordenamento fundiário (53 iniciativas em 134)

12/2003 | Portaria Incra nº 1.141/2003 cria a modalidade de Projeto de Assentamento Florestal (PAF), destinada a áreas com aptidão para a produção florestal familiar comunitária e sustentável, especialmente aplicável à região Norte.

6/2004 | DSN de 3/6/2004 cria a Resex do Lago do Capanã Grande, no Amazonas, com 304.310 hectares.

11/2004 | DSN de 8/11/2004 cria a Resex Riozinho do Anfrísio, no Pará, com 736.135 hectares.

11/2004 | DSN de 8/11/2004 cria a Resex Verde para Sempre, no Pará, com 1.289.362 hectares.

12/2004 | Portaria Conjunta nº 10/2004 do Incra e do MDA promove alteração nos procedimentos de titulação de terras na Amazônia, suspensão do cadastro de imóveis rurais e determina o recadastramento dos imóveis com documentação incompleta, que implica bloqueio do acesso ao crédito público.[1]

---

[1] Envolveu 352 municípios dos nove estados da Amazônia Legal. Segundo a norma, o registro de posses acima de cem hectares na Amazônia somente será aceito mediante a apresentação, pelo posseiro, de memorial descritivo georreferenciado da posse para checar se a posse está em terras públicas. No caso de registros já efetuados, o posseiro também deve apresentar o memorial descritivo para validação. Um dos objetivos da norma foi agilizar os processos de reintegração de posse e de recuperação dos danos ambientais causados por posseiros. O protocolo do CCIR vinha sendo um dos vários documentos usados para a grilagem de terras públicas e para a concessão de autorizações para manejo florestal, desmatamento e transporte de madeira

12/2004 | DSN de 1/12/2004 cria a Flona de Jacundá, em Rondônia, com 221.217 hectares.

2/2005 | MP 239/2005 institui o instrumento da limitação administrativa provisória de áreas em estudo para a criação de unidades de conservação ambiental.

2/2005 | DSN estabelece limitação administrativa provisória na região de entorno da rodovia BR-163, no Pará.

2/2005 | DSN de 17/2/2005 cria a Esec da Terra do Meio, no Pará, com 3.373.133 hectares.

2/2005 | DSN de 18/2/2005 cria a Flona de Anauá, em Roraima, com 259.400 hectares.

2/2005 | DSN de 17/2/2005 cria a Resex Riozinho da Liberdade, no Acre, com 324.904 hectares.

2/2005 | DSN de 17/2/2005 cria a Flona de Balata-Tufari, no Amazonas, com 802.000 hectares (atualmente com 1.079.669 hectares por posterior ampliação).

3/2005 | Portaria Conjunta nº 3/2005 do Incra e do MDA prorroga os efeitos da Portaria Conjunta nº 10/2004, que promove alteração nos procedimentos de titulação de terras na Amazônia e determina o recadastramento dos imóveis com documentação incompleta.

5/2005 | DSN de 20/5/2005 cria a Rebio Nascentes Serra do Cachimbo, no Pará, com 342.192 hectares.

5/2005 | DSN de 20/5/2005 cria a Resex Mapuá, no Pará, com 93.746 hectares.

5/2005 | DSN de 20/5/2005 cria a Resex Marinha Caeté-Taperaçu, no Pará, com 42.489 hectares.

5/2005 | DSN de 20/5/2005 cria a Resex Marinha Gurupi-Piriá, no Pará, com 74.081 hectares.

---

extraída, muitas vezes de forma ilegal. A partir da publicação da norma, o Ibama suspendeu e cancelou inúmeros planos de manejo em toda a Amazônia, além de não mais liberar planos em áreas sem títulos comprovados. A medida causou muita polêmica, revolta da indústria madeireira paraense e uma crise política entre o setor e o governo federal. Segundo relatório interno do Incra, as solicitações de protocolos do certificado caíram drasticamente em toda a região amazônica depois da portaria. Segundo o MMA, até o final de outubro de 2006, cerca de 66 mil CCIRs de posses em toda a Amazônia continuavam "inibidos". Também continua suspensa a emissão do protocolo de solicitação do documento. O requerimento do CCIR é o primeiro passo no processo de regularização fundiária de uma posse. O protocolo é necessário para obtenção de crédito rural, realização de registros imobiliários, transações bancárias e comerciais.

5/2005 | DSN de 23/5/2005 cria a Resex Marinha de Araí-Peroba, no Pará, com 11.549 hectares.

6/2005 | DSN de 14/6/2005 cria a Resex Ipaú-Anilzinho, no Pará, com 55.834 hectares.

6/2005 | DSN de 14/6/2005 cria a RDS Itatupã-Baquiá, no Pará, com 64.441 hectares.

7/2005 | Sanção da Lei nº 11.132/2005, que converte a MP 239/2005, permitindo ao poder público decretar áreas sob limitação administrativa provisória de áreas em estudo para a criação de unidade de conservação ambiental.

10/2005 | Portaria Conjunta nº 17/2005 do Incra e do MDA prorroga novamente os efeitos da Portaria Conjunta nº 10/2004, que promove alteração nos procedimentos de titulação de terras na Amazônia e determina o recadastramento dos imóveis com documentação incompleta.

11/2005 | DSN de 16/11/2005 cria a Resex Arióca Pruanã, no Pará, com 83.445 hectares.

1/2006 | DSN estabelece limitação administrativa provisória no entorno da BR-319, no Amazonas.

2/2006 | DSN de 13/2/2006 cria o Parna do Rio Novo, no Pará, com 538.151 hectares.

2/2006 | DSN de 13/2/2006 cria a Flona de Trairão, no Pará, com 257.526 hectares.

2/2006 | DSN de 13/2/2006 cria o Parna do Jamanxim, no Pará, com 859.797 hectares.

2/2006 | DSN de 13/2/2006 cria a Flona do Jamanxim, no Pará, com 1.301.683 hectares.

2/2006 | DSN de 13/2/2006 cria a APA do Tapajós, no Pará, com 2.039.581 hectares.

2/2006 | DSN de 13/2/2006 cria a Flona do Crepori, no Pará, com 739.805 hectares.

2/2006 | DSN de 13/2/2006 cria a Flona do Amaná, no Pará, com 539.571 hectares.

2/2006 | DSN de 13/2/2006 amplia o Parna da Amazônia, nos estados do Amazonas e do Pará, com 1.084.895,62 hectares (ampliação em 167.379 hectares).

5/2006 | DSN de 2/5/2006 cria a Rebio do Jaru, em Rondônia, com 346.861 hectares.

6/2006 | DSN de 5/6/2006 cria o Parna de Juruena, no Amazonas e em Mato Grosso, com 1.958.203 hectares.

6/2006 | DSN de 5/6/2006 cria a Resex Rio Iriri, no Pará, com 398.992 hectares.

6/2006 | DSN de 5/6/2006 cria a Resex Terra Grande-Pracuúba, no Pará, com 194.867 hectares.

6/2006 | DSN de 21/6/2006 cria a Resex do Rio Unini, no Amazonas, com 849.684 hectares.

6/2006 | DSN de 21/6/2006 cria a Resex Arapaxi, no Amazonas, com 133.710 hectares.

6/2006 | DSN de 21/6/2006 cria o Parna de Campos Amazônicos, nos estados do Amazonas, de Mato Grosso e de Rondônia, com 961.317 hectares.

11/2006 | DSN de 30/11/2006 cria a Resex Gurupá-Melgaço, no Pará, com 145.572 hectares.

12/2007 | DSN de 21/12/2007 amplia a Esec de Cuniã, em Rondônia, com 186.743 hectares.

2/2008 | Instrução Normativa nº 44/2008 do Incra estabelece diretrizes para recadastramento de imóveis rurais de que trata o Decreto nº 6.321/2007.

5/2008 | DSN de 8/5/2008 amplia a Flona de Balata-Tufari, no Amazonas, com 1.079.669 hectares (ampliação em 445.048 hectares).

5/2008 | DSN de 8/5/2008 cria a Resex do Médio Purus, no Amazonas, com 604.231 hectares.

5/2008 | DSN de 8/5/2008 cria a Flona do Iquiri, no Amazonas, com 1.472.598 hectares.

5/2008 | DSN de 8/5/2008 cria o Parna Nascentes do Lago Jari, no Amazonas, com 812.745 hectares.

5/2008 | DSN de 5/6/2008 cria o Parna Mapinguari, nos estados do Amazonas e de Rondônia, com 1.776.914 hectares.

6/2008 | DSN de 6/6/2008 cria a Resex Ituxi, no Amazonas, com 776.323 hectares.

6/2008 | DSN de 5/6/2008 cria a Resex Rio Xingu, no Pará, com 303.000 hectares.

6/2009 | DSN de 5/6/2009 cria a Resex Renascer, no Pará, com 211.531 hectares.

10/2009 | Decreto nº 6992/2009 regulamenta a Lei nº 11.952, de 25/6/2009, para dispor sobre a regularização fundiária das áreas rurais situadas em terras da União, no âmbito da Amazônia Legal, definida pela Lei Complementar nº 124, de 3/1/2007, e dá outras providências.

7/2010 | DSN de 7/2010 amplia os limites da Resex do Ciriaco, no Maranhão, com 8.106 hectares (ampliação em 1.056 hectares).

12/2010 | Decreto nº 7.378/2010 aprova o Macrozoneamento Ecológico-Econômico da Amazônia Legal (MacroZEE) da Amazônia Legal (altera o Decreto nº 4.297/2002).

Monitoramento, fiscalização e controle (55 iniciativas em 134)

2/2003 | Decreto nº 4.593/2003 suspende a exploração da espécie *Swietenia macrophylla King* (mogno) no território nacional pelo período de 150 dias e institui a Comissão Especial do Mogno.

4/2003 | MP nº 115/2003 (convertida na Lei nº 10.687/2003) destina crédito extraordinário ao Ibama para combate ao desmatamento.

6/2003 | Decreto nº 4.722/2003 limita a exploração da espécie *Swietenia macrophylla King* (mogno) exclusivamente a planos de manejo sustentável novos ou reformulados e proíbe, por cinco anos, o abate da espécie em áreas autorizadas para o desmatamento.

9/2003 | Operação Setembro Negro, da PF e do Ibama, em Rondônia, inaugurando a ação integrada dos dois órgãos federais para combater esquemas fraudulentos de desmatamento e exploração florestal ilegal, envolvendo servidores do instituto e madeireiros da região. Resultado: dezessete prisões decretadas, sendo quatro de servidores de órgãos públicos e treze de madeireiros (DPF, 2010).

1/2004 | Operação Feliz Ano Velho, da PF, no Pará. Foi preso um grupo organizado ligado à falsificação de ATPFs. Envolveu mais de 110 policiais federais. Tailândia, Tomé-Açu, Breu Branco, Paragominas, Marabá, Mãe do Rio e Moju são as cidades onde foram cumpridos os mandados de prisão e de busca e apreensão emitidos pela justiça no dia 10/12/2003 (DPF, 2010).

3/2004 | Portaria Incra nº 15/2004 inclui qualificar e adequar as normas ambientais como condição necessária à implantação do Plano de Desenvolvimento do Assentamento, promovendo a exploração racional e sustentável da área e a melhoria de qualidade de vida dos assentados, e o Plano de Recuperação de Assentamento, que deve assegurar a recuperação do passivo ambiental.

4/2004 | Início da realização das Operações Integradas com a participação de PF, Polícia Rodoviária Federal, MTE e Exército (apoio logístico).

6/2004 | Início das missões do 2º/6º Grupo de Aviação do Comando da Aeronáutica para coleta de dados obtidos pelo Radar de Abertura Sintética, embarcado na aeronave R-99B, permitindo o uso inédito de imagens de alta resolução para o planejamento de ações de fiscalização, identificação de áreas de conflitos e definição de limites de unidades de conservação.

12/2004 | Instrução Normativa nº 58/2004 do Ibama determina o recadastramento das serrarias no Pará e a declaração do seu estoque no pátio, com o objetivo de identificar empresas-fantasmas.

12/2004 | Início da operação experimental do Deter, desenvolvido pelo Inpe, que passou a fornecer informações atualizadas para orientar o trabalho de fiscalização do Ibama e dos órgãos ambientais estaduais.

12/2004 | Operação Faroeste, da PF, no Pará, com o objetivo de desarticular quadrilhas especializadas em grilagem de terras públicas atuantes na região oeste do estado. Resultado: foram cumpridos dezoito mandados de prisão temporária. Dos presos, oito eram servidores do Incra no Pará, inclusive o superintendente do órgão no estado e o superintendente adjunto (DPF, 2010).

2/2005 | Em 18/2/2005, o governo anuncia o Pacote Ambiental[2] e institui o Gabinete de Crise[3], ligado ao Gabinete de Segurança Institucional (GSI) da Presidência, para coibir a violência e o desmatamento na Amazônia, principalmente no Pará, onde a freira Dorothy Mae Stang havia sido assassinada. São enviados dois mil soldados do Exército para a região.

2/2005 | Operação Terra Nostra, da PF, no Tocantins, com o objetivo de combater a grilagem de terras na região, com a prisão de dezesseis suspeitos de formação de quadrilha e fraudes na emissão de cessões de direito de posse sobre terras do estado.[4]

6/2005 | Operação Curupira[5], da PF, do Ibama e do Ministério Público Federal, em Mato Grosso, com o objetivo de combater o desmatamento ilegal e a exploração florestal ilegal na Amazônia, por meio do desmonte

---

2 | Entre outras medidas, somente no Pará, na chamada Terra do Meio (entre Altamira e São Félix do Xingu), onde havia um acelerado processo de grilagem de terras públicas e intensos desmatamentos, foram criadas duas unidades de conservação: a Estação Ecológica da Terra do Meio (3,3 milhões de hectares) e o Parque Nacional da Serra do Pardo (445 mil hectares), abrangendo uma área equivalente a duas vezes o estado de Sergipe.
3 | Participaram do gabinete funcionários dos ministérios da Justiça, do Meio Ambiente e do Desenvolvimento Agrário, do GSI, do Exército, da PF e do governo do Pará, entre outros.
4 | Entre os presos, havia três policiais civis, que receberiam propina para não investigar a quadrilha, cinco pistoleiros e uma tabeliã cartorária. Um oficial de justiça foi indiciado. O grupo vendia as terras para produtores rurais do Paraná e do Rio Grande do Sul, interessados em plantar soja no estado, devido à boa qualidade do solo.
5 | Considerada uma das maiores operações realizadas pela PF, envolveu vinte meses de investigação e teve a participação de 480 policiais federais. Resultado: 126 prisões decretadas (42 empresários e respectivos procuradores, 47 servidores do Ibama e funcionários da Fundação Estadual do Meio Ambiente de Mato Grosso, que foi fechada após a operação) e desarticuladas 431 empresas-fantasmas cadastradas no Ibama que movimentaram ilegalmente um volume estimado de madeira serrada de 1,98 milhão de metros cúbicos (o equivalente a 76 mil caminhões que, enfileirados, cobririam a distância Brasília-Rio de Janeiro).

do esquema de fraude e corrupção que foi instalado no Ibama/MT desde o início da década de 1990 (DPF, 2010).

7/2005 | Início da instalação de dezenove Bases Operativas do Ibama, conferindo maior agilidade e intensificação das ações de fiscalização na Amazônia.[6]

7/2005 | Ajuste no processo de monitoramento da Amazônia pelo Inpe, com o início do desenvolvimento do Prodes Multisensores, possibilitando o uso de diferentes imagens de satélite capazes de fornecer informações em áreas cobertas por nuvens nos satélites Landsat e CBERS[7], até então os únicos utilizados no processo. Esse aprimoramento permitiu que o Inpe passasse a concluir a análise preliminar da evolução do desmatamento na Amazônia no mês de novembro do próprio ano de ocorrência, possibilitando uma avaliação quase que imediata dos resultados das ações de controle.

8/2005 | Decreto nº 5.523/2005 eleva de R$ 1 mil para R$ 5 mil o valor da multa por hectare de floresta derrubada ilegalmente e autoriza a retenção de veículos e embarcações usados nesses crimes e a divulgação de informações relativas a multas emitidas, além de outras sanções aplicadas a infratores.

8/2005 | Operação Curupira II, da PF, do Ibama e do Ministério Público Federal, em Rondônia, com o objetivo de combater o desmatamento ilegal e a exploração florestal ilegal na Amazônia, por meio do desmonte do esquema de fraude e corrupção que foi instalado no Ibama/RO desde o início da década de 1990. Resultado: 22 prisões decretadas, sendo 17 de empresários e respectivos procuradores, 2 de servidores do Ibama e 3 de pistoleiros (DPF, 2010).

10/2005 | Portaria nº 76/2005 do Ibama determina a suspensão, pelo prazo de até trinta dias, do fornecimento de ATPFs a pessoas físicas e jurídicas consumidoras de matéria-prima florestal nos estados do Pará, do Maranhão e de Rondônia.

10/2005 | Operação Ouro Verde, da PF, com o objetivo de combater a fabricação, a distribuição e a comercialização de ATPFs falsificadas, adulteradas e ilícitas utilizadas para transporte de madeira (ATPFs Tarja

---

6 | Alta Floresta (MT), Altamira (PA), Apuí (AM), Ariquemes (RO), Breves (PA), Guarantã do Norte (MT), Itaituba (PA), Ji-Paraná (RO), Juína (MT), Marabá (PA), Novo Progresso (PA), Paragominas (PA), Porto Velho (RO), Redenção (PA), Rio Branco (AC), Sinop (MT), Tucumã (PA), Tucuruí (PA) e Vila Rica (MT).
7 | Satélite Sino-Brasileiro de Recursos Terrestres.

Verde) e carvão (ATPFs Tarja Preta). A operação envolveu 400 policiais federais, que cumpriram 78 mandatos de busca e apreensão, e 43 prisões nos estados do Pará, do Maranhão, de Tocantins, de Goiás, de Rondônia, de Mato Grosso e do Rio Grande do Norte (DPF, 2010).

11/2005 | Operação Rio Pardo, da PF, com o objetivo de desarticular uma quadrilha que estava loteando área indígena no noroeste de Mato Grosso. Entre os vinte presos, estava o secretário de Habitação de Cuiabá, Oscar Martins (DPF, 2010).

6/2006 | Operação Novo Empate, da PF e do Ibama, no Acre, com o objetivo de desarticular quadrilha que fraudava autorizações de desmatamento e uso, movimentação e fiscalização de ATPFs (DPF, 2010).

8/2006 | Operação Isaías, da PF e do Ibama, nos estados do Amapá, de São Paulo, de Santa Catarina e do Pará, com o objetivo de desarticular um esquema ilícito de emissão e comércio de ATPFs, com envolvimento de servidores públicos, empresários madeireiros e intermediários (DPF, 2010).

9/2006 | Operação Daniel, da PF e do Ibama, em Rondônia, que desarticula uma organização criminosa composta por empresários do ramo madeireiro, contadores, advogados e alguns servidores do Ibama (DPF, 2010).

10/2006 | Resolução Conama nº 378/2006 define como empreendimentos potencialmente causadores de impacto ambiental nacional ou regional a supressão de vegetação em área maior que dois mil hectares em imóveis rurais localizados na Amazônia Legal e a exploração de florestas que envolvam espécies enquadradas no Anexo II da Cites, em imóveis rurais que abranjam dois ou mais estados e em área de manejo superior a 50 mil hectares.

11/2006 | Decreto nº 5.975/2006 regulamenta planos de manejo e corte de vegetação nativa.

12/2006 | Resolução Conama nº 387/2006 estabelece procedimentos para o Licenciamento Ambiental de Projetos de Assentamentos de Reforma Agrária e dá outras providências.

12/2006 | Operação Maçaranduba, da PF e do Ibama, com o objetivo de identificar crimes ambientais de madeireiros nas proximidades do município de Humaitá (AM) (DPF, 2010).

2/2007 | Operação Cedro-Maracá, da PF e do Ibama, na região do Boqueirão, município de Alto Alegre (RR), nas proximidades da ilha de Maracá, com o objetivo de coibir o desmatamento ilegal de florestas e outros crimes ambientais (DPF, 2010).

3/2007 | Operação Ananias, da PF e do Ibama, na região de Altamira (PA), leva à prisão cerca de trinta integrantes de uma quadrilha de criminosos ambientais que atuavam em um complexo esquema envolvendo madeireiros, despachantes e servidores públicos (DPF, 2010).

12/2007 | DSN cria o Subgrupo de Trabalho de Responsabilização Ambiental no âmbito do Grupo Permanente de Trabalho Interministerial, com a finalidade de propor medidas e coordenar ações que visem a redução dos índices de desmatamento na Amazônia Legal.

12/2007 | Decreto nº 6.321/2007 dispõe sobre ações relativas a prevenção, monitoramento e controle de desmatamento no bioma Amazônia, estabelecendo: (i) lista de municípios prioritários para controle e fiscalização; (ii) embargo obrigatório de áreas ilegalmente desmatadas; (iii) responsabilização da cadeia de produção e comercialização por produtos oriundos de áreas irregularmente desmatadas; e (iv) condicionamento da liberação de crédito agropecuário perante comprovação de adimplência ambiental pelo tomador.

1/2008 | Portaria MMA nº 28/2008 institui lista de municípios situados no bioma Amazônia onde incidem ações prioritárias de prevenção, monitoramento e controle do desmatamento ilegal.

2/2008 | Resolução 3.545/2008 do Banco Central estabelece exigência de documentação comprobatória de regularidade ambiental e outras condicionantes, para fins de financiamento agropecuário no bioma Amazônia.

2/2008 | Operação Arco de Fogo, da PF, do Ibama e da Força Nacional, em Tailândia (PA), envolvendo cerca de trezentos agentes públicos, com o objetivo de combater o desmatamento ilegal na região (DPF, 2010).

4/2008 | Operação Termes, da PF, em Mato Grosso, com o objetivo de desarticular um esquema criminoso de liberação de cargas irregulares de madeira envolvendo advogados e servidores públicos de diversos órgãos, entre os quais a Sema, o Instituto de Defesa Agropecuária de Mato Grosso, a Delegacia Estadual do Meio Ambiente e a Polícia Rodoviária Federal (DPF, 2010).

6/2008 | Operação Savana, da PF, em Rondônia, com o objetivo de reprimir a exploração ilegal de madeira com a participação de servidores públicos, inclusive da Superintendência do Ibama em Porto Velho (DPF, 2010).

6/2008 | Operação Esperança, da PF, do Ibama, do ICMBio, da Polícia Militar e dos Oficiais de Justiça do Pará, no Pará, com o objetivo de desocupar a Esec da Terra do Meio (DPF, 2010).

6/2008 | Decreto nº 6.472/2008 proíbe de forma permanente o abate da espécie *Swietenia macrophylla King* (mogno) em áreas autorizadas para o desmatamento que não possuam planos de manejo sustentável devidamente aprovados.

7/2008 | Decreto nº 6.515/2008 institui, no âmbito do MMA e do MJ, os programas de segurança ambiental denominados Guarda Ambiental Nacional e Corpo de Guarda-Parques.

11/2008 | Operação Pacajá II, da PF, do Ibama, da 23ª Brigada de Infantaria (Pará e Amapá), do Batalhão de Operações Policiais Especiais, da Receita Federal e do Corpo de Bombeiros, envolvendo mil homens no combate a crimes ambientais, contrabando de armas, garimpo e tráfico de drogas nas regiões fronteiriças no extremo Norte do país (DPF, 2010).

2/2009 | Resolução Conama nº 406/2009 estabelece parâmetros técnicos a serem adotados na elaboração, apresentação, avaliação técnica e execução de Planos de Manejo Florestal Sustentável com fins madeireiros, para florestas nativas e suas formas de sucessão no bioma Amazônia.

3/2009 | Operação Aimara, da PF e do Ibama, em ação conjunta com as forças militares da França (Exército, Aeronáutica e Marinha), no Amapá, para prevenção de crimes na baía de Oiapoque (DPF, 2010).

3/2009 | Portaria MMA nº 102/2009 atualiza lista de municípios prioritários para o controle do desmatamento na Amazônia.

5/2009 | Operação Simbiose, da PF, do Exército, da Receita Federal, do Ibama e do ICMBio, no Amapá, com o objetivo de coibir delitos ambientais, como garimpagem ilegal, destruição de floresta nativa e outros crimes, no Parna Montanhas do Tumucumaque (DPF, 2010).

7/2009 | Operação Pluma, da PF, em Mato Grosso, com o objetivo de coibir a prática de grilagem de terras da União e vários crimes a ela vinculados, como os crimes contra a vida, a administração pública e o meio ambiente, corrupção, peculato, prevaricação, extorsão e ameaça (DPF, 2010).

8/2009 | Operação Pracuúba, da PF e do Ibama, no Amapá, com o objetivo de combater a exploração ilegal de madeira nas ilhas da União banhadas pelo rio Amazonas e seus afluentes (DPF, 2010).

3/2010 | Portarias MMA nºs 66, 67 e 68, de 24/3/2010, que dispõem sobre a lista de municípios situados no bioma Amazônia onde incidem ações prioritárias de prevenção, monitoramento e controle do desmatamento ilegal.

4/2010 | Operação Delta, envolvendo os órgãos federais integrantes da Comissão Interministerial de Combate aos Crimes e Infrações Ambientais, com o objetivo de coibir o desmatamento e o comércio ilegal de madeira na região metropolitana de Belém (PA).

5/2010 | Operação Tronco Serrado, da PF e do Ibama, no Acre, com o objetivo de coibir o transporte ilegal de madeira (DPF, 2010).

7/2010 | Operação Floresta Viva II, da PF e do Ibama, com o objetivo de fiscalizar, reprimir e prevenir o desmatamento ilegal, queimadas, tráfico ilícito de animais silvestres e comércio ilegal de carne de caça na região do Baixo Acre (AC), e oferecer as orientações devidas.

11/2010 | Operação Térmita, da PF, no Pará, com o objetivo de desarticular um grupo que vinha cometendo crimes ambientais (DPF, 2010).

11/2010 | Operação Fazenda Brasil 2, da PF, da Força Nacional de Segurança Pública e do Ibama, com o objetivo de prender pessoas e apreender bens utilizados no desmatamento e na retirada ilegal de madeira do interior da Terra Indígena Irantxe-Manochi, no município de Brasnorte (MT) (DPF, 2010).

11/2010 | Operação Pharisaios, da PF, do Ibama, da Força Nacional e da Funai, com o objetivo de reprimir crimes ambientais na região de Juína (MT), relacionados à extração ilegal e à comercialização de madeiras da Terra Indígena Serra Morena (DPF, 2010).

12/2010 | Operação Alvorecer, da PF, com a finalidade de investigar e comprovar a participação de pessoas físicas e jurídicas na prática de crimes ambientais diversos em Belém (PA) (DPF, 2010).

Organização institucional, planejamento, gestão de informações e integração entre órgãos de governo e sociedade (19 iniciativas em 134)

6/2003 | Abertura dos dados digitais do Inpe, indisponíveis até então.

6/2003 | I Seminário Técnico-Científico, com instituições públicas e ONGs nacionais que realizam trabalhos relacionados ao desmatamento na Amazônia.[8]

---

8 | Participantes: Museu Emílio Goeldi, Instituto Nacional de Pesquisas da Amazônia (Inpa), Inpe, Incra, Ibama, Embrapa e Sipam, além das ONGs Ipam, Imazon e ISA. Os objetivos do seminário eram: (i) promover uma análise qualificada da série histórica dos dados do Inpe nos anos de 1997, 2000, 2001 e 2002; (ii) identificar os principais vetores do desmatamento, tendências, cenários; (iii) segregar as áreas de desmatamentos legalmente autorizados dos desmatamentos ilegais; (iv) identificar novas frentes de desmatamentos de áreas de consolidação de processos

7/2003 | DSN de 3/7/2003 institui o Grupo Permanente de Trabalho Interministerial, com a finalidade de propor medidas e coordenar ações que visem a redução dos índices de desmatamento na Amazônia Legal.

3/2004 | Lançamento do PPCDAm, somando os esforços de treze ministérios, coordenados pela Casa Civil, com 144 ações, sendo 31 estratégicas, divididas em três eixos: (i) ordenamento territorial e fundiário, (ii) monitoramento e controle e (iii) fomento às atividades produtivas sustentáveis. Orçamento inicial de R$ 394 milhões.

3/2004 | DSN de 15/3/2004 cria grupo de trabalho com a finalidade de elaborar e coordenar a implementação do Plano de Desenvolvimento Sustentável para a região de influência da rodovia BR-163.

3/2004 | DSN de 15/3/2004 institui a Comissão Executiva do PPCDAm.

4/2004 | II Seminário Técnico-Científico de análise dos dados referentes ao desmatamento na Amazônia Legal.

10/2004 | Decreto nº 4.864 altera o Decreto nº 3.420/2000, sobre o Programa Nacional de Florestas, criando a Comissão Nacional de Florestas.

7/2005 | III Seminário Técnico-Científico de análise dos dados de desmatamento na Amazônia Legal.

6/2006 | Decreto nº 5.794/2006 altera e acresce dispositivos ao Decreto nº 3.420/2000, ampliando funções e alterando a composição da Comissão Nacional de Florestas.

7/2006 | IV Seminário Técnico-Científico de análise dos dados de desmatamento na Amazônia Legal.

10/2006 | Resolução Conama nº 379/2006 cria e regulamenta o sistema de dados e informações sobre a gestão florestal no âmbito do Sistema Nacional do Meio Ambiente.

4/2007 | MPV nº 366/2007 cria o ICMBio.

8/2007 | Sanção da Lei nº 11.516/2007, que converte a MPV nº 366/2007, criando o ICMBio.

---

de desmatamentos ocorridos no passado; (v) identificar áreas críticas onde devam ser adotadas medidas enérgicas de combate ao desmatamento ilegal; (vi) promover o aprimoramento das metodologias de avaliação do desmatamento na região, incluindo a implantação de um sistema de monitoramento em tempo real que permita a atuação preventiva do governo federal; (vii) democratizar o acesso aos dados de desmatamento, a fim de estimular o debate qualificado e envolver os setores interessados na formulação e implementação das ações de combate ao desmatamento; e (viii) envolver o conjunto dos ministérios na busca de soluções para o problema.

9/2007 | V Seminário Técnico-Científico de análise dos dados de desmatamento na Amazônia Legal

6/2008 | DSN institui grupo de trabalho interministerial com a finalidade de apresentar propostas para criação do Fundo Amazônia.

12/2008 | VI Seminário Técnico-Científico de análise dos dados de desmatamento na Amazônia Legal.

12/2009 | Portaria da Casa Civil de 28/12/2009 designa integrantes do Comitê Gestor Nacional da Operação Arco Verde.

6/2010 | Portaria da Casa Civil/Censipam nº 130, de 12/7/2010, institui grupo de trabalho responsável pela gestão e coordenação do Programa Arco Verde no âmbito do Centro Gestor e Operacional do Sistema de Proteção da Amazônia.

Incentivo à conservação e ao uso sustentável (7 iniciativas em 134)

2/2006 | DSN institui o complexo geoeconômico e social denominado Distrito Florestal Sustentável da BR-163. Trata-se do primeiro distrito florestal sustentável do país, com área total de 16 milhões de hectares, sendo 5 milhões destinados ao manejo florestal.

3/2006 | Sanção da Lei nº 11.284/2006, que dispõe sobre a gestão de florestas públicas para a produção sustentável, institui, na estrutura do MMA, o Serviço Florestal Brasileiro e cria o Fundo Nacional de Desenvolvimento Florestal.

12/2006 | Instrução Normativa nº 4/2006 do MMA dispõe sobre a Autorização Prévia à Análise Técnica de Plano de Manejo Florestal Sustentável e dá outras providências.

3/2007 | Decreto nº 6.063/2007 regulamenta, no âmbito federal, dispositivos da Lei nº 11.284/2006, que dispõe sobre a gestão de florestas públicas para a produção sustentável.

12/2007 | Decreto nº 6.290/2007 institui o Plano de Desenvolvimento Regional Sustentável para a Área de Influência da Rodovia BR-163 no trecho Cuiabá-Santarém — Plano BR-163 Sustentável.

8/2008 | Decreto nº 6.527/2008 estabelece o Fundo Amazônia pelo BNDES.

11/2009 | Decreto nº 7.008/2009 institui a Operação Arco Verde, no âmbito do PPCDAm.

Iniciativas adotadas pelo governo federal com repercussões no controle do desmatamento

Gestão territorial e ordenamento fundiário (76 iniciativas em 98)

2/2003 | DSN homologa a demarcação da Terra Indígena Jaminawá/Envira, no município de Feijó (AC).

2/2003 | DSN homologa a demarcação da Terra Indígena Kwazá do Rio São Pedro, no município de Parecis (RO).

2/2003 | DSN retifica o artigo 1º do Decreto de 8/9/1998, que homologou a demarcação da Terra Indígena Paumari do Lago Maranhão, no município de Lábrea (AM).

5/2003 | DSN altera o artigo 1º do Decreto de 23/5/1996, que homologa a demarcação da Terra Indígena Padre, no município de Autazes (AM).

5/2003 | DSN retifica o artigo 1º do Decreto de 8/9/1998, que homologou a demarcação da Terra Indígena Paumari do Lago Manissuã, no município de Tapauá (AM).

5/2003 | DSN homologa a demarcação da Terra Indígena Fortaleza do Castanho, no município de Manaquiri (AM).

5/2003 | DSN homologa a demarcação da Terra Indígena Apipica, no município de Careiro da Várzea (AM).

5/2003 | DSN homologa a demarcação da Terra Indígena Patauá, no município de Autazes (AM).

5/2003 | DSN homologa a demarcação da Terra Indígena Itaitinga, no município de Autazes (AM).

5/2003 | DSN homologa a demarcação da Terra Indígena Moskow, no município de Bonfim (RO).

6/2003 | DSN homologa a demarcação da Terra Indígena Boqueirão, no município de Alto Alegre (RO).

6/2003 | DSN homologa a demarcação da Terra Indígena Jacamim, nos municípios de Bonfim e Caracaraí (RO).

6/2003 | DSN homologa a demarcação da Terra Indígena WaiWái, nos municípios de Caracaraí, Caroebe e São João da Baliza (RO).

6/2003 | DSN homologa a demarcação da Terra Indígena Badjonkôre, nos municípios de Cumaru do Norte e São Félix do Xingu (PA).

6/2003 | DSN homologa a demarcação da Terra Indígena Muriru, nos municípios de Bonfim e Cantá (RO).

6/2003 | DSN homologa a demarcação da Terra Indígena Cuiú-Cuiú, no município de Maraã (AM).

2/2004 | DSN homologa a demarcação da Terra Indígena Munduruku, no município de Jacareacanga (PA).

4/2004 | DSN homologa a demarcação da Terra Indígena Coatá-Laranjal, no município de Borba (AM).

4/2004 | DSN homologa a demarcação da Terra Indígena Fortaleza do Patauá, no município de Manacapuru (AM).

4/2004 | DSN homologa a demarcação da Terra Indígena Igarapé Grande, no município de Alvarães (AM).

4/2004 | DSN homologa a demarcação da Terra Indígena Juma, no município de Canutama (AM).

4/2004 | DSN homologa a demarcação da Terra Indígena Porto Praia, no município de Uarini (AM).

4/2004 | DSN homologa a demarcação da Terra Indígena Tenharim do Igarapé Preto, no município de Novo Aripuanã (AM).

4/2004 | DSN homologa a demarcação da Terra Indígena Tupã-Supé, nos municípios de Alvarães e Uarini (AM).

10/2004 | DSN homologa a demarcação da Terra Indígena Rio Juma, no município de Careiro (AM).

10/2004 | DSN homologa a demarcação da Terra Indígena Paraná do Arauató, no município de Itacoatiara (AM).

10/2004 | DSN homologa a demarcação da Terra Indígena Alto Tarauacá, nos municípios de Jordão e Feijó (AC).

10/2004 | DSN homologa a demarcação da Terra Indígena Deni, nos municípios de Itamarati, Tapauá, Lábrea e Pauini (AM).

10/2004 | DSN homologa a demarcação da Terra Indígena Diahui, no município de Humaitá (AM).

10/2004 | DSN homologa a demarcação da Terra Indígena Krikati, nos municípios de Amarante do Maranhão, Lajeado Novo, Montes Altos e Sítio Novo (MA).

10/2004 | DSN homologa a demarcação da Terra Indígena Kumaru do Lago Ualá, no município de Juruá (AM).

10/2004 | DSN homologa a demarcação da Terra Indígena Lago Jauari, no município de Manicoré (AM).

10/2004 | DSN homologa a demarcação da Terra Indígena Lauro Sodré, no município de Benjamin Constant (AM).

10/2004 | DSN homologa a demarcação da Terra Indígena Nova Esperança do Rio Jandiatuba, nos municípios de São Paulo de Olivença e Amaturá (AM).

10/2004 | DSN homologa a demarcação da Terra Indígena Rio Urubu, no município de Itacoatiara (AM).

10/2004 | DSN homologa a demarcação da Terra Indígena Sepoti, nos municípios de Humaitá e Manicoré (AM).

10/2004 | DSN homologa a demarcação da Terra Indígena Torá, nos municípios de Humaitá e Manicoré (AM).

4/2005 | DSN homologa a demarcação da Terra Indígena Raposa Serra do Sol, nos municípios de Normandia, Pacaraima e Uiramutã (RO).

4/2005 | DSN homologa a demarcação da Terra Indígena Maranduba, nos municípios de Santa Maria das Barreiras (PA) e Araguacema (TO).

4/2005 | DSN retifica o Decreto de 5/1/1996, que homologa a demarcação da Terra Indígena Évare I, no Amazonas.

4/2005 | DSN homologa a demarcação da Terra Indígena Awá, nos municípios de Centro Novo do Maranhão, Zé Doca, Governador Newton Bello e São João do Caru (MA).

4/2005 | DSN homologa a demarcação da Terra Indígena Tabalascada, no município de Cantá (RO).

4/2005 | DSN homologa a demarcação da Terra Indígena São Sebastião, no município de Tonantins (AM).

4/2005 | DSN homologa a demarcação da Terra Indígena Espírito Santo, no município de Jutaí (AM).

9/2005 | DSN homologa a demarcação da Terra Indígena Hi-Merimã, nos municípios de Lábrea e Tapauá (AM).

10/2005 | DSN altera o artigo 1º do Decreto de 23/6/2003, que homologou a demarcação da Terra Indígena Jacamim, nos municípios de Bonfim e Caracaraí (RO), e dá outras providências.

4/2006 | DSN institui o Plano Estratégico Nacional de Áreas Protegidas, seus princípios, diretrizes, objetivos e estratégias.

4/2006 | Resolução Conama nº 371/2006 estabelece diretrizes aos órgãos ambientais para cálculo, cobrança, aplicação, aprovação e controle de gastos de recursos advindos de compensação ambiental, conforme a Lei nº 9.985/2000, que institui o Sistema Nacional de Unidades de Conservação da Natureza e dá outras providências.

4/2006 | DSN homologa a demarcação da Terra Indígena Arara/Igarapé Humaitá, nos municípios de Porto Walter e Tarauacá (AC).

4/2006 | DSN homologa a demarcação da Terra Indígena Barreirinha, no município de Paragominas (PA).

4/2006 | DSN homologa a demarcação da Terra Indígena Inãwébohona, nos municípios de Pium e Lagoa da Confusão (TO).

4/2006 | DSN homologa a demarcação da Terra Indígena Kuruáya, no município de Altamira (PA).

4/2006 | DSN homologa a demarcação da Terra Indígena Rio Omerê, nos municípios de Chupinguaia e Corumbiara (RO).

4/2006 | DSN retifica o Decreto de 27/10/2004, que homologou a demarcação da Terra Indígena Deni, no Amazonas.

9/2006 | DSN dá nova redação ao DSN de 2001 que dispõe sobre a Comissão Coordenadora do Zoneamento Ecológico-Econômico do Território Nacional e seu Grupo de Trabalho Permanente.

11/2006 | DSN homologa a demarcação da Terra Indígena São Francisco do Canimari, no município de Amaturá (AM).

11/2006 | DSN homologa a demarcação da Terra Indígena Cunhã-Sapucaia, nos municípios de Autazes e Borba (AM).

11/2006 | DSN homologa a demarcação da Terra Indígena Maraitá, no município de Amaturá (AM).

2/2007 | DSN institui grupo de trabalho interministerial para elaborar proposta da Política Nacional de Ordenamento Territorial.

3/2007 | DSN homologa a demarcação da Terra Indígena Apurinã do Igarapé São João, no município de Tapauá (AM).

4/2007 | DSN homologa a demarcação da Terra Indígena Apyterewa, no município de São Félix do Xingu (PA).

4/2007 | DSN homologa a demarcação da Terra Indígena Itixi Mitari, nos municípios de Anori, Beruri e Tapauá (AM).

12/2007 | Decreto nº 6.288/2007 dá nova redação ao Decreto nº 4.297/2002, estabelecendo competência ao poder público federal para elaborar e executar o ZEE nacional e regionais, quando tiver por objeto biomas brasileiros ou territórios abrangidos por planos e projetos prioritários estabelecidos pelo governo federal.

4/2008 | DSN retifica os limites da Terra Indígena Panará, nos estados de Mato Grosso e Pará, de que trata o Decreto de 30/4/2001.

6/2008 | DSN homologa a demarcação da Terra Indígena Baú, no município de Altamira (PA).

6/2009 | Sanção da Lei nº 11.952/2009, que dispõe sobre a regularização fundiária das ocupações incidentes em terras situadas em áreas da União, no âmbito da Amazônia Legal (altera as leis nº 8.666/1993 e nº 6.015/1973).

7/2009 | Portaria nº 1/2009 do Incra aprova a norma técnica para georreferenciamento em ações de regularização fundiária aplicada à Amazônia Legal.

12/2009 | DSN homologa a demarcação da Terra Indígena Anaro, no município de Amajari (RO).

12/2009 | DSN homologa a demarcação da Terra Indígena Balaio, no município de São Gabriel da Cachoeira (AM).

12/2009 | DSN homologa a demarcação da Terra Indígena Lago do Correio, no município de Santo Antônio do Içá (AM).

12/2009 | DSN homologa a demarcação da Terra Indígena São Domingos do Jacapari e Estação, nos municípios de Jutaí e Tonantins (AM).

12/2009 | DSN homologa a demarcação da Terra Indígena Las Casas, nos municípios de Floresta do Araguaia, Pau D'Arco e Redenção (PA).

12/2009 | DSN homologa a demarcação administrativa da Terra Indígena Prosperidade, no município de Tonantins (AM).

12/2009 | DSN homologa a demarcação da Terra Indígena Trombetas/Mapuera, nos municípios de Nhamundá e Urucará (AM), Faro e Oriximiná (PA), e Caroebe e São João da Baliza (RO).

12/2009 | DSN homologa a demarcação da Terra Indígena Zo'é, no município de Óbidos (PA).

12/2010 | DSN homologa a demarcação da Terra Indígena Apurinã do Igarapé Mucuim, no município de Lábrea (AM).

Monitoramento, fiscalização e controle (2 iniciativas em 98)

7/2008 | Decreto nº 6.514/2008 dispõe sobre as infrações e sanções administrativas ao meio ambiente e estabelece o processo administrativo federal para apuração dessas infrações.

9/2008 | Decreto nº 6.565/2008 dispõe sobre medidas tributárias aplicáveis às doações em espécie recebidas por instituições financeiras públicas controladas pela União e destinadas a ações de prevenção, monitoramento e combate ao desmatamento e de promoção da conservação e do uso sustentável das florestas brasileiras.

Organização institucional, planejamento, gestão de informações e integração entre órgãos de governo e sociedade (5 iniciativas em 98)

4/2003 | Sanção da Lei nº 10.650/2003, que dispõe sobre o acesso público aos dados e informações existentes nos órgãos e entidades integrantes do Sistema Nacional do Meio Ambiente, de autoria dos deputados Fabio Feldmann e Rita Camata — PL nº 4649/98.

6/2003 | DSN de 5/6/3003 institui a Conferência Nacional do Meio Ambiente.

7/2006 | DSN altera a denominação, a competência e a composição da Comissão Nacional de Desenvolvimento Sustentável das Comunidades Tradicionais.

11/2007 | Decreto nº 6.263/2007 institui o Comitê Interministerial sobre Mudança do Clima e orienta a elaboração do Plano Nacional sobre Mudança do Clima.

1/2008 | DSN institui o Comitê Interministerial para coordenar a implementação do projeto Centro de Biotecnologia da Amazônia.

Incentivo à conservação e ao uso sustentável (15 iniciativas em 98)

4/2003 | Decreto nº 4.703/2003 dispõe sobre o Programa Nacional da Diversidade Biológica e a Comissão Nacional da Biodiversidade, a fim de dinamizar, entre outras questões, o reconhecimento das áreas prioritárias para conservação, utilização sustentável e repartição dos benefícios da biodiversidade.

5/2004 | Decreto nº 5.092/2004 define regras para identificação de áreas prioritárias para conservação, utilização sustentável e repartição dos benefícios da biodiversidade.

11/2005 | Decreto nº 5.577/2005 institui, no âmbito do MMA, o Programa Nacional de Conservação e Uso Sustentável do Bioma Cerrado (Programa Cerrado Sustentável).

11/2006 | Divulgada a proposta "Incentivos positivos para reduzir as emissões de gases de efeito estufa provenientes de desmatamento nos países em desenvolvimento: perspectivas brasileiras", pelo MMA.

2/2007 | Decreto nº 6.040/2007 institui a Política Nacional de Desenvolvimento Sustentável dos Povos e Comunidades Tradicionais.

9/2008 | Portaria nº 75/2008 da Secretaria da Agricultura Familiar estabelece normas operacionais para a execução do Pronaf Floresta.

6/2009 | Decreto nº 6.882/2009 institui, no âmbito do MDA, o Programa de Desenvolvimento Sustentável da Unidade de Produção Familiar (Pronaf Sustentável) e dá outras providências.

6/2009 | Decreto nº 6.874/2009 institui, no âmbito do MMA e do MDA, o Programa Federal de Manejo Florestal Comunitário e Familiar.

12/2009 | Sanção da Lei nº 12.187/2009, que institui a Política Nacional sobre Mudança do Clima (PNMC).

1/2010 | Sanção da Lei nº 12.188/2010, que institui a Política Nacional de Assistência Técnica e Extensão Rural para a Agricultura Familiar e Reforma Agrária (PNATER) e o Programa Nacional de Assistência Técnica e Extensão Rural na Agricultura Familiar e na Reforma Agrária (Pronater), altera a Lei nº 8.666, de 21/6/1993, e dá outras providências.

5/2010 | Decreto nº 7.167/2010 (modificado pelo Decreto nº 7.341/2010) regulamenta o Fundo Nacional de Desenvolvimento Florestal.

5/2010 | Resolução Conama nº 425/2010 dispõe sobre critérios para a caracterização de atividades e empreendimentos agropecuários sustentáveis do agricultor familiar, empreendedor rural familiar e dos povos e comunidades — os de Preservação Permanente e outros de uso limitado.

6/2010 | Decreto nº 7.215/2010 regulamenta a Lei nº 12.188, de 11/1/2010, para dispor sobre o Programa Nacional de Assistência Técnica e Extensão Rural na Agricultura Familiar e na Reforma Agrária (Pronater).

10/2010 | Decreto nº 7.343/2010 regulamenta a Lei nº 12.114/2009, que cria o Fundo Nacional sobre Mudança do Clima.

12/2010 | Decreto nº 7.390/2010 regulamenta artigos da Lei nº 12.187/2009, que instituiu a Política Nacional sobre Mudança do Clima.

Apêndice B | Lista de municípios prioritários para ações de controle do desmatamento (Decreto nº 6.321/2007)

Município	UF	Portaria/ano de inclusão
Alta Floresta	MT	Port. 28/2008
Altamira	PA	Port. 28/2008
Alto Boa Vista	MT	Port. 175/2011
Amarante do Maranhão	MA	Port. 102/2009
Anapu	PA	Port. 323/2012
Aripuanã	MT	Port. 28/2008
Boca do Acre	AM	Port. 175/2011
Brasil Novo (excluído)	PA	Port. 28/2008
Brasnorte (excluído)	MT	Port. 28/2008
Cláudia	MT	Port. 175/2011
Colniza	MT	Port. 28/2008
Confresa	MT	Port. 28/2008
Cotriguaçu	MT	Port. 28/2008
Cumaru do Norte	PA	Port. 28/2008
Dom Eliseu (excluído)	PA	Port. 28/2008
Feliz Natal (excluído)	MT	Port. 102/2009
Gaúcha do Norte	MT	Port. 28/2008
Grajaú	MA	Port. 175/2011
Itupiranga	PA	Port. 102/2009
Juara	MT	Port. 28/2008
Juína	MT	Port. 28/2008
Lábrea	AM	Port. 28/2008
Machadinho D'Oeste	RO	Port. 28/2008
Marabá	PA	Port. 102/2009
Marcelândia (excluído)	MT	Port. 28/2008
Moju	PA	Port. 175/2011
Mucajaí	RR	Port. 102/2009

Nova Bandeirantes	MT	Port. 28/2008
Nova Mamoré	RO	Port. 28/2008
Nova Maringá	MT	Port. 28/2008
Nova Ubiratã	MT	Port. 28/2008
Novo Progresso	PA	Port. 28/2008
Novo Repartimento	PA	Port. 28/2008
Pacajá	PA	Port. 102/2009
Paragominas (excluído)	PA	Port. 28/2008
Paranaíta	MT	Port. 28/2008
Peixoto de Azevedo	MT	Port. 28/2008
Pimenta Bueno	RO	Port. 28/2008
Porto dos Gaúchos	MT	Port. 28/2008
Porto Velho	RO	Port. 28/2008
Querência	MT	Port. 28/2008
Rondon do Pará	PA	Port. 28/2008
Santa Carmem	MT	Port. 175/2011
Santa Maria das Barreiras	PA	Port. 28/2008
Santana do Araguaia	PA	Port. 28/2008
São Félix do Araguaia	MT	Port. 28/2008
São Félix do Xingu	PA	Port. 28/2008
Senador José Porfírio	PA	Port. 323/2012
Tailândia (excluído)	PA	Port. 102/2009
Tapurah	MT	Port. 175/2011
Ulianópolis (excluído)	PA	Port. 28/2008
Vila Rica	MT	Port. 28/2008

Apêndice C | Tabela de classificação dos municípios prioritários para controle do desmatamento por evolução do crédito, desmatamento e fiscalização do Ibama

Município	Crédito rural			Desmatamento			Fiscalização Ibama	
	Destinação principal	2004--2008	2008--2012	2004--2007	2007--2009	2009--2012	Intensidade	Coerência com desm.
Alta Floresta	P	2	3	(3)	(3)	0	0	2
Altamira	P	(3)	2	(3)	0	2	3	2
Alto Boa Vista	A/P	0	3	(3)	2	0	2	1
Amarante do Maranhão	P	2	3	2	3	(3)	2	2
Anapu	P	0	3	(2)	(2)	3	2	2
Aripuanã	P	2	3	(3)	0	(2)	3	2
Boca do Acre	P	3	2	(3)	(2)	2	(2)	2
Brasil Novo (excluído)	P	0	2	(2)	0	0	0	1
Brasnorte (excluído)	A	2	3	(3)	2	(3)	2	2
Cláudia	A	(3)	3	(3)	2	(2)	2	2
Colniza	P	3	0	(3)	(3)	0	3	2
Confresa	P	2	3	(2)	(2)	2	3	1
Cotriguaçu	P	2	3	(3)	2	2	3	2
Cumaru do Norte	P	2	2	(2)	(2)	0	3	2
Dom Eliseu (excluído)	A/P	0	2	2	(2)	(2)	2	2
Feliz Natal (excluído)	A	0	3	(3)	3	2	3	2
Gaúcha do Norte	A	0	3	(3)	3	(3)	2	2
Grajaú	A/P	0	2	3	3	(2)	3	2
Itupiranga	P	2	2	0	3	(3)	2	2
Juara	P	2	3	(3)	(3)	0	2	2
Juína	P	0	3	(3)	(2)	(2)	0	2
Lábrea	P	(3)	3	(3)	(3)	2	3	2
Machadinho D'Oeste	P	(2)	2	(3)	(2)	2	2	2

Marabá	P	3	2	(2)	3	(3)	2	2
Marcelândia (excluído)	P	0	2	(3)	3	(3)	2	2
Moju	A/P	0	2	0	0	(2)	(2)	2
Mucajaí	P	3	2	2	3	(3)	2	2
Nova Bandeirantes	P	3	3	(3)	(3)	(2)	3	2
Nova Mamoré	P	(3)	3	(3)	2	2	2	2
Nova Maringá	A	0	3	(3)	0	0	0	2
Nova Ubiratã	A	0	3	(3)	2	0	3	2
Novo Progresso	P	2	2	(2)	0	(3)	3	2
Novo Repartimento	P	0	3	0	2	(3)	2	2
Pacajá	P	0	3	0	0	(2)	3	1
Paragominas (excluído)	A	0	3	(2)	0	0	(2)	2
Paranaíta	P	0	3	(3)	(3)	0	0	2
Peixoto de Azevedo	P	0	3	0	(2)	2	2	2
Pimenta Bueno	A/P	0	3	(3)	(2)	3	(2)	1
Porto dos Gaúchos	A	(2)	3	(3)	0	0	2	2
Porto Velho	P	(2)	3	(3)	(3)	3	3	2
Querência	A	0	3	(3)	(2)	0	3	1
Rondon do Pará	P	0	2	(2)	0	0	3	1
Santa Carmem	A	(2)	3	(3)	0	0	2	2
Santa Maria das Barreiras	P	3	2	(2)	(2)	0	2	1
Santana do Araguaia	P	0	3	(2)	(3)	0	2	1
São Félix do Araguaia	A/P	0	2	(3)	3	0	3	2
São Félix do Xingu	P	3	2	(2)	(2)	(2)	3	2
Senador José Porfírio	P/A	3	(2)	(2)	(2)	3	(2)	0
Tailândia (excluído)	A/P	(2)	2	(2)	2	(2)	(2)	2
Tapurah	A	(2)	3	(3)	0	0	3	1
Ulianópolis (excluído)	A	(2)	2	(3)	3	2	2	1
Vila Rica	P	2	3	(3)	(3)	(2)	2	2

Legenda:

Destinação principal:
P — pecuária
A — agricultura
A/P — agricultura e pecuária com maior volume para agricultura
P/A — pecuária e agricultura com maior volume para pecuária

Evolução do crédito e desmatamento:
-3 = redução forte
-2 = redução moderada
0 = estável
2 = aumento moderado
3 = aumento forte

Relação desmatamento e fiscalização:
0 = fraca
1 = média
2 = alta

Apêndice D | Relação dos entrevistados

Agamenon Silva Menezes
Novo Progresso (PA)
Agrônomo, presidente do Siprunp
Idade: 64 anos
Tempo na região: 34 anos
Local de nascimento: Bela Vista (MS)
Entrevista realizada em 24/8/2015

Altemir Luiz Picinatto
Novo Progresso (PA)
Madeireiro, presidente do Simaspa
Idade: 50 anos
Tempo na região: 20 anos
Local de nascimento: Salgado Filho (PR)
Entrevista realizada em 24/8/2015

André Luís Nunes
Alta Floresta (MT)
Zootecnista, educador do ICV
Idade: 44 anos
Tempo na região: 16 anos
Local de nascimento: Marília (SP)
Entrevista realizada em 21/8/2015

Antonia Lemos Gurgel
Itaituba (PA)
Técnica em contabilidade, produtora rural, presidente do Sipri
Idade: 49 anos
Tempo na região: 9 anos
Local de nascimento: MA
Entrevista realizada em 26/8/2015

Arlindomar Ercego
Cachoeira da Serra (PA)
Produtor rural, corretor de imóveis
Idade: 38 anos
Tempo na região: 23 anos
Local de nascimento: Chopinzinho (PR)
Entrevista realizada em 22/8/2015

Bruno Carneiro Pedreira
Sinop (MT)
Agrônomo, pesquisador da Embrapa
Idade: 34 anos
Tempo na região: 29 anos
Local de nascimento: Salvador (BA)
Entrevista realizada em 19/8/2015

Celso Crispim Bevilacqua
Alta Floresta (MT)
Odontologista, pecuarista e presidente da Acrimat
Idade: 59 anos
Tempo na região: 24 anos
Local de nascimento: Cascavel (PR)
Entrevista realizada em 20/8/2015

Daniel Carneiro de Abreu
Sinop (MT)
Agrônomo, professor da UFMT/Sinop
Idade: não informada
Tempo na região: não informado
Local de nascimento: Ipatinga (MG)
Entrevista realizada em 19/8/2015

Edilson Souto Rodrigues
Cachoeira da Serra (PA)
Pecuarista, presidente da Aproserra
Idade: não informada
Tempo na região: não informado
Local de nascimento: não informado
Entrevista realizada em 22/8/2015

Francisco Passos da Costa
Paranaíta (MT)
Soldador elétrico, agricultor em assentamento, presidente da Associação do Assentamento São Pedro
Idade: 62 anos
Tempo na região: 49 anos
Local de nascimento: Tesouro (MT)
Entrevista realizada em 21/8/2015

Gleison Omar Tagliari
Sinop (MT)
Engenheiro elétrico, madeireiro, presidente do Sindusmad
Idade: 46 anos
Tempo na região: 23 anos
Local de nascimento: Erexim (RS)
Entrevista realizada em 19/8/2015

Hilário Rocha
Itaituba (PA)
Engenheiro ambiental e sanitário, funcionário público, secretário de Meio Ambiente de Itaituba
Idade: 27 anos
Tempo na região: 1 ano
Local de nascimento: Fortaleza (CE)
Entrevista realizada em 26/8/2015

Invaldo Reis
Sinop (MT)
Agropecuarista, presidente da Acrinorte
Idade: 59 anos
Tempo na região: 22 anos
Local de nascimento: Guaramirim (SC)
Entrevista realizada em 19/8/2015

Irene Duarte
Alta Floresta (MT)
Pedagoga, conservacionista, coordenadora do ICV
Idade: 55 anos
Tempo na região: 15 anos
Local de nascimento: Terra Rica (PR)
Entrevista realizada em 19/8/2015

Ivo Lubrinna de Castro
Itaituba (PA)
Garimpeiro, presidente da Amot e ex-secretário de Mineração, Meio Ambiente e Produção de Itaituba
Idade: 69 anos
Tempo na região: 27 anos
Local de nascimento: MG
Entrevista realizada em 27/8/2015

João Batista de Jesus (João Garimpeiro)
Novo Progresso (PA)
Garimpeiro, presidente do Siganp, ex-vereador e ex-secretário de Indústria, Comércio e Trânsito de Novo Progresso
Idade: 49 anos
Tempo na região: 24 anos
Local de nascimento: Carinhanha (BA)
Entrevista realizada em 24/8/2015

José Eduardo Pinto
Sinop (MT)
Madeireiro, presidente do Cipem
Idade: 56 anos
Tempo na região: 32 anos
Local de nascimento: Leme (SP)
Entrevista realizada em 19/8/2015

José João Bernardes
Cuiabá (MT)
Formado em administração, pecuarista, presidente da Acrimat
Idade: 65 anos
Tempo na região: 27 anos
Local de nascimento: Jardinópolis (SP)
Entrevista realizada em 17/8/2015

Laurent Micol
Cuiabá (MT)
Geógrafo, coordenador do ICV em Cuiabá
Idade: 42 anos
Tempo na região: 28 anos
Local de nascimento: La Tronche (França)
Entrevista realizada em 17/8/2015

Layr Mota da Silva
Cuiabá (MT)
Pecuarista, presidente da Empaer
Idade: 45 anos
Tempo na região: 15 anos
Local de nascimento: Raul Soares (MG)
Entrevista realizada em 17/8/2015

Leonildo Bares
Sinop (MT)
Pecuarista, presidente do Sindicato Rural de Sinop
Idade: 54 anos
Tempo na região: 18 anos
Local de nascimento: Goioerê (PR)
Entrevista realizada em 19/8/2015

Luiz Alberto Esteves Scaloppe
Cuiabá (MT)
Promotor, titular da Procuradoria de Justiça Especializada em Defesa Ambiental e da Ordem Urbanística
Idade: 63 anos
Tempo na região: 30 anos
Local de nascimento: Fernandópolis (SP)
Entrevista realizada em 17/8/2015

Manoel Malinski
Novo Progresso (PA)
Advogado, sócio de escritório de advocacia, ex-secretário de Meio Ambiente de Novo Progresso
Idade: 35 anos
Tempo na região: 20 anos
Local de nascimento: Nonoai (RS)
Entrevista realizada em 24/8/2015

Marcelo de Castro Souza
Guarantã do Norte (MT)
Comerciante, vice-prefeito
Idade: 43 anos
Tempo na região: 12 anos
Local de nascimento: Cuiabá (MT)
Entrevista realizada em 22/8/2015

Maria do Socorro dos Santos
Itaituba (PA)
Agricultora, presidente do Sindicato dos Trabalhadores Rurais de Itaituba
Idade: 35 anos
Tempo na região: 35 anos
Local de nascimento: Santarém (PA)
Entrevista realizada em 27/8/2015

Maria Izaura Dias Alfonso
Alta Floresta (MT)
Contabilista, comerciante, ex-prefeita de Alta Floresta (2005-2012)
Idade: 70 anos
Tempo na região: 40 anos
Local de nascimento: Nioaque (MS)
Entrevista realizada em 20/8/2015

Maurício Moleiro Philipp
Cuiabá (MT)
Engenheiro florestal, funcionário público, coordenador de Mudanças Climáticas da Sema/MT
Idade: 48 anos
Tempo na região: 18 anos
Local de nascimento: Presidente Epitácio (SP)
Entrevista realizada em 18/8/2015

Nelson Segovi
Cachoeira da Serra (PA)
Produtor rural
Idade: não informada
Tempo na região: não informado
Local de nascimento: não informado
Entrevista realizada em 22/8/2015

Normando Corral
Cuiabá (MT)
Agrônomo, agropecuarista, vice-presidente da Famato
Idade: 58 anos
Tempo na região: 25 anos
Local de nascimento: Rinópolis (SP)
Entrevista realizada em 18/8/2015

Olga Patrícia Kummer
Cuiabá (MT)
Geógrafa, funcionária pública, coordenadora de Geoinformação da Sema/MT
Idade: 31 anos
Tempo na região: 6 anos
Local de nascimento: Realeza (PR)
Entrevista realizada em 18/8/2015

Osvaldo Romanholi
Novo Progresso (PA)
Empresário (internet), ex-prefeito de Novo Progresso (2012-2015, cassado)
Idade: 51 anos
Tempo na região: 36 anos
Local de nascimento: Itaquiraí (MS)
Entrevista realizada em 24/8/2015

Paulo Henrique Cunha
Cachoeira da Serra (PA)
Comerciante
Idade: não informada
Tempo na região: não informado
Local de nascimento: não informado
Entrevista realizada em 22/8/2015

Rogério Monteiro Costa e Silva
Cuiabá (MT)
Engenheiro florestal, funcionário público, diretor de Assistência Técnica e Extensão Rural da Empaer
Idade: 46 anos
Tempo na região: 46 anos
Local de nascimento: Várzea Grande (MT)
Entrevista realizada em 17/8/2015

Sara Milhomens Martins
Novo Progresso (PA)
Bióloga, funcionária pública, secretária de Meio Ambiente de Novo Progresso
Idade: 32 anos
Tempo na região: 26 anos
Local de nascimento: Goiânia (GO)
Entrevista realizada em 24/8/2015

Valdomiro Ferraresi
Alta Floresta (MT)
Agropecuarista
Idade: 61 anos
Tempo na região: 28 anos
Local de nascimento: Paiçandu (PR)
Entrevista realizada em 21/8/2015

Valmir Clímaco de Aguiar
Itaituba (PA)
Empresário, madeireiro, garimpeiro, ex-prefeito
Idade: 55 anos
Tempo na região: 17 anos
Local de nascimento: Ubajara (CE)
Entrevista realizada em 26/8/2015

Wagner Ferraresi
Alta Floresta (MT)
Agropecuarista
Idade: 41 anos
Tempo na região: 5 anos
Local de nascimento: Paiçandu (PR)
Entrevista realizada em 21/8/2015

Walter Chimidt
Cachoeira da Serra (PA)
Produtor rural, membro da Comissão Pró-Emancipação de Cachoeira da Serra
Idade: não informada
Tempo na região: não informado
Local de nascimento: não informado
Entrevista realizada em 22/8/2015

Wilson Fernandes
Diamantino (MT)
Agropecuarista
Idade: 63 anos
Tempo na região: 43 anos
Local de nascimento: Pompeia (SP)
Entrevista realizada em 9/7/2015

Apêndice E | Questionário semiestruturado utilizado nas entrevistas de campo

Questionário para entrevistas

1. Nome
2. Idade
3. Profissão
4. Local de nascimento
5. Se nasceu fora do local de residência atual, que motivos familiares ou profissionais o(a) trouxeram para a Amazônia?
6. Ano de início da atividade na Amazônia
7. Estava em atividade na Amazônia na década de 1990? Qual?
8. Estava em atividade na Amazônia na década de 2000? Qual?
9. Está em atividade na Amazônia na década atual? Qual?
10. Sabe o que é ou já ouviu falar do Inpe? Tem opinião a respeito?
11. Sabe o que é ou já ouviu falar do Ibama? Tem opinião a respeito?
12. Sabe o que é ou já ouviu falar do ICMBio? Tem opinião a respeito?
13. Sabe o que é ou já ouviu falar do SFB? Tem opinião a respeito?
14. Sabe o que é ou já ouviu falar do Imazon? Tem opinião a respeito?
15. Sabe o que é ou já ouviu falar de alguma ONG ou entidade ambientalista? Qual? Tem opinião a respeito?
16. Em 1995, o desmatamento na Amazônia atingiu seu recorde histórico. O(A) sr(a). tem uma avaliação ou opinião a respeito dos fatores que levaram a esse aumento do desmatamento?
17. Em 2004, o desmatamento na Amazônia atingiu seu segundo recorde histórico. O(A) sr(a). tem uma avaliação ou opinião a respeito dos fatores que levaram a esse aumento do desmatamento?
18. A partir de 2005, o desmatamento na Amazônia passou a apresentar uma queda acentuada, chegando no final da década de 2000 a índices muito inferiores aos dados do início do monitoramento. O(A) sr(a). tem uma avaliação ou opinião a respeito dos fatores que levaram a essa redução no desmatamento?

19. Conhece ou já ouviu falar de José Sarney Filho? Tem opinião a respeito?
20. Conhece ou já ouviu falar de Marina Silva? Tem opinião a respeito?
21. Conhece ou já ouviu falar de Carlos Minc? Tem opinião a respeito?
22. Conhece ou já ouviu falar de Izabella Teixeira? Tem opinião a respeito?
23. Como vê o passado na Amazônia? O que foi feito de certo e errado?
24. Como vê o futuro da Amazônia? O que tem sido feito de certo e errado?

Agradecimentos

A José Goldemberg, pela orientação ao longo do desenvolvimento da tese; a Pedro Jacobi, Neli Aparecida de Mello-Théry (*in memoriam*), Ricardo Abramovay e Isak Kruglianskas, pelas contribuições aportadas nas bancas de qualificação e doutoramento; a Wanderley Messias da Costa, Wagner Costa Ribeiro, Ana Paula Fracalanza e Silvia Helena Zanirato, pelos ricos momentos de convivência durante o curso de pós-graduação; a Carlos Alfredo Joly e Claudio B. Valladares-Padua, pelo estímulo para ingressar na vida acadêmica; a Archimedes Perez Filho, pela orientação no curso de doutorado na Universidade Estadual de Campinas, infelizmente interrompido devido a minha transferência para Brasília; a Nícia Wendel de Magalhães, professora no curso colegial e posteriormente amiga e companheira de muitos trabalhos, por me despertar para o estudo da biologia e das ciências ambientais; a Don J. Melnick (*in memoriam*) e equipe do Center for Environment, Economy, and Society, da Columbia University, Nova York, e Paulo Moutinho, do Instituto de Pesquisa Ambiental da Amazônia (Ipam), pelo apoio para a realização dos primeiros estudos e análises que vieram a se desdobrar na tese; a Agamenon Silva Menezes, Altemir Luiz Picinatto, André Luís Nunes, Antonia Lemos Gurgel, Arlindomar Ercego, Bruno Carneiro Pedreira, Celso Crispim Bevilacqua, Daniel Carneiro de Abreu, Edilson Souto Rodrigues, Francisco Passos da Costa, Gleison Omar Tagliari, Hilário Rocha, Invaldo Reis, Irene Duarte, Ivo Lubrinna de Castro, João Batista de Jesus, José Eduardo Pinto, José João Bernardes, Laurent Micol, Layr Mota da Silva, Leonildo Bares, Luiz Alberto Esteves Scaloppe, Manoel Malinski, Marcelo de Castro Souza, Maria do Socorro dos Santos, Maria Izaura Dias Alfonso, Maurício Moleiro Philipp, Nelson Segovi, Normando Corral, Olga Patrícia Kummer, Osvaldo Romanholi, Paulo Henrique Cunha, Rogério Monteiro Costa e Silva, Sara Milhomens Martins, Valdomiro Ferraresi, Valmir Clímaco de Aguiar, Wagner Ferraresi, Walter Chimidt e Wilson Fernandes, moradores da Amazônia, por compartilharem visões e informações fundamentais para a tese; aos amigos do Instituto Socioambiental, onde iniciei os estudos e análises sobre a Amazônia brasileira; a Marcos Rosa, Fernando Frizeira Paternost, Leandro dos Santos Souza, Gustavo Marcos Szniter Mentlik e Ana Luiza Arra, pelo suporte em geoprocessamento, coleta e análise de dados e revisão; aos membros da Comissão de Pós-Graduação do Instituto de Energia e Ambiente e da equipe do Programa de Pós-Graduação em Ciência Ambiental da Universidade de São Paulo.

Este livro foi composto em Source Serif 10,5 por 15
e impresso sobre papel off-set 90g/m², nas oficinas da
Rettec Artes Gráficas e Editora, São Paulo – SP, em outubro de 2021.